MÉMOIRES SECRETS

POUR SERVIR À L'HISTOIRE DE LA RÉPUBLIQUE DES LETTRES EN FRANCE, DEPUIS MDCCLXII. JUSQU'À NOS JOURS.

ANNÉE MDCCLXXXVII.

Le 10 Septembre 1787. On a oublié de dire dans le tems, que le malheureux *Julien*, ce Negre luttant pour la liberté depuis si long-tems, contre lequel le Parlement avoit rendu un Arrêt tout à la fois injuste, absurde & servile, qui s'étoit pourvu au Conseil en cassation, y a succombé également: ce qui a indigné tous les amis de la liberté.

11 Septembre. Les Manufactures de Draps se plaignent aussi du tort que leur fait le Traité de commerce avec les Anglois; celle d'Abbeville a député ici à cet effet. On ne veut que des draps Anglois, qui se trouvent d'une meilleure fabrique & moins chers que les nôtres: ce qui tend à rendre ce Traité de commerce encore plus desavantageux; c'est l'espece de ligue de la nation Angloise de ne point acheter de nos marchandises. On cite un Négociant françois qui, étant allé lever boutique à Londres de nos marchandises nationales, n'a point trouvé de débit & a été obligé de revenir.

11 Septembre. Les Cours, le Châtelet même

avoient eu quelque velléité de sévir contre le libelle intitulé *Observations d'un Avocat*, &c. Mais on a cru mieux de laisser l'auteur couvert du ridicule de s'être vu brûlé par la Bazoche & de ne pas lui donner la gloire de recevoir une flétrissure plus sérieuse & plus légale. Un écrivain Patriote n'a pu cependant contenir son zele ; mais soutenant la même tournure dérisoire, il en a fait une *Dénonciation*. Il y refute victorieusement ce pamphlet audacieux & bas à la fois, où la Raison est outragée de toutes manieres ; où les Loix les plus sacrées, les Loix de la Nature, les Loix fondamentales du Royaume sont renversées & le Despotisme le plus absolu mis à la place du Gouvernement Monarchique, le meilleur Gouvernement possible, selon *Bossuet*.

Ce qui rend la refutation plus importante, c'est que l'écrivain Patriote ne se contente pas d'avancer des assertions, comme son adversaire, tirant toutes les autorités de lui-même ; mais il s'étaye à chaque pas de l'histoire, des paroles, des Ordonnances de nos Rois, & même des derniers, sous lesquels le Despotisme a fait des progrès si rapides, Louis XIV, Louis XV, Louis XVI.

Cet ouvrage court, bien écrit, sage, circonspect, devient une Philippique véhémente contre l'Avocat prétendu, qu'il foudroye & pulvérise.

11 *Septembre* 1787. Voici le résumé de

MÉMOIRES SECRETS
POUR SERVIR A L'HISTOIRE
DE LA
RÉPUBLIQUE DES LETTRES EN FRANCE,

DEPUIS MDCCLXII JUSQU'A NOS JOURS,

OU
JOURNAL
D'UN OBSERVATEUR,

CONTENANT *les Analyses des Pieces de Théâtre qui ont paru durant cet intervalle; les Relations des Assemblées littéraires; les Notices des Livres nouveaux, clandestins, prohibés; les Pieces fugitives, rares ou manuscrites, en prose ou en vers; les Vaudevilles sur la Cour; les Anecdotes & Bons Mots; les Eloges des Savans, des Artistes, des Hommes de Lettres morts, &c. &c. &c.*

TOME TRENTE-SIXIEME.

.... *huc propiùs me,*
.... *vos ordine adite.*
HOR. L. II. SAT. 3. vs. 81 & 82.

A LONDRES,
CHEZ JOHN ADAMSON.
MDCCLXXXIX.

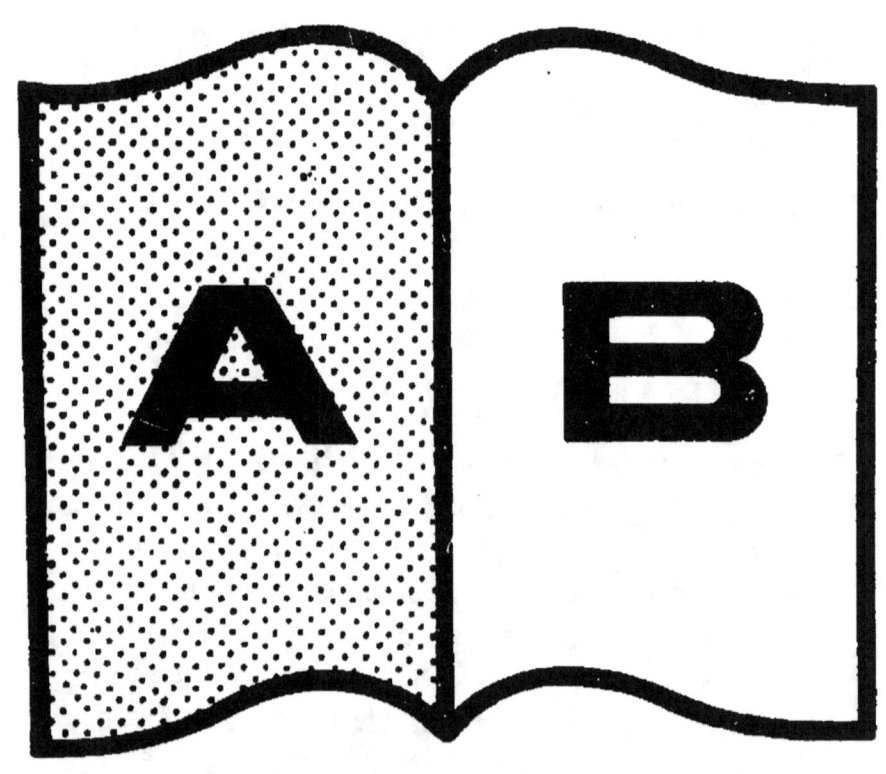

Contraste insuffisant
NF Z 43-120-14

l'Arrêté du Parlement de Besançon, peinture énergique des malheurs de l'Etat : ,, A ar-
,, rêté que le Roi sera très humblement sup-
,, plié de faire cesser la disgrace de son Par-
,, lement de Paris & de lui accorder une
,, confiance méritée, & de le rappeler dans
,, le lieu où il est fixé depuis le regne de
,, Philippe le Bel, pour rendre la Justice
,, au Peuple de son vaste Ressort ; de faire
,, punir suivant les Loix du Royaume les
,, Administrateurs infideles & tous ceux qui
,, ont participé à la déprédation ; de con-
,, tinuer à établir l'ordre & l'économie dans
,, les Finances ; de supprimer toutes Dépen-
,, ses inutiles, les Charges, les Commissions,
,, les Pensions & les Gratifications ; d'an-
,, nuller les échanges ruineux pour le Do-
,, maine de la Couronne ; de faire rentrer au
,, Trésor Royal les fonds qui en ont été di-
,, vertis, ainsi que les intérêts usuraires qu'il
,, a payé ; de les réduire à l'avenir au taux
,, prescrit par les Ordonnances, & d'éclairer
,, toutes les parties de l'Administration pour
,, y faire les retranchemens dont elles sont
,, susceptibles ; de n'adresser à son Parlement
,, de Besançon aucuns Edits, portant établis-
,, sement de nouveaux Impôts, que les Peu-
,, ples épuisés par les anciens seroient dans
,, l'impossibilité physique de supporter ; &
,, sera ledit Seigneur Roi très humblement
,, supplié d'accomplir le vœu que son Parle-

„ ment lui a porté depuis 1783, de convo-
„ quer les Etats Généraux, seuls capables
„ de sonder la profondeur des plaies du
„ Royaume, & d'octroyer les aides & les se-
„ cours qu'ils jugeront nécessaires pour les be-
„ soins de l'Etat."

11 *Septembre* 1787. La Lettre de M. *Daudet de Jossan* à M. *Bergasse* est bien supérieure au Mémoire prétendu du Sr. *de Beaumarchais*. C'est un roman fort agréable, écrit avec goût & capable de séduire par un ton de candeur & de modération apparente. Au fond, il ne prouve rien & se contente de nier; ce qui est fort aisé & ce que doit faire tout accusé. Ce n'est qu'un tissu de mensonges ingénieusement ourdis, & l'on sait que l'auteur est maître passé en ce genre. Au surplus, ce qui le décréditera auprès des gens sensés, des bons esprits, c'est qu'il est bien loin de ce ton de componction qu'il devroit avoir en pareille circonstance, où il ne s'agit pas de rire, mais de soutenir avec une fermeté noble un combat à outrance, de venger en preux Chevalier l'honneur d'une femme outragée & le sien propre: une pareille position n'est pas celle du sarcasme, de l'ironie, de la plaisanterie enfin. Cette insensibilité ne peut qu'indiquer une ame basse, cuirassée contre l'opprobre & l'infamie.

12 *Septembre.* Le Roi Théodore à *Venise*, opéra comique en trois actes, annoncé depuis

longtems, avoit sans doute été retardé par la sagesse de l'Administration occupée à écarter tout ce qui pouvoit exciter ou ranimer la fermentation. On se rappelle la plaisanterie qu'il occasionna lors de l'assemblée des Notables à Versailles : dans une grande ville comme celle-ci, & dans un parterre à bons mots comme le nôtre, il auroit pu s'en débiter beaucoup & de très piquans, vu les circonstances. On a donc attendu que la tranquillité fût revenue dans la capitale & cet opéra bouffon s'est exécuté hier. Il n'a pas eu le grand succès qu'on s'en promettoit. La platitude du poëme a fait tort à la musique, délicieuse sans doute, mais tant exaltée par les prôneurs de Versailles, que l'admiration en a été de beaucoup ralentie. Peut-être par la suite cet ouvrage reprendra-t-il la supériorité dont il jouissoit avant d'être joué sur le théatre lyrique par excellence.

12 *Septembre* 1787. Extrait d'une Lettre de Troyes du 9 Septembre. « Le vendredi 7, M. le Procureur général est entré aux chambres assemblées & a dit qu'il venoit de lui être notifié un Arrêt du Conseil en date du 2 Septembre, qui cassoit les Arrêtés de la Cour des 7, 13, 22 & 27 Août. On lui a demandé si cet Arrêt étoit revêtu de Lettres patentes? Il a répondu que non. On lui a objecté que les Gens du Roi devoient savoir que la Cour ne reconnoissoit point d'Arrêts

du Conseil non revêtus de cette formalité qu'il eût à se retirer. Le Greffier en Chef a fait part de la Signification qui lui avoit été faite de cet Arrêt par un Huissier de la Chaîne. Même demande : même réponse. Arrêté que la Cour ne prendroit aucune connoissance de cet Arrêt & qu'il n'y avoit lieu à délibérer.

On s'est ensuite occupé de Lettres patentes prorogeant le Parlement entier à Troyes durant les Vacances. On a considéré combien ces Lettres patentes étoient faussement motivées, combien même elles étoient dérisoires, & déjà 90 voix avoient voté pour écrire une Lettre au Roi & lui représenter le ridicule de ces Lettres patentes, lorsque Monsieur d'Ormesson, toujours grand formaliste, s'y est opposé, par l'impuissance où se trouvoit la Cour d'aller directement au Roi, par la nécessité où elle seroit de correspondre avec les Ministres, de porter sur ses registres des Lettres Ministérielles ; ce qui compromettroit sa dignité : ensorte qu'on a remis à délibérer la semaine prochaine sur cet objet.

12 *Septembre* 1787. Il paroît constant qu'on n'a rien trouvé, comme on a dit, sur M. de Comte de *Kersalaun*, lorsqu'il a été arrêté, sans quelques Lettres de Messieurs du Parlement dont il s'étoit chargé pour différentes personnes, hommes & femmes ; Lettres qu'on a bien saisies, qu'on a peut-être ou-

ouvertes, mais si mystérieusement qu'on ne s'en appercevoit point : du reste on a eu honte d'un procédé aussi despotique & aussi infame, & les lettres ont été remises depuis à leurs adresses respectives. Quoiqu'il en soit, on avoit si fort à cœur d'arrêter ce Gentilhomme Breton, que, dans la crainte qu'il ne prît une autre route, on avoit posté un officier du guet & trois hommes à quatre barrieres différentes. Il avoit son valet de chambre dans sa chaise. On l'a aussi arrêté & mis à la Bastille ; mais il est déjà relâché : on assure même sans avoir été interrogé. On a mis les scellés chez M. *de Kerfalaun*, où il ne s'est rien trouvé ; on parle seulement d'une brochure qu'il avoit sur lui & dont il s'est adroitement débarrassé. Cette anecdote mérite d'être éclaircie.

12 *Septembre* 1787. Le coup de fouet donné depuis quelque tems aux Administrateurs de l'hôtel-Dieu a produit les plus heureux effets.

En exécution des Lettres patentes du 22 Avril 1781, les Salles construites aux frais du Gouvernement se sont ouvertes le 2 Août dernier. Jusqu'à cette époque, il n'y avoit eu qu'environ 500 malades couchés seuls ; au 1ᵉʳ. Novembre prochain il y en aura 1675. Comme le nombre des malades n'est ordinairement que de 2000, il s'agiroit de trouver encore l'espace pour placer 400 lits de plus environ.

12 *Septembre* 1787. On parle ce soir de faire M. l'Archevêque de Toulouse absolument Premier Ministre & d'expédier des Lettres patentes à cet effet. On se promet les plus heureuses suites de cet événement; bien de gens veulent aujourd'hui que tout le tapage fait par les Parlemens ait été le résultat des intrigues de ce Prélat ambitieux, & voici leurs conjectures à cet égard.

Voyant toujours le Roi engoué des projets de M. de Calonne, qui avoit flatté S. M. que, par leur exécution, il suffiroit à tout, il a laissé aller le cours des choses & s'y prêtant a provoqué indirectement cette résistance générale. Le Monarque, ne sachant plus comment faire face à une commotion de cette espece, a été forcé de renoncer à ces projets desastreux & de se remettre tout-à-fait entre les mains de l'Archevêque, en le faisant Ministre Principal.

Celui-ci a commencé par expulser les deux Secrétaires d'État, de la Guerre & de la Marine, afin de pouvoir fouiller à l'aise dans ces deux Départemens & y opérer toutes les réductions qu'il jugera possibles, sans être contrarié ou contredit; il les rendra, sur ce pied, à ceux qu'on y nommera, obligés de s'y conformer. Les prôneurs de M. l'Archevêque assurent que les économies sur la Guerre seule sont déja portées à 32 millions.

Ayant ainsi carte blanche, on veut qu'il

trouve le moyen de se passer de l'impôt du timbre tout au moins ; ce qui seroit un grand acheminement à la réconciliation.

Pour se rendre agréable on ne doute pas qu'il ne fasse rappeler le Parlement & ne signale par-là sa suprématie.

Comme M. le Garde des Sceaux & le Baron *de Breteuil* marquent encore, il s'agit de les expulser, d'en faire même deux victimes immolées au Parlement, sur lesquelles il fera retomber tout l'odieux des coups d'autorité frappés sur ce Corps & sur la Magistrature en général. Quant au Garde des Sceaux, l'on regarde son expulsion comme prochaine : celle du Baron est plus difficile, en ce que depuis le procès du Cardinal de Rohan, ce Ministre s'est merveilleusement ancré chez la Reine ; on sait que le Prélat en parle avec une sorte d'effroi, qu'il a déclaré ne pouvoir gourmander comme il voudroit le Baron trop soutenu par une grande puissance.

13 *Septembre* 1787. Il vient d'arriver encore un Arrêté du Conseil Souverain de Roussillon, qu'on dit être pour le moins aussi fort que celui de Besançon. Toutes les Réclamations vont bientôt devenir inutiles. On voit un Arrêté de Troyes en date du 11, où le Parlement au sujet des Lettres patentes de Prorogation, exalte les bonnes intentions du Monarque pour que la Justice continue d'être rendue à ses Sujets ; mais en même tems lui

A 6.

représenté qu'elles sont absolument trompées; que sa translation hors du principal & vrai siege de son Ressort fait un tort irréparable aux Justiciables; tort qui s'accroît chaque jour, & il supplie S. M. de mettre au plutôt fin à cette calamité.

Le Premier Président en conséquence a été chargé de se retirer par-devers le Roi pour lui porter cet Arrêté; il s'est rendu hier au soir à son hôtel & a dû aller à Versailles aujourd'hui. On conçoit qu'il n'auroit osé faire cette démarche, quitter Troyes, poste qui lui a été assigné par S. M. même, & se rendre à la Cour, s'il n'y avoit été autorisé secrétement, & si cet Arrêté n'étoit une tournure imaginée pour le raccommodement.

On sait que *Monsieur* a dit à quelqu'un: le *Roi mon Frere veut qu'on reconnoisse son Autorité, & tout ira bien ensuite.*

On sait que lors du commencement de cette scission, Madame *Adélaïde* ayant voulu parler en faveur des Magistrats, le Roi lui répondit: *ne me parlez pas de ces mutins, ils en veulent à mon Autorité.*

13 *Septembre* 1787. Il y a trois semaines environ que M. le Duc *d'Orléans* remit au Roi un Plan d'administration calqué sur celle de sa maison, qui lui avoit été présenté par le Marquis *du Crest*, Chancelier, Garde des Sceaux, Chef du Conseil & Surintendant des Maisons, Domaines, Finances & Bâtimens.

de S. A. Le Roi en fut enchanté, en parla avec éloge à fa Famille, aux Miniftres, aux Courtifans; & ce fut une épouvante générale dans Verfailles. On crut que M. le Duc *d'Orléans* alloit être Premier Miniftre. Les intrigues furent bientôt mifes en jeu; & l'on ne trouva d'autre moyen pour expulfer le Premier Prince du Sang, que de faire établir l'Archevêque de Touloufe Premier ou Principal Miniftre.

Ce Plan étoit refté manufcrit & inconnu; l'on ne fait comment, mais M. le Comte *de Kerfalaun* en avoit un exemplaire imprimé fur lui. Pendant qu'il étoit en dépôt dans le Bureau des Commis de la Barriere, il a gliffé adroitement cette brochure dans la main d'un de fes Gardes, en lui difant à l'oreille de la remettre à M. *du Crest*, qu'il en feroit bien récompenfé. Ce Garde, après avoir bien confervé quelque tems le livre, a eu des remords & l'a porté à la Police: cette remife a fait connoître l'anecdote; mais étant trop tardive, le Garde a été puni, ainfi que l'Officier, qui a été caffé pour n'avoir pas fans doute affez furveillé fon prifonnier.

On ne fait à quel point la découverte de cette brochure, entre les mains du Comte de Kerfalaun, pouvoit le compromettre; mais il s'eft conduit avec beaucoup de fermeté vis à vis du Commiffaire *Chesnon*, & du Lieutenant de Police.

Il a vertement réprimandé le premier d'ofer

se présenter à ses yeux, & vouloir l'interroger, lorsqu'il avoit déjà à se reprocher envers lui une première iniquité, une vexation dont il avoit porté plainte & la matiere d'un procès non encore terminé.

Il a dit au second, qu'en qualité de Magistrat, il devoit savoir que ses fonctions judiciaires, en pareille circonstance, ne pouvoient s'exercer légalement contre un Citoyen, encore moins contre un Gentilhomme Breton.

On assure que dans une Lettre au Baron de Breteuil il s'est élevé encore avec plus de force contre les détentions illégales : il dit qu'à son égard, dès qu'il seroit libre, il rendroit plainte contre cet acte de Despotisme exercé envers lui ; qu'il en poursuivroit les auteurs, fauteurs & adhérens par-devant un Tribunal réglé, & n'auroit point de cesse qu'il n'eût obtenu justice.

Malgré cette résistance vigoureuse, l'on ajoute que les ordres ont été donnés pour que M. le Comte de Kersalaun fût bien traité & l'on espere que sa captivité ne sera pas longue.

14 *Septembre* 1787. On a la réponse du Roi, en daté du jour d'hier 13, au Premier Président, qui a été fort bien accueilli. S. M. y dit qu'elle a prévu les inconvéniens de la translation du Parlement qui étoit devenue indispensable ; qu'elle va peser dans sa sagesse les représentations de son Parlement & qu'elle lui fera connoître incessamment ses intentions.

Tout cela est fort singulier & ne se croiroit pas, si l'on n'en étoit témoin.

M. *d'Aligre*, qui auroit dû être fort empressé de repartir pour porter ces paroles de paix à sa Compagnie, reste, sans doute avec l'agrément de la Cour; il doit aller ce soir à l'opéra & ne retournera que demain à Troyes.

14 Septembre 1787. M. le Comte de *Lally-Tollendal*, compose actuellement une tragédie; c'est un sujet tiré de l'Anglois, ayant quelque rapport avec l'histoire; elle est déja avancée & il a eu l'honneur d'en lire quelques actes devant *Monsieur*. Ce Prince en a paru satisfait & M. de *Tollendal* dit être d'autant plus flatté de son suffrage, que dans la conversation, dans les objections que S. A. Royale lui a faites, il l'a jugée très instruite, connoissant parfaitement les regles de l'art dramatique.

15 Septembre. L'Arrêt du Conseil du deux Septembre commence à se répandre & à se distribuer partout. Il est précieux à conserver pour l'énumération des griefs reprochés au Parlement, dont voici le résumé :

1º. Par l'Arrêté du 7 Août, d'avoir déclaré une transcription faite en présence de S. M. nulle & illégale, d'où il paroîtroit résulter, vis à vis des Peuples, que les Cours peuvent réformer les Actes émanés du Roi, ou leur ôter leur force par les Qualifications qu'ils leur appliquent.

2º. Non content d'une irrégularité aussi scandaleufe, par l'Arrêté du 13 d'avoir effayé de perfuader au Peuple que c'étoit par une déférence volontaire pour les defirs du Roi, que de tout tems il s'étoit prêté à enregiftrer les Impôts; qu'il n'avoit aucun Pouvoir à cet égard & qu'il n'en pouvoit pas recevoir du Roi: que cette erreur avoit duré affez long-tems, & qu'il déclaroit que le Roi ne pourroit à l'avenir obtenir aucun Impôt, fans au préalable avoir convoqué & entendu les Etats Généraux du Royaume; voulant ainfi profiter du befoin des circonftances pour forcer le Roi à cette convocation qui appartient à lui feul, & que lui feul peut juger néceffaire ou inutile: Par un attentat inouï de la part des Officiers du Roi, de s'être déterminés à attaquer ainfi fa Puiffance & de profiter du titre dont S. M. a bien voulu les revêtir, pour exciter les Sujets à la fermentation, par un prétendu examen des bornes de l'Autorité Royale; pendant que, dans le même moment, ils fe refufent à examiner les Edits qui leur font envoyés, &, par cette conduite mettent en doute l'amour du Roi pour la vérité, fa juftice & fa bonté.

3°. Le Roi, auquel il appartient de déterminer le lieu où il juge à propos que la Juftice foit rendue dans fon Royaume, & de changer, par fon autorité, le lieu défigné par les Ordonnances pour être le fiege de fon Parlement; pour ramener le Parlement à fon devoir, l'ayant séparé de la fermentation qu'il excitoit & recevoit de la Capitale : d'avoir dans son Arrêté du 22 Août, persisté dans les précédens, & de s'être présenté à la Nation, comme ayant des Droits indépendans de l'Autorité du Roi, & le Pouvoir, sans sa volonté, d'exercer leurs fonctions dans le lieu où il lui plairoit d'envoyer leurs personnes.

4°. D'avoir donné le Complément à tous ces actes irréguliers par l'Arrêté du 27, plus attentatoire que tous les autres à l'Autorité du Roi, & plus indécent dans ses expressions, puisque le Parlement s'oublie au point de déclarer le Gouvernement capable de *réduire la Monarchie Françoise à l'état du Despotisme; de disposer des Personnes par des Lettres de Cachet; des Propriétés, par des Lits de Justice; des Affaires Civiles & Criminelles par des Evocations ou Cassations, & suspendre le cours de la Justice par des Exils particuliers, ou des Translations arbitraires.*

5°. Non content d'avoir inscrit dans ses Registres une Déclaration aussi fausse & aussi injurieuse, d'en avoir ordonné l'envoi aux Sieges Inférieurs, comme si elle contenoit des Dispositions qu'ils dussent faire exécuter, ou des Principes qu'ils dussent suivre : d'avoir en même tems ordonné que cet Arrêté seroit imprimé dans le jour & envoyé aux Bailliages & Sénéchaussées dans les 24 heures; précipitation qui n'accompagne jamais que le doute qui naît de l'abus du Pouvoir, ou du mauvais usage que l'on en fait.

69. De professer de la sorte une doctrine nouvelle, contraire à sa propre Constitution, attentatoire à l'Autorité du Roi; de s'être permis d'affoiblir aux yeux du Peuple, l'obéissance due à l'Autorité Royale, en supposant, contre tout principe, qu'il avoit le droit de frapper de nullité deux Loix enregistrées par les Ordres du Roi, en contravention des Loix du Royaume & de l'Ordonnance du mois de Novembre 1774, enregistrée le 10, & contre laquelle les Officiers du Parlement n'ont jamais cru devoir se permettre aucune réclamation.

En conséquence lesdits Arrêtés sont cassés, comme attentatoires à l'Autorité du Roi, contraires aux Loix & au respect dû à ses volontés, tendant à détourner de l'obéissance qui lui est due les Peuples, auxquels les Parlemens doivent l'exemple de la soumission; fait défenses d'y donner suite, en quelque manière que ce puisse être, & aux Baillifs & Sénéchaux &c. d'y avoir égard; enjoint aux Intendans & Commissaires départis d'envoyer le présent Arrêt aux Jurisdictions inférieures, &c.

16 Septembre 1787. Quoique les Arrêtés de divers Parlemens portent sur les mêmes objets, ils ont chacun un genre d'éloquence particulier & renferment quelques détails qui leur sont propres. Celui de Toulouse, commu-

aujourd'hui, graces aux presses clandestines, respire tout le feu des têtes méridionales.

1º. Il caractérise M. de Calonne comme un homme sans foi & sans pudeur, qui, en étalant des vues d'ordre, d'économie & de liquidation, (Edit de Décembre 1783, Arrêt du Conseil du 14 Mars 1784, Edits d'Août & de Décembre 1784, Edit de Décembre 1785.) a consommé la ruine de la France & l'a précipitée dans un abîme dont elle n'a pas encore sondé la profondeur.

2º. Il s'exprime non moins énergiquement sur l'Abbé Terrai, qu'il qualifie de *Ministre dur & impitoyable.*

3º. Il s'éleve contre les coups d'autorité frappés sur le Parlement de Guienne; contre l'oubli des principes jusqu'à faire exécuter un Edit non encore enregistré, avant même que les délais de la vérification fussent expirés, & punir cette Cour de s'être opposée à une exécution aussi précipitée qu'irréguliere.

4º. Il oppose le contraste des vexations exercées contre les Magistrats dont les anciennes Ordonnances veulent, au contraire, qu'on garantisse la Sûreté & la Liberté, afin qu'ils soient plus hardis & plus courageux à s'acquitter de leur devoir; lorsqu'on réserve toute son indulgence pour l'auteur des desordres, qui, non content de ses profusions scandaleuses, a eu l'effronterie d'employer le nom sacré du Roi, pour accréditer ses impostures.

En conséquence demande le rappel du Parlement de Paris & de celui de Bordeaux; il demande que le premier poursuive le procès commencé contre le Sieur de Calonne; il supplie le Roi d'assembler incessamment les Etats Généraux & représente l'impossibilité où il seroit de procéder à la vérification d'aucun nouvel Impôt, qui n'eût été préalablement consenti par la Nation.

16 *Septembre* 1787. M. le Comte *de Ségur*, notre Ministre Plénipotentiaire près de l'Impératrice de Russie, espéroit revenir dès le tems où cette Souveraine a entrepris son voyage de la Crimée : il eut alors ordre de ne point partir avant le retour de l'Impératrice à Petersbourg : depuis rien ne le retenant plus, on le comptoit en route; mais recemment le bruit s'est répandu qu'il avoit été arrêté par le Roi de Prusse : voici ce qui a donné lieu à cette anecdote.

Notre Cabinet instruit de la rupture que le Divan vient de faire éclater entre la Porte & la Russie, en faisant mettre aux Sept Tours le Ministre de cette derniere Puissance à Constantinople, sur son refus de signer au nom de sa Souveraine la Restitution de tout ce qu'elle avoit usurpé sur l'Empire Ottoman, depuis le Traité de Kainardgi, a envoyé contre-ordre au Comte de Segur : on prétend qu'il lui est enjoint, fût-il déja sur les terres de France, ne fût-il qu'à quelques lieues de Paris, de retourner sur le champ à Petersbourg..... Le Maréchal inftruit de ce contr'ordre, a dit à quelqu'un: *voilà mon fils arrêté de nouveau*; & c'eft ce mot *arrêté* qui a donné lieu à l'équivoque.

16 Septembre 1787. Les comédiens Italiens ont joué hier *Dormenon & Beauval*, comédie nouvelle en deux actes & ariettes. Cette première repréfentation en fera vraifemblablement la derniere; ce qui doit faire juger combien l'ouvrage eft mauvais. Le fujet eft tiré d'un conte de M. *Imbert* & la mufique eft attribuée à M. *Mereaux*, qui n'eft pas abfolument fans talent, mais n'en a pas à beaucoup près affez pour faire reffortir, ou plutôt pour couvrir un mauvais fond.

16 Septembre. M. *Basli*, Procureur au Parlement, s'étant avifé ces jours derniers de paroître au Palais en Robe, de jeunes Clercs l'ont entouré, lui ont arraché fa perruque, déchiré fa Robe & fait mille avanies qui lui ôteront l'envie d'y revenir, jufques à ce que les Magiftrats foient de retour.

17 Septembre. Le 1 Septembre le Parlement de Touloufe a écrit au Parlement de Paris la Lettre fuivante, dont le Protocole eft bon à connoître.

,, Meffieurs, nous admirons le courage
,, magnanime avec lequel vous foutenez
,, les Droits de la Nation. Quand le Pa-
,, triotifme feroit éteint dans tous les cœurs,
,, votre exemple fuffiroit pour l'y ranimer.

„ Les liens qui nous uniffent à vous, nous
„ impofent une plus étroite obligation de
„ marcher fur vos traces, pour ne point dé-
„ générer de notre origine. Vous trouverez
„ dans notre Arrêté du 27 Août dernier,
„ que vos Principes font les nôtres, & que
„ nous les avons puifés, comme vous, dans
„ les fources les plus pures de notre Droit
„ Public. Ce concert unanime de toute la
„ Magiftrature fera fans doute impreffion fur
„ le cœur du Roi. Il ne tardera pas à re-
„ connoître que vous l'avez bien fervi; &
„ vous recueillerez le prix le plus flatteur
„ de votre zele, dans les bénédictions du
„ Peuple.

„ Nous fommes avec une ardeur fidelle &
„ fincere,

„ Meffieurs,

„ Vos freres & bons amis,
„ Les Gens tenant la Cour du Parlement
de Toulouse."

17 *Septembre* 1787. Le Parlement de Bordeaux, dans un Arrêté du 3 Septembre, à l'occafion des Lettres patentes qui le transfèrent dans la ville de Libourne, & fur les Conclufions du Procureur Général en date du 1, commence par discuter les Lettres clofes, avoue qu'il auroit dû, peut-être, dans l'intérêt des Peuples de fon Reffort, & dans celui de la Nation, donner un Exemple de

plus de fermeté & de dévouement, n'écouter que la Loi, & ne voir dans les Ordres qui lui ont été donnés, qu'une Surprise faite au Seigneur Roi.

Il termine par déclarer que lesdites Lettres patentes font évidemment surprises à la Religion du Prince, contraires à l'intérêt des Peuples de son Ressort & à l'article XX de la Capitulation de la Province de Guienne; qu'en conséquence il ne peut procéder à leur Enregistrement, & néanmoins qu'attendu que tous les membres qui composent la Cour sont réunis dans la ville de Libourne, elle ne cessera de s'occuper de tout ce qui intéresse le service du Roi, le bien de la Province, & le maintien de l'Ordre Public.

17 Septembre 1787. Il n'est plus question de l'Escadre du Lord Gower, mais d'une nouvelle de Lord Hood, composée de Vaisseaux suivans au nombre de dix, dont les huit premiers de 74 & les deux autres de 64; savoir: le *Triumph*, le *Pegase*, l'*Edgar*, le *Goliath*, le *Ganges*, le *Bedford*, l'*Elisabeth*, le *Magnificent*, le *Crown*, l'*Ardent*.

17 Septembre 1787. On annonce un Arrêté du Conseil Souverain de Roussillon, au moins aussi fort que ceux des Parlemens de Grenoble, de Toulouse & de Besançon.

18 Septembre. M. le Comte de Châtenet-Puysegur, Major des Vaisseaux du Roi, Officier distingué par ses connoissances & sa pratique, après avoir travaillé durant deux ans à composer un volume en forme d'Atlas, contenant les Cartes de l'Isle de St. Domingue & de ses Débouquemens, avec le détail des opérations qui lui ont servi à les construire, vient de publier son ouvrage par ordre de S. M. Il en a adressé le 9 Août des Exemplaires aux Juges & Consuls de Nantes, & ceux-ci, le 25, lui ont répondu avec de grands éloges.

18 *Septembre* 1787. L'Assemblée Provinciale d'Orléans, qui s'est tenue pour la premiere fois dans cette ville, a eu pour Président M. le Duc *de Luxembourg* : celle de Lyon, qui s'est tenue le 20 Septembre, est présidée par l'Archevêque de cette ville ; & celle de la Province de Roussillon, qui se tiendra dans la ville de Perpignan le 20 Octobre prochain, sera présidée par M. l'Evêque d'Elne & de Perpignan.

18 *Septembre.* Le Premier Président, le jour où il est allé à Versailles, a dîné chez l'Archevêque de Toulouse, & les bons Patriotes n'ont point aimé cette entrevue. On assure que le Prélat lui a promis les faveurs de la Cour & surtout l'érection de sa Terre en Duché-Pairie, s'il pouvoit parvenir à rendre sa Compagnie plus souple. On ne sait pas au juste les conditions de l'accommodement ; mais l'on craint fort que le Parlement qui s'étoit couvert de gloire jusques à présent,

ne

ne finisse par se deshonorer. On sait que beaucoup de Messieurs sont très ennuyés à Troyes. M. *d'Eprémesnil* fait tout ce qu'il peut pour les ranimer. On attend avec impatience les nouvelles de l'assemblée d'hier, 17, où il a dû être rendu compte de la réponse du Roi & des conditions particulieres exigées par S. M. pour le rappel des Magistrats à Paris. Plusieurs ont déja fléchi & demandé la permission d'aller dans leurs terres.

18 *Septembre* 1787. Extrait d'une Lettre de Dijon du 8 Septembre.... Par un Arrêt du 28 Août dernier, le Parlement de cette ville a réparé, autant qu'il a pu, son erreur dans l'affaire de l'Hermite. Il a déchargé la mémoire de *Claude Gentil* & celle de *Guillaume Vauriot* des Condamnations contre eux prononcées par Arrêts des 8 & 9 Mars 1782; renvoye *Claude Pageot*, *Antoine Loignon* & *Jean Baptiste Gentil* de l'accusation contre eux formée, & condamne les deux vrais coupables à être pendus.

18 *Septembre*. On parle de nouveaux Arrêtés du Parlement de Bourdeaux, d'un entr'autres sur les Lettres de Cachet, qui mérite d'être connu.

19 *Septembre*. Extrait d'une Lettre de Marseille du 8 Septembre. Mlle. *Contat* qui se trouve fort bien du séjour de nos Provinces Méridionales & répare sa bourse, en même tems que sa santé, fait aujourd'hui les délices de notre

ville. On ne lui a pas encore rendu tout-à-fait les mêmes honneurs qu'à Mad. *de St. Huberty*, on n'a pas fait les mêmes extravagances ; mais les couronnes de laurier & les vers ne lui ont pas manqué. C'est dans *le Mariage de Figaro* qu'elles ont été prostituées à ses pieds : à l'une d'elles étoit ce madrigal, dont la galanterie est rendue d'une maniere assez originale :

    Hier, un enfant d'Hélicon
D'un secret important m'a donné connoissance :
      Ami, les neuf Sœurs d'Apollon
N'ont pas toujours été si chastes que l'on pense ;
Thalie, (ah ! qui l'eût cru ?) sans bruit & sans éclat,
      A deux enfans donna naissance ;
      L'un est *Molé*, l'autre est *Contat*.

Pour l'intelligence de ceci il faut vous apprendre que nous possédons en même tems le Sieur *Molé*. Celui-ci a poussé l'héroïsme au point de ne vouloir recevoir aucune rétribution : il recule pour mieux sauter, car, afin de ne point offenser sa délicatesse, nous nous proposons de donner à son bénéfice une représentation des *Amours de Bayard*, dont il possède le manuscrit, non sans quelque dessein.

19 *Septembre* 1787. On étoit surpris que le Roi ne disposât pas de la charge de grand Trésorier de l'Ordre du St. Esprit, vacante par la démission forcée de M. de Calonne. Bien des gens croyoient entrevoir que le Roi con-

servant encore quelque foible pour ce Ministre fugitif, ne vouloit pas disposer de son Cordon bleu & attendoit sa résipiscence. Ils se l'imaginoient d'autant mieux, que S. M. ne se détachoit pas des plans de ce Ministre, frappoit les coups les plus violens, afin de les faire exécuter. Enfin le Monarque forcé de renoncer aux projets de M. de Calonne, a conféré aussi sa charge à M. *de Morfontaine*, Prévôt des Marchands, qui en a prêté le serment le 9 de ce mois.

19 *Septembre* 1787. Il vient de sortir un Arrêt du Conseil en date du 4 Septembre qui, sur les vues de M. le Garde des Sceaux, suspend les Palais appartenans à *Monsieur*, au *Comte d'Artois*, au *Duc d'Orléans*, de leur Privilege quant à la Librairie. Il est motivé sur ce que ces lieux privilégiés deviennent l'entrepôt de tous les pamphlets, libelles, livres prohibés dont nous sommes inondés, contraires aux loix, aux mœurs, à la religion. Les Syndics de la librairie sont autorisés à y faire leurs visites & saisies, comme en tous autres lieux.

Cet Arrêt a été enregistré le 15 à la Chambre Syndicale.

20 *Septembre*. L'Arrêté du Parlement de Toulouse, mais surtout la Lettre de cette Cour au Parlement de Paris, ont fort scandalisé le Ministre. On a cru y voir renaître cet Esprit de Confédération proscrit par

B 2

Louis XV, & les ennemis de la Magistrature voudroient s'en prévaloir pour brouiller les cartes de nouveau. L'on sait que le Baron *de Breteuil* a proposé un plan de suppression de tous les Parlemens, de création d'une certaine quantité de Conseils Supérieurs, & d'une extension de Pouvoir donné au Conseil, auquel la Cour des Pairs seroit réunie & qui formeroit un nouveau tribunal pour la promulgation des Edits & des Loix. Heureusement l'esprit conciliant de l'Archevêque de Toulouse s'oppose à ce bouleversement général, surtout si le Parlement mollit un peu, comme il l'espere.

20 *Septembre* 1787. Les Remontrances annoncées de la Chambre des Comptes étant finies dès la semaine derniere, & S. M. ayant donné jour pour les lui apporter, elles lui ont été présentées le dimanche 16 de ce mois.

Le Roi, suivant l'usage, a dit au Premier Président qu'il les feroit examiner dans son Conseil & donneroit ensuite sa réponse.

20 *Septembre.* Extrait d'une Lettre de Troyes du 18 *Septembre.* Il est bien à craindre que le Parlement ne mollisse & ne ternisse la gloire dont il s'étoit couvert depuis quelque tems, dans une des circonstances les plus critiques où la Nation se soit trouvée. En vain les Magistrats les plus ardens, tels que M. M. *Robert de St. Vincent* & *d'Eprémesnil* cherchent à ranimer les pusillanimes; j'entra-

vois une défection prochaine que le retour du Premier Président va accélerer. Il y a déja eu deux assemblées & partage de voix; vous sentez que les lâches ne reviennent point.

Au surplus, l'Edit & la Déclaration sont retirés & S. M. se contente de la prorogation du second Vingtieme pour les années 1791 & 1792 : or quelle idée avoir d'un Gouvernement qui demandoit une augmentation de plus de cent Millions d'Impôts; qui, lorsqu'on parloit d'éclaircir le Déficit, d'examiner si l'on ne pouvoit pas diminuer cette surcharge, répondoit que tout étoit vu, examiné, que les Notables eux-mêmes en avoient senti la nécessité; qui, en conséquence transfere le Parlement de Paris, prive les Justiciables de leurs Juges au moment le plus intéressant pour les Plaideurs, frappe coups d'autorité sur coups d'autorité &, en moins de six semaines, est obligé de revenir sur ses pas, de convenir qu'il pourra se passer de ces ressources extraordinaires & se contentera d'une légere prorogation d'un Impôt déja établi.

20 *Septembre* 1787. Entre les critiques sur le Sallon on distinguoit une facétie ayant pour titre *Saulaire*, dans laquelle Mad. *du Gazon* étoit maltraitée avec un acharnement révoltant. La Police qui l'avoit autorisée, est revenue sur ses pas &, sans doute, d'après les plaintes des Protecteurs de l'Actrice a fait retirer

cette Critique de chez les marchands de nouveautés.

21 Septembre 1787. Pour mieux suivre la marche de la défection du Parlement, il faut rapporter ensemble les différentes pieces qui l'ont amenée.

Le 11 Septembre, la Cour tenant considération sur l'état des justiciables de son Ressort, après avoir prouvé au Roi son respect, par l'enregistrement des Lettres patentes qui prorogent à Troyes les séances ordinaires;

Considérant que lesdites Lettres patentes sont un gage de la sollicitude dudit Seigneur Roi, sur la distribution de la Justice qu'il doit à ses Peuples; mais que les dispositions de ces Lettres sont entièrement illusoires; qu'on ne peut juger à Troyes aucune affaire; que des Obstacles insurmontables éloignent les Parties & leur Conseil; que les demandes les plus essentielles sont différées; qu'ainsi le cours de la justice est interrompu contre l'intention dudit Seigneur Roi, sans que son Parlement puisse espérer que le tems, qui n'a servi qu'à démontrer les inconvéniens de la transaction, apporte aucun remede à une situation aussi critique.

A arrêté que le Premier Président se transportera sur le champ près la personne dudit Seigneur Roi, à l'effet de le supplier de peser dans sa justice toute l'importance des difficultés que son Parlement ne se permet que d'indiquer dans le présent Arrêté.

A ce plat Arrêté l'on a fait faire au Roi une Réponse non moins platte, le 13 Septembre.

„ J'ai senti les inconvéniens inséparables
„ de la translation de mon Parlement; mais
„ les circonstances l'ont rendue nécessaire:
„ je donnerai à ce que vous venez de me
„ représenter l'attention que j'aurai toujours
„ à ce qui peut intéresser le bien de la Ju-
„ stice & le bonheur de mes Peuples.

„ Je ferai connoître incessamment mes in-
„ tentions à mon Parlement."

D'abord des Lettres patentes données à Versailles le 5 Septembre & enregistrées à Troyes le 7, les Chambres assemblées, portoient: . . . .
„ Les circonstances qui ont interrompu votre
„ service, pourroient porter préjudice à vos
„ Justiciables, si nous ne nous déterminions
„ pas à différer vos vacations ordinaires; à
„ ces causes, nous vous mandons très ex-
„ pressément & vous enjoignons de continuer
„ vos séances ordinaires, tant pour les au-
„ diences que pour le rapport des procès,
„ jusqu'à nouvel ordre de notre part. Or-
„ donnons à tous Présidens, Conseillers &
„ autres Officiers de notre dite Cour, de se
„ rendre assidus à l'exercice de leurs fonc-
„ tions, chacun en ce qui le concerne."

Enfin le 19 Septembre, après plusieurs séan ces, où les voix avoient été partagées à l'occafion de l'enregiftrement de la prorogation du fecond Vingtieme, il a paffé à la pluralité de 55 voix contre 45, & pour pallier du mieux poffible cette défection, on a adopté l'Arrêté de M. *Robert de St. Vincent*, portant :

„ La Cour confidérant que fon attache-
„ ment inviolable aux véritables intérêts du
„ Roi & de l'Etat & aux Principes contenus
„ dans les différens Arrêtés dans lesquels
„ elle perfifte, ne lui auroit pas permis d'en-
„ regiftrer même une fimple prorogation d'Im-
„ pôt provifoire & momentanée, fi la nécef-
„ fité des circonftances & le defir de rame-
„ ner la tranquillité publique ne lui en avoient
„ fait impérieufement la loi, & fi fon zele
„ n'avoit été foutenu par la bonté qu'a eue
„ ledit Seigneur Roi en ce moment de reti-
„ rer deux Edits défaftreux qui avoient excité
„ l'alarme des Peuples & motivé la réfiftance
„ inébranlable de fon Parlement; par la douce
„ fatisfaction de voir enfin réalifer une partie
„ des Economies que la Cour follicitoit de-
„ puis longtems ; par la certitude que le
„ deuxieme Vingtieme ceffera à l'époque fixée
„ par l'Edit qu'elle vient d'enregiftrer ; par
„ l'efpérance que ledit Seigneur Roi lui laiffe
„ concevoir que le premier Vingtieme perdra
„ le caractere de perpétuité, contraire à la
„ nature de tout Impôt, & qui n'a pu, ni
„ dû lui être légalement imprimé.

„ A

„ A arrêté qu'elle ne cessera de représenter audit Seigneur Roi, que le moyen le plus sûr & le plus conforme à ses vues bienfaisantes, est d'égaler la dépense à la recette, & de continuer d'apporter la plus sévere économie dans tous les départemens, & les réduire, en supprimant les abus, au même pied qu'ils étoient à l'avenement dudit Seigneur Roi à la couronne: réduction qui peut facilement s'opérer, sans porter atteinte à la sûreté de l'Etat & même à l'éclat du Trône.

„ Arrêté que si, malgré les ressources abondantes que doit procurer l'ordre nouveau dans toutes les parties de l'Administration que ledit Seigneur Roi vient d'annoncer à ses Peuples par son Edit de ce jour, il se croyoit forcé par des besoins réels, ou par des circonstances inattendues & contre le vœu de son cœur, de leur demander de nouveaux secours, & qu'il lui plût en conséquence adresser à son Parlement aucuns Edits portant nouvelles impositions.

„ La Cour qui n'entend point se départir des principes qui ont servi de base à tous ses Arrêtés & justifié ses respectueuses résistances, ne cessera point alors de lui représenter qu'elle regarde comme hors de son pouvoir, d'enregistrer aucun Impôt dont la Nation préalablement assemblée en Etats Généraux n'auroit pas reconnu & fixé in-

» vablement la justice, la durée & l'em-
» ploi.

« A arrêté en outre que le Premier Prési-
» dent se retirera auprès de la personne du
» Seigneur Roi, à l'effet de porter au pied
» du Trône l'hommage fidèle & respectueux
» de la reconnoissance publique, pour avoir
» révoqué des impositions aussi onéreuses à
» ses Peuples. »

21 *Septembre* 1787. *Le moment présent* est une brochure nouvelle, où regne beaucoup de ce que les Anglois appellent *humour*; ce qui donne une certaine énergie au style de l'écrivain. On y trouve des assertions assez hardies, mais en général beaucoup de bavardage & peu de faits : en outre un grand acharnement contre M. Necker, une grande idée de l'homme de lettres, & ce qui gâte surtout l'ouvrage, ce qui le décrédite en décelant le but pour lequel il a été composé, c'est un éloge emphatique du Ministre principal.

21 *Septembre*. L'Arrêté du Conseil Souverain de Roussillon est du 3 Septembre. Il ne le cede point en force à ceux de Toulouse & de Besançon : ce qu'on y trouve de particulier, c'est la réclamation des Droits de la Province, qui jusques au moment de la réunion n'avoit reconnu pour Loix que celles faites avec l'approbation & le consentement de la Nation, qui partageoit avec le Souverain la puissance législative.

Du reste, le Conseil demande le retour du Parlement de Paris, la continuation du procès commencé contre le Sr. de Calonne, de cet Administrateur *qui s'est déja jugé par sa fuite;* & l'assemblée des Etats Généraux.

22 *Septembre* 1787. Enfin l'espoir du retour du Parlement a calmé totalement les esprits. On ne craint plus d'émeute dans cette capitale, & l'on a déjà retiré les corps de garde, les patrouilles qui en faisoient une ville de guerre: 1900 hommes du régiment des gardes, outre le service de Versailles, étoient sur pied chaque jour; l'hôtel de la police n'a point fermé durant cet intervalle, même la nuit; c'étoient continuellement des couriers expédiés par M. *de Crosne* à Versailles, pour rendre compte du degré de fermentation qui s'accroissoit d'un instant à l'autre. Les Officiers aux Gardes n'ont pourtant pas encore eu la liberté de s'absenter.

22 *Septembre.* Les comédiens Italiens ont donné hier la premiere représentation d'un ouvrage à grande prétention & par sa nature & par son titre. C'est une comédie en cinq actes & en vers, ayant pour titre, *les Gens de lettres,* ou *le Poëte provincial à Paris.* Cette piece n'a point répondu à son titre imposant; elle n'a eu aucun succès & l'on ne croit pas qu'elle reparoisse.

22 *Septembre.* Le Premier Président dès hier étoit de retour de Versailles: il a tenu au

Roi le discours suivant, qu'on s'est hâté d'inférer aujourd'hui dans le Journal de Paris.

„ Sire, Votre Majesté vient de donner à
„ ses Peuples une preuve bien signalée de son
„ amour pour eux & de sa justice. Héritier
„ du Sceptre & des Vertus de *Charles* V, vous
„ serez compté, Sire, parmi les plus sages
„ d'entre les Rois. Votre Parlement, em-
„ pressé de concourir aux vues bienfaisantes
„ de Votre Majesté, sensiblement touché de
„ l'assurance que vous daignez lui donner par
„ votre Edit, qu'il n'est pas de moyen que
„ Votre Majesté ne soit disposée à employer,
„ lorsqu'il pourra tendre au bonheur & au
„ soulagement de ses Peuples, a ordonné l'en-
„ regiſtrement de l'Edit, & m'a chargé, par
„ la même Délibération, de porter aux pieds
„ du Trône de Votre Majesté l'hommage de
„ reconnoissance publique, de son profond
„ respect & de sa fidélité inaltérable."

Réponse du Roi : „ Je suis satisfait des mar-
„ ques de fidélité & d'obéissance que mon
„ Parlement vient de me donner ; je compte
„ qu'il s'empressera toujours de concourir à
„ mes vues pour le bonheur de mes Peuples
„ & de mériter ma confiance."

22 *Septembre* 1787. Quoique les bouffons jouant alternativement à Versailles & à St. Clou, fassent peu de sensation, un M. *Bernardi Mengozzi*, Italien vraisemblablement, réclame plusieurs ariettes entrelacées dans les

opéra qu'ils ont donnés: le Journal de Paris, par une Lettre du 19, eſt chargé de publier la paternité réelle de M. *Mengozzi*.

23 *Septembre* 1787. Bien des gens étoient tentés d'attribuer à l'Avocat *Moreau*, ce vil fauteur du Despotisme, *les Obſervations d'un Avocat ſur l'Arrêté du Parlement de Paris, du 13 Août 1787.* On ne peut gueres en douter après avoir lu la *Réponſe d'un François*, dont l'auteur attaque nommément le Sieur Moreau, du moins le déſigne tellement par ſes qualités, qu'il n'eſt plus poſſible de le méconnoître. Ce Pamphlet très court eſt vigoureux, &, en refutant victorieuſement cet apologiſte de la Cour, le couvre d'une honte indélébile.

23 *Septembre*. La comédie françoiſe vient de perdre Mlle. *Olivier*, morte ces jours-ci d'une fievre putride: ſa tête ayant été priſe dès le commencement de ſa maladie, elle n'a pu faire aucun acte de Catholicité. En conſéquence le Curé refuſoit de l'enterrer, &, par accommodement, il a voulu qu'elle n'eût qu'un convoi de pauvre, que quatre prêtres: les comédiens, pour honorer véritablement les obſeques de leur camarade, ont fait diſtribuer au cimetiere cent écus aux pauvres. Par un petit menſonge officieux, afin d'excuſer la mesquinerie du convoi & en diſſimuler la véritable cauſe, ils ont fait répandre le bruit que Mlle. Olivier au lit de la mort avoit dit: ,, mes ,, amis pourroient être tentés d'honorer ma

„ mémoire par des frais funéraires trop fa-
„ ſtueux ; je les ſupplie de donner aux pauvres
„ ce qui pourroit être prodigué à l'oſtenta-
„ tion." Ce diſcours philoſophique & charitable eſt abſolument de leur invention. Elle
auroit été très capable de le tenir ; mais encore un coup, elle étoit trop ſubjuguée par
la maladie.

Cette jeune Actrice, née à Londres, avoit
d'abord joué la comédie à Verſailles, où M.
de Laſone, le premier Médecin du Roi, l'en-
tretenoit. Depuis reçue à Paris, elle commençoit à s'y former & acquéroit des parti-
ſans. Elle étoit fort bien de figure, mais
d'une tournure gauche ; c'étoit une blonde aux
yeux noirs, réunion fort rare.

Mlle. Olivier vivoit avec le Sr. *Dazincourt*,
& ils étoient tendrement attachés l'un à
l'autre : ſon amant eſt dans la plus amere
douleur.

On obſerve à l'occaſion de la mort de Mlle.
Olivier, que les comédiens ſemblent abdiquer
aujourd'hui leur vraie qualité, pour s'en tenir
au titre vague & plus honnête de *Penſionnaire
du Roi* : c'eſt ainſi qu'ils ont fait annoncer
dans le Journal de Paris la mort de cette
Actrice.

23 *Septembre* 1787. On commence à publier aujourd'hui avec une grande affectation
& à haute & intelligible voix, ce qui ne s'étoit
fait depuis longtems, l'Edit par lequel S. M.

révoque tant celui du mois d'Août dernier, portant suppression des deux Vingtiemes & établissement d'une subvention territoriale, que la Déclaration du 4 du même mois, concernant le Timbre, &c.

Rien de si embarrassé, de si entortillé & de si plat que le préambule de cet Edit, absolument sans énergie, sans majesté, sans noblesse & d'un style proportionné.

24 *Septembre* 1787. Comme par le défaut de Tournelle, les Prisons de Paris se remplissoient de Criminels & qu'il étoit à craindre qu'elles ne pussent plus les contenir, on a écrit aux Jurisdictions inférieures de garder leurs accusés jusques à nouvel ordre.

24 *Septembre*. Le Gouvernement a vu paroître avec peine une *Dissertation sur le droit de convoquer les Etats Généraux*, tiré des Capitulaires, des Ordonnances du Royaume & des autres monumens de l'histoire de France. En effet, son objet est très alarmant pour le Ministere, puisqu'il s'agit de prouver, qu'au refus du Souverain la Nation peut quelquefois se convoquer elle-même; ou plutôt que les Grands du Royaume, les Princes & les Pairs peuvent faire cette convocation, sans être coupables de rebellion & d'attentat contre l'Autorité Souveraine. Quand on a lu cette brochure, on reste parfaitement convaincu de ce droit, & par le raisonnement que l'auteur déduit des principes du Droit Naturel incontesta-

bles, & par les faits qu'il allegue, & par les Autorités irréfragables qu'il rapporte.

24 *Septembre* 1787. Il paroît toujours décidé que M. le Comte *de Brienne* aura le Département de la guerre ; on affure qu'on l'attend inceffamment de fon Commandement de Guienne, s'il n'eft déja arrivé. Quand il fera nommé, l'on manifeftera les réformes faites dans ce Département, qu'on fait monter à plus de trente millions ; ce qui eft trop beau pour le croire.

Quant à la Marine, ce n'eft plus M. *Hector*, c'eft M. le Comte *de la Luzerne*, aujourd'hui Gouverneur de St. Domingue : on veut qu'on ait expédié un bâtiment pour l'aller chercher.

Ce Comte de la Luzerne, Lieutenant général des Armées du Roi, eft un pauvre homme ; mais il eft frere de l'Evêque de Langres, intimément lié avec l'Archevêque de Touloufe ; il tient au Comte *de Montmorin*, au Garde des Sceaux, à M. *de Malesherbes* : voilà bien des genres de mérite pour avancer en faveur !

24 *Septembre*. *La Supplique du Peuple au Roi*, à travers les doléances, les fadeurs qu'elle contient tour à tour, eft remarquable par les inftances qu'on y fait au Monarque de laiffer juger légalement un Miniftre prévaricateur : qu'il feroit trop révoltant, après avoir abufé le plus indignement de la confiance de S. M. ; après avoir commis tous les Crimes

qui conduisent l'homme d'une classe ordinaire à l'Echaffaud; après s'être publiquement démasqué, en gagnant au plutôt une terre étrangere, de voir jouir tranquillement du fruit de ses dissipations. Telle est la maniere dont on y parle de M. *de Calonne*.

On y releve encore les foiblesses, les inconséquences du Gouvernement dans tout ce qui vient de se passer; on y démontre combien l'Etat des Réformes annoncées est illusoire; on s'y récrie contre la mal-adresse d'annoncer que les seuls retranchemens dans la maison de la Reine peuvent se monter à plus de 900,000 livres, tandis que la dépense totale de la feue Reine n'a jamais excédé 600,000 livres.

Voilà ce qui mérite d'être extrait de ce Pamphlet de 22 pages, qui du reste n'est que médiocrement écrit.

25 *Septembre* 1787. Nos Spéculateurs ne cessent de s'évertuer pour trouver le moyen de remplir le *Déficit*, sinon de l'Etat, au moins de leur bourse: tel est *le moyen simple de sortir bonnêtement du cul de sac*. Ce titre est fondé sur la plaisanterie d'un Conseiller qui, en sortant de la séance du 13 Août, dit *que le Parlement venoit de se mettre en un cul de sac*.

L'Auteur plaisante d'abord, & fait ensuite une sorte d'apologie de l'Edit & de la Déclaration du Timbre qui ont tant révolté; il termine par fournir ses propres idées pour remplir le *Déficit* sans mettre aucun Impôt. Il veut qu'on supprime les anciens & qu'on les réduise à deux ; l'un, l'Impôt territorial, & l'autre, l'Impôt sur le papier, depuis le papier d'emballage & d'enveloppe, jusques au superfin : il finit par prévenir toutes les objections qu'on pourroit lui faire.

Il paroît difficile que dans une feuille de 16 pages on épuise ainsi une matiere aussi importante ; quoiqu'il en soit, ce projet offre au moins une grande simplicité de manutention.

25 *Septembre* 1787. *Derniere Lettre du Peuple au Roi, avec je n'-dis qu'-ça, on y-a-gros : c'est-à-dire*, avec une Lettre particuliere du facétieux *Barogo*, en maniere d'admiration, sur les deux traits historiques, rappelés à S. M. par la nation françoise.

Pour bien entendre cette plaisanterie, il faut avoir vu une piece foraine qui a le titre de *Barogo*. Sous le langage populaire & niais de cet Allobroge, on ne laisse pas que de glisser des vérités assez dures. Cet Ecrit est tout récent, car il n'est daté que du 8 Septembre.

25 *Septembre*. Extrait d'une Lettre de Lyon du 15 Septembre. C'est le 1 Septembre que Me. *Millanois*, premier Avocat du Roi en la Sénéchaussée de Lyon, a requis à ce Siege l'enregistrement des Lettres patentes qui transferent le Parlement à Troyes. Il a fait un discours pathétique où, en gémissant sur le sort de ce premier Tribunal, & en manifestant

d'une façon non équivoque son zèle, son dévouement, son adhésion à tout ce que cette Cour avoit fait, & par sa Déclaration, a semblé provoquer celle de la Sénéchauffée.

Ce jour les Lettres patentes ont été enregistrées purement & simplement.

Le 7 la Sénéchauffée a enregistré le fameux Arrêté du Parlement du 27 Août; le 13, la Sénéchauffée enhardie par l'exemple du Châtelet a arrêté de *très humbles & très respectueuses Représentations à Monseigneur le Garde des Sceaux de France*. Elles roulent sur l'éloignement où se trouve la Cour du Parlement du lieu ordinaire de son siège; sur le retard qui en résulte pour l'Administration de la Justice, & les dommages inévitables qu'en éprouvent les Provinces dont la Sénéchauffée est l'interprète.

La Sénéchauffée a ordonné en même tems qu'Expéditions de ces Représentations seroient adressées au Parlement & au Châtelet.

Comme par la Réponse du Roi à la Cour des Aides du 2 Septembre, S. M. annonce devoir consulter les Chambres du Commerce & les Négocians sur la Déclaration du Timbre, la Sénéchauffée, dans ses Représentations, prévient d'avance cette Consultation pour la Ville de Lyon, en détaillant quelques inconvéniens de cet Impôt. Elle y apprend à M. le Garde des Sceaux *qu'une piece d'étoffe de soie, en sortant des mains du Fabricateur*, auroit donné douze fois ouverture à la perception du Droit du timbre.

Aux Représentations étoit jointe une Lettre particuliere de la même date pour le Garde des Sceaux, où les officiers de la Sénéchaussée lui rappelent adroitement qu'il a écouté avec bonté les vœux que le Châtelet de Paris lui a présentés par ses Députés; ils ne doutent pas en conséquence que Monseigneur ne reçoive de même ceux des Magistrats de la seconde Ville du Royaume. Autre Lettre du 13, adressée à M. le Premier Président du Parlement de Paris, où les Officiers de la Sénéchaussée rendent compte de leur conduite au Parlement, & disent que l'Arrêté du 27 Août, registré en ce Siege, réclame d'avance contre toute présentation des Edits, objets de la résistance de la Cour; ils protestent qu'ils ne violeront pas le serment qu'ils ont prêté.

En outre, la Sénéchaussée prie le Parlement d'éclairer le Roi sur la nécessité de bannir enfin de sa Cour la frivolité des modes, qui portent à l'étranger nos richesses, pour ne favoriser qu'un luxe raisonné qui enrichiroit l'Etat, parce que la France eut toujours l'avantage de déterminer celui des autres Nations.

Du reste, les Officiers de cette Jurisdiction s'excusent sur leur éloignement de ne pouvoir imiter en tout le Châtelet, en allant aux pieds de la Cour épancher eux-mêmes leur juste douleur & recevoir quelque consolation, en admirant de plus près des Magistrats si courageux.

Enfin autre Lettre de même date adressée à M. M. du Châtelet de Paris, où, en les félicitant d'avoir pu donner l'exemple, ils lui annoncent qu'ils se sont fait un devoir & une gloire de les imiter.

Tout cela est imprimé, mais comme je doute qu'on laisse percer ces pièces dans votre capitale, je vous en envoye une esquisse.

26 *Septembre* 1787. Il devient problématique aujourd'hui que M. l'Archevêque de Toulouse veuille être Premier Ministre. On prétend que mieux conseillé il trouve plus prudent, en cas de disgrace, d'avoir toujours à s'autoriser de la signature du Roi.

26 *Septembre*. Les Huissiers du Parlement sont déja arrivés par les voitures publiques de Troyes; ils portoient des branches de laurier à la main, ils étoient couronnés de fleurs, & les cochers s'enorgueillissoient de participer en quelque sorte à ce triomphe.

Quid Domini faciant, audent cùm talia fures?

26 *Septembre*. Un Politique, pour écrire sur les matieres du tems d'une façon moins commune, a imaginé un *Dialogue entre Semblançay, Surintendant des finances de François I, & l'Abbé Terrai, Contrôleur général,*

Il n'est point aussi piquant qu'il pourroit l'être: il est purement de discussion sur la nature des deux Administrations: il en résulte que François I étoit plus riche que ses prédécesseurs, puisqu'il disposoit d'un plus grand nombre d'hommes, avec le numéraire qu'il possédoit.

26 Septembre 1787. On raconte que M. d'Ormesson, Chef du Conseil pour l'administration du temporel de la Maison Royale de St. Cyr, s'étant présenté, il y a quelques jours, chez le Roi, pour lui demander quand S. M. daigneroit l'entendre relativement aux affaires de cette maison, le Monarque l'avoit renvoyé à l'Archevêque de Toulouse: qu'il avoit insisté, en représentant que c'étoit le privilège de cette maison que son administration ne fût soumise qu'au Souverain; qu'une seconde fois le Roi l'ayant renvoyé au Principal Ministre, M. d'Ormesson avoit encore exposé la désolation où la maison seroit d'être ainsi soustraite aux regards de son maître; mais que le Roi lui avoit fermé la bouche, en lui disant: qu'il ne se mêloit plus de rien ; que sa maison de St. Cyr n'étoit pas l'affaire la plus importante du Royaume, & que de bien plus capitales étoient renvoyées à l'Archevêque.

27 Septembre. Il y a longtems qu'on dit que la Banqueroute de l'Etat est desirée par les Provinces, parce qu'elles ne peuvent en être victimes, ayant très peu de Rentes ou d'Effets Royaux, & qu'elles espérent être ainsi

foulagées par la diminution des Impôts portant fur les terres. Un Politique a voulu les éclairer & il répand une brochure intitulée : *Point de Banqueroute, ou Lettre à un Créancier de l'Etat fur l'impoffibilité de la Banqueroute Nationale & fur les moyens de ramener le Crédit & la Paix.*

Cet ouvrage auſſi ſolidement penſé qu'énergiquement écrit, eſt attribué à M. Briſſot de Varville. Il y réſume les demandes des Parlemens : 1º. La fixation authentique du *Déficit.* 2º. La ſuſpenſion des deux Impôts juſqu'à ce que le déficit ſoit conſtaté, & les Impôts conſentis par les Etats Généraux. 3º. Un Syſtème régulier d'adminiſtration des finances, qui prévienne à jamais les déſordres paſſés. 4º. L'aſſemblée prochaine des Etats Généraux. 5º. L'abolition des Lettres de Cachet.

Il prouve que dans toutes ces demandes il n'eſt rien d'inconſtitutionnel, rien d'illégal, rien de déraiſonnable; que c'eſt l'amour de l'ordre, de la tranquillité, du bien de l'Etat, du bien même du Roi qui les a dictées. Il eſt étonné qu'un Miniſtre qui a dans d'autres tems annoncé ſon Patriotiſme, des vues Philoſophiques & l'amour de la Liberté, perſiſte à les refuſer.

Du reſte, l'Ecrivain regarde comme invraiſemblable & même comme impoſſible qu'on ait recours à la Banqueroute. Il en donne des raiſons excellentes & fait voir, qu'eût-elle lieu, il en réſulteroit des maux infinis qui rejailliroient sur la Culture même & sur ceux qui croiroient en être les plus exempts. La concession des demandes du Parlement doit donc être desirée par la Nation entiere, comme le remede à tous nos maux.

27 Septembre 1787. *Les Représentations des Officiers de la Sénéchaussée & Siége principal de Lyon, à M. le Garde des Sceaux de France*, ont percé jusques ici ; elles contiennent bien des choses propres à déplaire au Gouvernement & qui, s'il étoit moins foible, auroient attiré son animadversion à ces Officiers.

D'abord ils y annoncent en effet qu'ils ont enregistré le 7, le fameux Arrêté du Parlement du 27 Août, si fort anathématisé par l'Arrêt du Conseil du 2 Septembre. Ils ne font aucune mention, au contraire, de l'enregistrement de l'Edit & de la Déclaration publiés en Lit de justice, qui auroient dû leur avoir été adressés par le Procureur général : ils vont plus loin, ils déclarent que, religieux observateurs de leur serment, ils exécuteront fidellement les Arrêts & Règlemens de la Cour ; qu'ils savent qu'une Loi qui n'a pas reçu une sanction légale, par un enregistrement libre, n'est point obligatoire ; que sur le fait des Enregistremens ce seroit vraiment s'arroger une autorité supérieure, que d'insérer dans les Registres d'un Siege Royal, ce qui est déclaré nul & illégal dans ceux de la Cour de Parlement. Enfin, par un tour oratoire, en faisant semblant de

douter

douter de leur droit de discuter les Loix en-
regiſtrées au Lit de Juſtice, ils le font en re-
préſentant que l'Impôt du Timbre offre des
réſultats funeſtes au Commerce, & à cette occaſion ils expoſent d'une maniere très énergique le Tableau effrayant du dépériſſement
des Manufactures de Lyon.

27 *Septembre* 1787. Quoique l'on ſoit peu
édifié de la derniere conduite du Parlement,
qui paroît avoir lâché pied ſur bien des choſes, entr'autres ſur le procès de M. *de Calonne*
& ſur les Lettres de Cachet; quoique M. *d'E-
premesnil*, furieux des derniers Arrêtés, ait dit
à Meſſieurs qu'ils étoient partis de Paris couverts de gloire & qu'ils y rentreroient couverts
de boue: la Cour extrêmement timide, a
craint une nouvelle fermentation, ſi le Parlement ſe raſſembloit à Paris à ſon retour. En
conſéquence elle lui a adreſſé à Troyes une
Déclaration donnée à Verſailles le 20 Septembre, qui transfere & rétablit le Siege du
Parlement en la Ville de Paris, & y établit
une Chambre des Vacations pour y rendre
la Juſtice en la maniere accoutumée pendant
les ſix ſemaines qui auront cours, à compter
du 1 Octobre juſqu'au 10 Novembre.

Cette Déclaration a été enrégiſtrée à
Troyes, les chambres aſſemblées, le 24 Sep-
tembre & rien ne s'oppoſe plus au retour de
Meſſieurs.

28 *Septembre.* On n'a pas manqué de

catéchifer l'Archevêque de Touloufe, & l'on voit déjà *Lettre à M. de Brienne, Chef du Confeil des Finances*: écrit fage, patriotique, mais bavard, qui ne fait que reffafer les objections faites contre les projets de M. de Calonne, fans rien propofer de meilleur.

28 *Septembre* 1787. La Réponfe du Roi, du 6 Septembre, à la Chambre des Comptes porte littéralement: ,, ce n'eft point par des ,, Arrêtés que mes Cours doivent me faire ,, connoître leurs Obfervations fur mes Edits: ,, j'écouterai toujours volontiers leurs Remon-,, trances & leurs Supplications. Reprenez ,, votre Arrêté, *& prenez garde qu'il foit ,, imprimé.*"

Malgré cette défenfe ledit Arrêté en date du 1 Septembre, fe vend imprimé clandeftinement, comme tout le refte. Peut-être comme cette défenfe, fuggérée par le Garde des Sceaux, concernoit fpécialement les phrafes trop fortes contre ce Chef de la Juftice, n'a-t-on point fait difficulté de la révoquer en adouciffant ou mutilant cet Arrêté; car il n'eft pas auffi violent qu'on l'avoit annoncé & n'attaque que légérement & par voie indirecte le Garde des Sceaux.

Il porte fpécialement fur la fignification faite le 28 Août à *Marfolun*, l'un des Greffiers en Chef de cette Cour, de l'Arrêt du Confeil du 23 du même mois; fur cet Arrêt, incapable de faire Loi par lui-même, préfentant évidemment tous les caracteres de *l'obreption* & de la *surprise* ; sur les imputations les plus odieuses & les moins méritées dont il *tend à affliger* la Chambre ; sur la contradiction de casser son Arrêté du 7 Août, lorsqu'on laisse subsister ceux du Parlement & de la Cour des Aides sur le même objet ; sur l'ordre donné aux Commissaires départis, de faire publier, imprimer & afficher ledit Arrêt du Conseil ; sur la défense faite à la Chambre, sous peine de désobéissance, de donner suite à son Arrêté ; sur celle d'intituler à l'avenir *Arrêté de la Chambre des Comptes*, les Délibérations prises sans le concours de tous les membres, quoique la Délibération du 7 Août ait été le vœu de l'assemblée la plus complette & la plus réguliere ; sur la facilité de la Chambre, lorsqu'il aura plû au Seigneur Roi de lui faire connoître les réclamations des Auditeurs à montrer combien ces officiers sont peu fondés en titres & en raisons ; sur la détermination qu'on a fait prendre à S. M. au sujet d'une dénonciation extraordinaire de quatre Auditeurs, pour élever des prétentions nouvelles & contraires aux Ordonnances, sans qu'elles aient été préalablement communiquées & répondues ; enfin sur ce qu'au contraire, l'Autorité auroit opéré un vice de forme à ladite Délibération, en y appellant des officiers qui en sont exclus aux termes des Ordonnances les plus précis.

En conséquence la Cour persiste dans les Principes & Maximes contenus dans son Arrêté du 17 Août; elle déclare qu'elle ne cessera d'unir ses Réclamations à celles de tous les Tribunaux, pour la conservation des Droits de la Nation & des véritables intérêts du Roi; qu'elle ne pourra jamais reconnoître pour Loix de l'Etat, celles qui ne seront point revêtues de la sanction légale.

La Cour proteste en outre contre les imputations de l'Arrêt du Conseil, dont elle supplie le Roi d'ordonner la révocation, & dans lequel on a calomnié ses sentimens.

La Cour déclare encore ne pouvoir & ne devoir admettre à ses Délibérations, ceux de ses membres qui par la nature de leurs Charges, en sont exclus par la Loi.

La Chambre ordonne enfin qu'expédition de la présente Délibération sera portée au Roi par la Députation ordinaire.

La Délibération continuée au jeudi 6 du présent mois, les Semestres assemblés.

28 *Septembre* 1787. Jamais on n'avoit osé dire des vérités aussi fortes que celles qu'on publie aujourd'hui; de ce genre sont celles contenues dans une courte brochure, ayant pour titre *les vrais Principes de la Monarchie Françoise, par l'ami des Loix*. Elle est remarquable surtout par un portrait effroyable du Ministere de M. *de Calonne*, dont le résultat

est qu'il faut, comme *Pierre de la Brosse* en 1227, *Enguerrand de Marigny* en 1315, qu'il aille à Montfaucon expier ses forfaits.

29 Septembre 1787. Dans les Lettres de Cachet adressées le 15 d'Août aux divers membres du Parlement de Paris, on avoit déjà observé une grande négligence, des ratures, des surcharges; on lisoit sur quelques-unes *Sens*, au lieu de *Troyes*; 7 Août, au lieu de 15; *trois jours*, au lieu de *quatre* &c. Cette négligence dans des Ordres aussi importans que ceux émanés au nom du Roi, se trouve légalement constatée par un Arrêté du Parlement de Bordeaux du 6 Septembre, dont voici l'Extrait. „La Cour &c. considérant les
„ abus & la légéreté avec lesquels sont
„ délivrées les Lettres de Cachet, dont
„ quelques-unes sont sans date, d'autres
„ sans nom des personnes à qui elles sont
„ adressées, d'autres enfin avec des ratures
„ & interlignes, regardant deux membres à
„ la fois, l'un dans la suscription & l'autre
„ dans le corps de la lettre; presque toutes
„ datées de Versailles le 14 Août, avec
„ ordre d'être rendu, le 5 dudit mois à Li-
„ bourne; enfin l'enregistrement forcé &
„ militaire daté également du 14, quoique
„ les Lettres patentes soient datées du 28:
„ a déclaré le tout nul & illégal, & persiste
„ dans ses précédens Arrêtés."

29 Septembre 1787. Quoiqu'on ne parle

pas encore de la réponse dernière du Roi à la Chambre des Comptes, on vient d'imprimer ses *très humbles & très respectueuses Représentations* en date du 15 de ce mois. Elles sont fort étendues pour des Représentations, mais point aussi savantes & aussi développées qu'on les avoit annoncées. Après avoir exposé les déplorables causes de la dilapidation des finances, elles indiquent les moyens d'y remédier & n'oublient pas, comme de raison, de rappeler ses antiques droits & de demander à les exercer.

29 *Septembre* 1787. La Rapsodie périodique connue sous le nom burlesque des *Lunes du Cousin Jacques*, commençant sans doute à ennuyer les lecteurs, le Cousin a pris le parti de cesser ce journal & de le reproduire sous le titre plus sublime de *Courier des Planetes, ou Correspondance du Cousin Jacques avec le Firmament*. Il sera petit in-12, beau papier, beau caractere, soigneusement imprimé, avec une Romance notée à chaque Numéro & le portrait de l'auteur à la tête du premier; ce qui doit être surtout fort attrayant.

29 *Septembre*. Extrait d'une Lettre de Dijon, du 20 Septembre..... D'après le discours d'un de Messieurs servant à la Chambre en tems de Vacations, où il a dénoncé la translation du Parlement de Paris, le lundi 10 Septembre, il a été Arrêté que tous les

membres de la Chambre s'assembleroient le lendemain en Comité chez M. le Président, à sept heures de relevée, auquel Comité seroient invités tous les Magistrats actuellement à Dijon, pour en être référé à ladite Chambre le Mercredi 12 du présent mois.

Le 12 a été pris un Arrêté dans les mêmes sentimens, que ceux des autres Parlemens : au surplus, remis la Délibération au Parlement assemblé le lendemain de St. Martin.

Et l'Arrêté du 10 a dû être envoyé au Roi en la forme ordinaire.

30 *Septembre* 1787. Extrait d'une Lettre de Bordeaux du 15 Septembre. Voici la Suite des opérations de notre Parlement à Libourne. Instruit des ordres du Comte de Brienne, le 4, toutes les Chambres assemblées, il protesta d'avance contre la transcription qui pourroit être faite d'Autorité sur ses Registres & en vertu d'Ordres évidemment surpris, des Lettres patentes de la translation rejetées par la Délibération du 3 : il protesta pareillement contre toutes autres transcriptions dans une forme contraire aux Loix Constitutives du Royaume : il ordonna que son Arrêté seroit imprimé & envoyé aux Bailliages & Sénéchaussées du Ressort, & qu'au surplus il en seroit fait lecture en présence du porteur des Ordres du Roi, par celui de Messieurs qui présideroit la Cour.

Le lendemain 5, Séance Militaire du Comte

de Brienne. Arrêté du Parlement le 6 Septembre, Protestations, & digression sur l'irrégularité, la négligence, l'indécence de la forme même des Lettres de Cachet. Il déclare que la transcription des Lettres patentes faites sur les Registres ne peut produire aucun effet. Ordonné l'envoi de l'Arrêté aux Bailliages.

30 *Septembre* 1787. On vient d'imprimer le discours de M. *de Nicolaï* à M. *Lambert*, lorsque celui-ci est venu le 19 prêter le serment de Contrôleur général à la Chambre des Comptes, ainsi que la réponse de ce Ministre.

Dans le premier, on retrouve l'esprit, les graces, la finesse de tous les discours de M. de Nicolaï : il contient en outre des vérités fortes & énoncées avec énergie : au surplus, on n'aime point qu'il appelle M. Lambert longtems *l'Oracle du Parlement*, & depuis un *des Aigles du Conseil*.

Le second discours est plus simple & plus noble. Grand Éloge du Principal Ministre, du Conseil des Finances, & de la haute sagesse du Roi. Il promet de demander les lumieres de la Chambre des Comptes, qu'il qualifie d'*auguste Compagnie*.

30 *Septembre*. Les Officiers des Eaux & Forêts de France au Siége général de la Table de Marbre du Palais à Paris, font les
der-

derniers qui se soient ébranlés en faveur du Parlement. Voici sa marche.

Le jeudi 30 Août, la Compagnie assemblée pour son service ordinaire, par les considérations annoncées préalablement arrêta de faire une Députation au Roi, en la personne de M. le Garde des Sceaux, à l'effet de représenter à S. M. les malheurs incroyables qu'entraînoit l'absence du Parlement, & en demander le rappel.

Les Gens du Roi furent chargés de se retirer au premier jour par devers M. le Garde des Sceaux, à l'effet de lui demander le jour & l'heure auxquels il pourroit recevoir la Députation.

Le Dimanche 9, les Gens du Roi informèrent la Compagnie que M. le Garde des Sceaux recevroit à Versailles les Députés le lendemain 10. M. *Charpentier de Foissel*, Lieutenant Général, & MM. *Patthon* & *Cury*, Conseillers, s'y transportèrent & firent un discours, où ils établirent que toute Justice interrompue faisoit un tort incalculable dans leur partie; qu'un seul jour d'inaction pouvoit voir consommer les richesses forestières qu'ils conservent avec tant de soin pour les forces terrestres & navales du Royaume.

Le Garde des Sceaux a répondu: „ Je „ mettrai, Messieurs, vos supplíques sous les „ yeux du Roi. Je ne doute pas qu'il ne les „ accueille avec bonté. A mon égard je fais

„ les vœux les plus ardens pour leur succès:
„ j'y suis le premier intéressé."

Le même jour 10 Septembre, sept heures de relevée, la Compagnie, assemblée extraordinairement, pour attendre le retour de ses Députés, le Lieutenant général lui a rendu compte de la réponse de M. le Garde des Sceaux.

Et après avoir délibéré, la Compagnie a arrêté que ladite réponse seroit transcrite sur ses Registres.

La Compagnie a arrêté en outre que rien ne pouvant plus suspendre son zele, le Lieutenant-général & un Conseiller se transporteroient au premier soir à Troyes pour complimenter le Parlement.

30 *Septembre* 1787. Le 25 Juillet dernier le Châtelet avoit jugé la fameuse Cause de la Comtesse *de Morangies*, accusée de Bigamie & convaincue d'avoir un premier mari vivant. La Sentence la condamnoit à être exposée au carcan, fouettée, marquée & mise à l'hôpital pour neuf ans: Défenses à sa fille de prendre à l'avenir autre nom que celui de *Julie Fremin*, qui est celui du premier mari de sa mere, & à être admonestée.

L'affaire portée par Appel au Parlement, a été retardée par la translation de cette Cour.

1 *Octobre*. Les membres des Clubs & Sociétés de cette espece comptoient que le

retour du Parlement favoriferoit leur rentrée ; mais on affure que le Baron *de Breteuil* connoît trop bien le danger de ces repaires politiques. Voici la Lettre de M. le Lieutenant-général de Police, adreffée aux Commiffaires de ces Sociétés : ,, M. le Baron *de Breteuil*, ,, Meffieurs, vient de me marquer que l'in- ,, tention de S. M. eft de faire ceffer dès au- ,, jourd'hui les Clubs & Sallons. Je vous ,, prie, Meffieurs, de vouloir bien faire con- ,, noître les volontés du Roi aux membres ,, de la Société dont vous êtes Commiffaires. ,, Je vous prie d'être bien perfuadés des fen- ,, timens refpectueux avec lesquels j'ai l'hon- ,, neur d'être. (Signé) *de Crofne*."

Le Lycée feul eft excepté, fauf le Sallon de converfation.

1 Octobre 1787. On voit ici des *Lettres de Juffion* en date du 27 Août, adreffées au Parlement de Bordeaux, féant à Libourne, pour l'enregiftrement de l'Edit portant création d'Affemblées Provinciales en Guienne.

Dans ces Lettres de Juffion, qui font imprimées, on eft indigné du peu de dignité avec lequel on y fait parler le Roi : abfolument difcordant avec les coups d'Autorité, les actes de Defpotifme qu'on lui fuggere, il femble y mendier l'enregiftrement ; il affure que fon intention n'a jamais été de fouftraire à la vérification des Cours l'établiffement des nouveaux Impôts ; il ne fait qu'un effai à l'égard des Assemblées Provinciales actuelles, jusques à ce qu'il leur donne une Sanction définitive, à laquelle il fera certainement concourir ses Cours. Il rappele au Parlement qu'il a lui-même réclamé autrefois ce bienfait pour les Peuples de son Ressort. Du reste, le Roi y parle quelquefois par *Nous*, & quelquefois par *Je*.

Suit un Arrêt du 7, où démasquant le ton hypocrite qu'on fait tenir à S. M. dans ces Lettres de Jussion, le Parlement refute solidement les divers motifs qu'on y fait valoir pour déterminer son acquiescement. Il se défie d'autant plus de l'établissement des Assemblées Provinciales, qu'elles sont entrées dans les projets d'un Ministre déprédateur qui, après avoir trompé son Roi, pouvoit bien chercher à en imposer à la Nation.

A l'égard de l'exemple de quelques Parlemens qui ont enregistré & qu'on lui oppose, il répond qu'ils ont tous apposé des modifications, qu'on s'est moqué surtout du Parlement de Paris; ce qui prouve la mauvaise volonté de l'Administration. Qu'en un mot, plusieurs autres Parlemens, tels que ceux de *Grenoble*, de *Besançon*, la Province de *Hainaut*, ont sollicité le rétablissement des anciens Etats de leur Province, craignant le vice du régime qu'on pouvoit donner à ces Assemblées.

Sans doute cette Cour en 1779 a demandé

la forme d'Administration des Assemblées Provinciales, mais dans des vues bien différentes de celles que le Gouvernement propose; savoir, de s'opposer aux progrès du Despotisme, bien loin de le fomenter.

En conséquence, le Parlement déclare ne pouvoir obtempérer aux Lettres de jussion, & arrête que le Roi sera de nouveau supplié de lui donner connoissance des Reglemens relatifs à l'organisation, aux fonctions & au pouvoir des Assemblées Provinciales.

Ordonne que le présent Arrêté sera imprimé, publié & envoyé aux Bailliages & Sénéchaussées pour y être enregistré.

1 Octobre 1787. Messieurs du Parlement qui doivent tenir la Chambre des Vacations sont tous arrivés: elle sera composée de deux Présidens, de quatorze Conseillers de Grand'Chambre & de quatre de chacune des trois Chambres des Enquêtes: elle sera organisée de maniere à expédier les affaires arriérées & durera treize jours de plus, puisqu'elle finit de regle la veille de la St. Simon & Jude, époque de la rentrée du Châtelet.

Au surplus, le Gouvernement qui vouloit éviter la fermentation, en reculant la réunion générale du Parlement, n'y a rien gagné. Depuis quelques jours tout le Palais & les environs sont en rumeur; on tire le soir de l'artifice, & il a fallu pour le bon ordre remettre sur pied des détachemens de troupes.

1.*Octobre* 1787. Extrait d'une Lettre de Pau, du 15 Septembre. Dès le 31 Août notre Parlement a écrit une *Lettre au Roi*, imprimée, où se joignant aux autres Cours, il demande le rappel du Parlement de Paris, en outre celui du Parlement de Bordeaux. Cette Lettre bien déduite, bien écrite, n'a rien de plus remarquable.

2 *Octobre.* Extrait d'une Lettre de Montpellier du 20 Septembre. Notre Cour des Comptes, Aides & Finances n'est pas restée en arriere : le mardi 11 Septembre elle a pris, les chambres des Semestres assemblées, un Arrêté qui est imprimé, peu long, mais fort : il roule essentiellement sur la forme d'accorder les Subsides & sur la nécessité de rétablir l'ancien régime : elle y observe que le Languedoc a toujours été dans la possession d'accorder, non *par obligation & par devoir*, mais *de la propre volonté de ses Habitans, les Sommes qui leur étoient demandées par le Souverain... Franchise & Immunité* confirmées, lors de la réunion du Languedoc à la Couronne.

Elle finit par demander le rappel des Parlemens de Paris & de Bordeaux, le retrait de l'Edit & de la Déclaration, la continuation du rétablissement de l'Ordre & de l'Economie, & la convocation des Etats Généraux.

2 *Octobre.* Le récit d'un de Messieurs au sujet de M. *de Calonne* du 10 Août, n'est

point une dénonciation en regle. Après un court préambule, où M. *Duport de Prelavile* expose l'importance de sa démarche & sa frayeur en l'entreprenant, mais s'en repose sur son devoir, sur son zéle & sur son courage; il présente les abus de l'ancienne Administration, il remonte au principe toujours subsistant de ces abus. Son Mémoire est divisé en deux parties.

Dans la premiere, il fait quelques réflexions sur l'état actuel de la France & déduit les causes qui favorisent la pente naturelle de tout Gouvernement à devenir Arbitraire. Cet ordre de choses, qui présente d'abord des avantages, produit enfin des abus si excessifs, que le Chef lui-même ne peut plus les réprimer. C'est alors qu'on veut remonter aux Institutions anciennes & qu'on se trouve entouré d'obstacles insurmontables. C'est dans cette position que se trouve la France: & l'entreprise de M. *Duport* est d'y remédier en remontant, s'il est possible, à la cause du desordre actuel, en calmant l'incertitude effrayante de la Nation & prévenant le retour des maux qui l'accablent.

Dans la seconde, M. *Duport* découvre la source de nos maux politiques dans le *Vizirat* de nos Ministres & dans leur Impunité: un Exemple dans la crise fâcheuse de l'Etat est le vrai remede & le moyen de rassurer la Nation.

En conséquence, il présente à la Cour M. de Calonne comme accusé par la voix publique & par le cri général de la France.

1°. D'avoir laissé ignorer, d'avoir même caché au Roi la véritable situation de ses Finances, jusques aux momens qui ont précédé l'Assemblée des Notables.

2°. D'avoir lui-même causé le desordre des Finances, soit en présentant au Roi un *Déficit* exagéré à dessein; ce qui seroit le plus grand des Crimes: soit parce que ce Déficit, dont l'étendue peut à peine se concevoir, doit, s'il existe, son origine & son accroissement, presque en totalité, à l'Administration de M. de Calonne, & qu'il n'a pu être causé que par les déprédations les plus inconcevables.

M. Duport puise la preuve du premier fait dans les Edits mêmes & autres Piéces de l'Administration de M. de Calonne.

Il établit la preuve du reste avec des Calculs simples, que lui fournit la notoriété publique, & qui n'ont pas été contredits.

Il n'a pas cru devoir présenter à la Cour des faits particuliers dont il reconnoît l'existence; parce que ces faits compliqués, mêlés à des détails d'Administration, ne pourroient se vérifier que par des moyens étrangers aux Magistrats.

M. Duport termine par établir la compétence & le devoir du Parlement pour juger

M. de Calonne, & fans doute ce Miniſtre ne peut & n'oſera s'y fouſtraire.

Il faut convenir que ce diſcours, obſcur, métaphyſique, alambiqué, eſt preſque tout entier hors de la queſtion; que ſous de grandes phraſes, il contient de bonnes idées, mais ſimples & rebattues, & que le vrai moyen de prouver la néceſſité de faire le procès de M. de Calonne, étoit d'établir l'effrayant Tableau de ſon Adminiſtration, des abus énormes qu'on lui reproche, de l'appuyer de preuves ſolides.

Quoi qu'il en ſoit, c'eſt ſans doute ſur ce diſcours, qu'ayant été mis en Délibération ce qu'il convenoit de faire, on nomma des Commiſſaires qui, traitant la choſe en Magiſtrats & non en Philoſophes, articulerent les Cinq Griefs ſur leſquels devoit porter la plainte du Procureur-général.

2 Octobre 1787. Extrait d'une Lettre de Rennes du 25 Septembre. La Chambre des Vacations de notre Cour, moins complaiſante que le Parlement de Paris & que tous vos Tribunaux, a fait lacérer & brûler le 18 de ce mois par la main du Bourreau les *Obſervations d'un Avocat ſur l'Arrêté du Parlement de Paris*, qu'on avoit fait circuler juſques en Bretagne: comme contenant des Aſſertions fauſſes, ſéditieuſes, injurieuſes & calomnieuſes envers le Parlement de Paris, &c.

C'eſt ſur le Requiſitoire de M. *Broſſays*

du Pernay, Substitut du Procureur général, & sur le Rapport de M. *Bonin de la Villebouquais*, Conseiller de Grand' Chambre, que l'Arrêt a été rendu.

3 *Octobre* 1787. Depuis que Messieurs du Parlement sont revenus de Troyes, plusieurs ont jasé & l'on est à présent parfaitement au fait de la maniere dont toute l'intrigue pour le raccommodement avec la Cour a été menée.

L'Archevêque de Toulouse avoit choisi pour Négociateur M. *de Miniere*, Conseiller de Grand' Chambre, qui s'étoit logé hors de la ville: ensorte que les Couriers y arrivoient, & qu'on y alloit parlementer aussi mystérieusement. Les premieres Propositions ont été les suivantes.

1°. Il faut arranger l'affaire & l'arranger très promptement.

2°. L'Europe est à la veille d'être en feu, & il ne faut pas joindre aux querelles du dehors des querelles intestines: cela seul doit déterminer le Patriotisme de Messieurs à se rapprocher de la Cour.

3°. Il ne faut pas que la Majesté du Trône soit blessée; il faut aussi que la Dignité de la Magistrature soit maintenue.

4°. C'est pour concilier ces divers Intérêts que M. l'Archevêque de Toulouse demande un *mezzo-termine* & invite Messieurs à le chercher.

A ces paroles de Paix se sont joints, suivant qu'il se pratique, les moyens de Corruption. Les Considérations annoncées ci-dessus n'étoient que pour ébranler les gens honnêtes, désirant sincerement le bien commun: quant aux autres, on a Séduit les Clercs par des promesses de Bénéfice; les Laïcs par des graces propres à flatter leur ambition; enfin ceux qui ont voulu tenir & avoir de l'argent sur le champ, on leur en a donné.

Il n'est que l'Abbé *Sabbatier de Cabre*, duquel on a dit qu'on ne lui feroit pas l'honneur de chercher à le corrompre.

Le *mezzo-termine* que les Médiateurs ont imaginé, a été que le Parlement feroit une premiere démarche de soumission, en demandant au Roi son rappel & en chargeant le Premier Président de se retirer par devers le Roi à cet effet.

Le Premier Président rendu à Versailles, on a gagné ce Chef par l'espoir d'un Duché pour sa famille & il s'est fait fort que si, pour en imposer à la multitude, pour satisfaire la gloriole des Magistrats les plus entêtés ou les plus jaloux de l'honneur du corps, on retiroit les Edit & Déclaration, le Parlement enregistreroit tout autre Edit bursal: que du reste il y auroit sûrement un Arrêté, afin de maintenir les principes. On lui a répondu qu'on se moquoit de l'Arrêté tel qu'il fût, pourvu qu'on ne l'insérât pas dans l'enregistrement: il a garanti que l'enregistrement seroit pur & simple, & il est revenu.

Effectivement ayant préparé les voies pour la consommation de la Négociation, l'Edit a passé à l'unanimité.

Quant à l'Arrêté, il y en avoit treize différens ; mais l'on s'est réuni très promptement en faveur de celui du Président *d'Hericourt*, sauf une phrase à y ajouter, proposée par M. *d'Epremesnil*, qui est celle-ci : *même une simple prorogation d'Imp.t provisoire & momentanée*. Il a fallu aller aux voix : dans le cours des opinions l'abbé *Sabbatier*, furieux de se voir réduit à une nullité absolue, a voulu pérorer & ramener les grands principes. Le Premier Président l'a interrompu & lui a dit que ce n'étoit plus ce dont il s'agissoit, qu'il devoit se renfermer dans l'acceptation pure & simple de la phrase, ou son rejet. Ce Chef ayant été applaudi de toute l'assemblée, l'abbé a dû se taire honteusement.

3 *Octobre* 1787. L'existence du Chevalier *Gluck*, qu'on avoit fait mort plusieurs fois depuis quelques années, est attestée par une Lettre qu'il a écrite à M. *Vogel*, en remerciment de la dédicace que ce Musicien lui a faite de sa Partition de la *Toison d'or*. Il se plaint seulement dans cette Lettre, que ses yeux ne lui permettent plus de pouvoir lire un si bel ouvrage, que M. *Saliery* lui a fait entendre au clavessin. Il y trouve un très

grand talent dramatique, d'autant plus précieux, que M. Vogel ne le tient pas de la pratique, mais de la nature.

On apprend par cette Lettre encore que M. Vogel a composé un second opéra, intitulé *Demophon*, dont M. Saliery a fait l'éloge au Chevalier Gluck.

On ne sait pourquoi M. Vogel ne fait connoître que depuis peu cette lettre honorable, datée du 3 Août dernier.

4 *Octobre* 1787. Quoique M. le Bailly du Palais, dès le 28 Septembre eût rendu une Ordonnance pour empêcher les attroupemens, les petards, les fusées & autres folies de ce genre, auxquelles il étoit instruit que les Suppôts du Parlement devoient se livrer dans l'excès de leur joie, en le voyant revenir à son Siége véritable; il n'en a été tenu compte & pendant trois jours cette joie effrénée s'est manifestée d'une maniere très alarmante pour le quartier. Enfin la Chambre des Vacations, qui ne pouvoit qu'être infiniment flattée de tout ce tumulte, après en avoir joui durant plusieurs jours, a rendu le 3 un Arrêt, qui n'a été connu que le 4; il a mis fin aux fêtes & au désordre.

4 *Octobre*. *Observations sur la Réponse du Roi à la Cour des Aides, du 25 Août* 1787. Bonnes, mais rien à y remarquer qu'une digression vigoureuse sur les déprédations de

M. de Calonne & fur la néceſſité de faire un Exemple en ſa perſonne.

4 Octobre 1787. Le Gouvernement a ſes apologiſtes auſſi ; il ne tient ſans doute qu'à lui, qui peut répandre l'argent, d'en avoir beaucoup. Il faut qu'il dédaigne de faire uſage de ce moyen, car ils ſont rares. Depuis les *Obſervations d'un Avocat*, on ne connoît gueres en ce genre que *Lettre d'un Conſeiller au Parlement de Paris à un Conſeiller du Parlement de Normandie*. Depuis le Chancelier Maupeou on n'avoit pas prêché le Deſpotiſme avec plus d'audace & de baſſeſſe en même tems. L'auteur cherche moins à raiſonner qu'à s'appuyer de preuves, qu'il prétend tirer de notre Hiſtoire, de nos Juriſconſultes, & des Etats Généraux mêmes: Mais on ſait combien il eſt facile en ce genre de dénaturer les Faits, les Citations & de les approprier à la cauſe qu'on défend. Au ſurplus, ſes raiſonnemens ne ſont pas meilleurs que ſes principes. On y remarque ſeulement l'adreſſe, en établiſſant cette correſpondance entre deux Parlementaires, de flatter l'orgueil des Cours, afin de les rendre moins zélées pour les intérêts de la Nation.

4 Octobre. Il ſe publie enfin un Arrêt du Conſeil en date du 7 Septembre concernant la clôture de Paris, dont l'objet & le préambule ſont fort ſinguliers. Il eſt dit dans celui-ci

que le Roi par fa Décifion du 23 Janvier 1785, ayant ordonné l'établiffement d'une nouvelle enceinte de Paris, s'eft-depuis peu fait rendre compte des travaux & a reconnu que, contre fes intentions, on avoit prodigué les ornemens dans les bâtimens deftinés à fervir de bureaux pour la perception des droits d'entrée à Paris, & que les effets de ce luxe défavoué par l'opinion publique, & contraire à l'objet même d'une entreprife qui n'a été formée que dans des vues d'économie, avoient été d'en augmenter confidérablement les dépenfes; S. M. en regrettant que les travaux foient trop avancés pour qu'elle puiffe étendre les réformes fur tous les objets qui en feroient fufceptibles, a cru du moins devoir prendre des mefures convenables pour réprimer à l'avenir cette prodigalité, pour retrancher des conftructions qui reftent à faire toute fuperfluité & tout luxe, & pour fe faire rendre un compte exact de toutes les dépenfes.

En conféquence le Sr. *le Doux*, Architecte de S. M. & préfidant aux conftructions de ces Bâtimens, doit remettre fes plans & devis aux Sieurs *Antoine & Raimond*, pareillement Architectes de S. M., pour les réduire & fimplifier: le Sr. *Perard de Montreuil*, Cenfeur Royal, Architecte du Grand-Prieuré de France, doit en qualité d'Infpecteur & Vérificateur général defdites Conftructions, y mettre auffi fon attache: ce travail fera enfuite remis à M.

Douet de la Boulaye, Intendant des finances, chargé du Département des Fermes. &c. Celui-ci en fera son rapport à M. le Contrôleur général, & ce Ministre au Roi.

C'est après plusieurs années de travaux, après que plusieurs Corps, nombre de Particuliers & le Parlement ont fait des représentations sur l'injustice, la folie, l'horreur de cette muraille; c'est, lorsqu'elle est à la veille d'être finie, qu'on ouvre les yeux, & qu'on revient sur une opération qui a fait crier tout Paris.

On assure que ce Mûr, avec les décorations, bâtimens & accessoires de luxe qu'on y a joints, fera un objet de plus de vingt millions.

5 Octobre 1787. Pour mieux connoître la marche des diverses opérations qui ont été la suite de l'Assemblée des Notables, on a rassemblé sous un seul point de vue le Journal du Parlement, depuis cette époque, jusques au moment de son retour. Outre plus d'exactitude, on y trouvera quelques détails échappés durant le cours de la Narration de chaque Séance.

5 Octobre. Journal des Séances du Parlement depuis sa rentrée d'après la Pentecôte le 11 Juin.

Le 19 le Parlement, les Chambres assemblées, enregistre l'Emprunt de Six Millions de Rentes Viageres, affectées sur les Tailles.

Les

Les Princes & Pairs invités pour le 22.

Le 22, les Princes & Pairs séant au Parlement, l'Edit concernant les Assemblées Provinciales est enregistré.

Le 25, liberté du Commerce des grains enregistrée, en Assemblée pareille.

Le 28, enregistrement de la conversion de la Corvée en nature en une prestation en argent.

Suppression du Droit d'ancrage.

Le 2 Juillet, à l'assemblée des Princes & Pairs, présentation de la Déclaration du Timbre. Commissaires nommés.

Durant les 3, 4 & 5 Juillet, travail des Commissaires.

Le 6, Arrêté fait avec les Princes & Pairs; les Gens du Roi envoyés à Versailles.

Le 7, réponse: ,, le Roi recevra les Repré- ,, sentations dimanche à sept heures du soir."

Le 9, lecture de la réponse du Roi: Arrêté de nouvelles représentations, Commissaires nommés pour les rédiger.

Le 10 & le 11, travail des Commissaires.

Le 12, Arrêté pris: Gens du Roi envoyés à Versailles.

Le 14, Réponse des Gens du Roi aux Chambres assemblées: ,, le Roi recevra son ,, Parlement demain dimanche à Versailles, à ,, sept heures du soir."

Le 16, Réponse du Roi, Assemblée des Princes & Pairs. Arrêté. Commissaires nommés,

Tome XXXVI.   D

Le 17, Assemblée des Chambres sur la difficulté entre la Garde des Princes, freres du Roi, & la Robe-courte. Convenu que la maison des Princes ne prétendant point faire la police dans l'intérieur du Palais, il étoit plus que juste que la haye d'honneur lui soit laissée sans réclamation jusques à la porte du Parquet des huissiers.

Convenu en outre que M. le Premier Président employera ses bons offices pour que les usages du Palais soient conservés.

Les 18, 19, 20, 21 & 22 travail des Commissaires. Lecture à chaque Chambre des Remontrances.

Le 24, Assemblée des Princes & Pairs : Lecture générale des Remontrances arrêtées. Gens du Roi envoyés à Versailles pour savoir le lieu, le jour & l'heure, où il plairoit au Roi les recevoir.

Le 26, réponse du Roi, qu'il recevra les Remontrances ce soir à sept heures.

Le 27, réponse du Roi qu'il examinera les Remontrances.

Le 29 Juillet, réponse du Roi.

Le 30, Arrêté: les Gens du Roi envoyés en Cour.

Le 1 Août, le Roi fera réponse jeudi à midi.

Le 2, réponse du Roi: *je vous ferai savoir mes ordres :* par conséquent point d'assemblée des Princes & Pairs.

S'il y avoit eu Assemblée ce jour-là, il y auroit été question de quatre objets:

1º. La nouvelle Compagnie des Indes & l'Agiotage, auquel donnent lieu les actions de cette Compagnie.

2º. L'Agiotage dénoncé par la premiere Chambre des Enquêtes: les Actions *Perier*, les Actions de la Compagnie d'assurance contre les incendies.

3º. Le fait de la suppression des Saintes Chapelles.

4º. Plainte toute prête à rendre contre M. *de Calonne*.

Le 4 Août, Assemblée des Princes & Pairs. Les Gens du Roi entrés ont dit qu'ils étoient chargés de retirer du Greffe la Déclaration & l'Edit.

Les deux premiers chefs des Dénonciations ci-dessus renvoyés aux Commissaires; le quatrieme à l'assemblée du vendredi 10 : Rien sur le troisieme objet.

Le 5 Août, le Premier Président a été instruit qu'il y auroit le lendemain 6 un Lit de Justice à Versailles.

Messieurs ont été avertis par des billets de se trouver à cinq heures de l'après-midi à l'assemblée des Chambres.

Le Maître des Cérémonies est venu sur les cinq heures de relevée apporter la Lettre de Cachet adressée au Parlement pour le Lit de Justice.

On a déliberé & fait un Arrêté.

L'Assemblée a fini sur les huit heures du soir.

Le 6, le Lit de Justice commencé à onze heures & demie, fini à une heure & demie.

7 Août, Assemblée sur le Lit de Justice, d'où a résulté l'Arrêté connu, passé à une Majorité de 64 voix contre 51.

L'Assemblée n'avoit point de Princes; deux Pairs Ecclésiastiques & onze Ducs, entr'autres le Duc d'Harcourt, Gouverneur du Dauphin.

Messieurs étoient en place avant onze heures & ne se sont séparés que vers sept heures.

La Délibération continuée au 13 Août.

10 Août, Dénonciation de M. de Calonne.

13 Août, Arrêté.

15 Août, Lettres de Cachet de translation à Troyes.

22 Août, Installation. Les Chambres se sont assemblées à onze heures: les Gens du Roi ont apporté les Lettres Patentes de translation, avec des Conclusions.

Le Préambule en est plus doux que celui des Lettres semblables en 1721.

La Délibération n'a fini qu'à cinq heures passé; les gens du Roi mandés, on leur a dit:

1o. Vous ferez exécuter l'Arrêt que la Cour vient de rendre, & notamment au Bailliage de Troyes. Vous en rendrez compte demain jeudi 23 aux chambres assemblées.

2º. Vous rendrez compte de l'exécution de l'Arrêt & Arrêté du 13.

Puis font entrés pour complimenter la Cour :

1º. Le Bailliage. C'eſt le Lieutenant général qui a porté la parole : bon discours, nourri de citations & d'anecdotes.

2º. Les Officiers municipaux. On a rapporté ce discours prononcé par M. *Huez*.

3º. Les Eaux & Forêts. M. *Mauroy*, Maître particulier, portoit la parole : pur compliment, mais court.

4º. L'Election. M. *Guerard*, Préſident, a prononcé ce discours de politeſſe pure.

On attendoit les Conſuls ; ils n'étoient pas prévenus.

Les Avocats : ils s'étoient fermés la bouche avant ce jour, à l'inſtar de ceux de Paris, auxquels ils ſe regardent comme affiliés.

Jeudi 23, Séance : les gens du Roi ont rendu compte de la Déclaration enregiſtrée au Bailliage ; ont dit qu'on l'imprimoit & qu'elle ſeroit publiée & affichée dans la journée.

On a entendu les Juges Conſuls. M. *J. Aumont*, Juge Conſul en exercice, portoit la parole : pur compliment, court.

M. *le Baron des Bordes*, Greffier en Chef de la Cour des Aides de Paris, eſt venu complimenter le Parlement au nom de ſa Compagnie. Rien de plus remarquable dans ſon discours que beaucoup d'emphaſe & la précipitation de la Compagnie à remplir cet acte de fraternité.

Le Greffier en Chef de la Cour des Monnoyes de Paris est venu aussi complimenter le Parlement, & l'a instruit de la démarche qu'elle avoit déja faite auprès du Roi pour demander son retour.

La Séance s'est levée à midi.

27 Août. Arrêté imprimé: discours des officiers du Bailliage de Bar sur Seine.

M. *Jean Baptiste Vernier*, premier Juge-garde a prononcé au nom des officiers de la Monnoye de Troyes un discours bref, mais marqué à son coin d'originalité.

28 Août. Assemblée de Chambres.

Les Gens du Roi ont dit qu'ils avoient fait imprimer l'Arrêté du 27; qu'il étoit enregistré au Bailliage de Troyes: ils ont lu le certificat, ils ont dit que les autres paquets pour les Bailliages & Sénéchaussées du Ressort étoient à la poste du matin 28.

Puis M. *Seguier* a fait lecture d'une Lettre de Cachet adressée à M. le Procureur-général à Troyes, signée *Louis* & plus bas *Baron de Breteuil*, qui défend aux Gens du Roi d'envoyer aucun Arrêté, Reglement, rien autre, aux Bailliages que ce qui seroit adressé par le Roi à son Procureur général.

Délibération; Commissaires nommés qui s'assembleront jeudi 30, à six heures du soir.

Réception de deux Conseillers, le fils du

Président *Rolland*, & le fils du Président *Sa-lier*, de la Cour des Aides.

29 Août, deux Audiences de grand' Chambre ouvertes & fermées: Tournelle *idem*.

Assemblée des Chambres.

Compliment très succint de la Chambre des Comptes par l'organe de son Greffier en Chef.

Discours de l'Université de Paris en Latin.

La Députation étoit composée du Syndic portant la parole, du Questeur, du Doyen de la Nation de France, & du Greffier.

Dénonciation des Lettres de Cachet de quatre Maîtres des Requêtes.

Observé qu'ils n'étoient pas présens. Le Secrétaire de la Cour chargé de leur écrire pour savoir ce qui des retenoit, pourquoi ils ne continuoient pas de venir assister aux Assemblées.

Lettre de Cachet des Conseillers honoraires, remise aux Commissaires le vendredi 31.

L'Assemblée continuée au lundi 3 Septembre; rien jusques là, sinon les audiences.

30 Août, travail des Commissaires: avis unanime de le renvoyer au lundi 26 Novembre.

1 Septembre, Tournelle. Sur la requête du Procureur général, Arrêt qui commet le Lieutenant criminel du Châtelet de Paris pour recevoir le serment des Conducteurs de la chaîne; qui autorise ledit Lieutenant criminel à commettre Médecins & Chirurgiens qui visiteront les Galériens, constateront ceux qui sont en

état de supporter le voyage ; le tout en présence du Substitut Procureur-général au Châtelet, qui est autorisé à faire partir les valides & retenir les infirmes.

2 Septembre. Lettre Ministerielle du Baron *de Breteuil*, qui, en interprêtant lesdites Lettres patentes de translation, soutient que le Parlement doit continuer ses fonctions ordinaires en tems de vacations à Troyes. D'où il conclut que tous les membres du Parlement doivent (aux termes desdites Lettres patentes) rester à Troyes sans en desemparer.

Cette Lettre, que le Premier Président a montrée à tous les individus, ne peut pas être connue légalement du Parlement.

Messieurs paroissent décidés n'y avoir aucun égard, & ne devant plus continuer leurs fonctions passé le 7, à moins de nouvelles Lettres patentes de prorogation, ils comptent tous partir de Troyes le 8.

Ceux des Magistrats qui étoient nommés membres des Assemblées Provinciales, ont reçu des Lettres Ministerielles qui les dispensent d'y aller.

Lundi 3 Septembre, Assemblée des Chambres. On a reçu les complimens du Châtelet de Paris par l'organe de M. *Dupont*, Lieutenant particulier. Rien de saillant.

De Sens, par l'organe de M. *Jodeillat*, Lieutenant général. On remarque dans son discours

discours cette phrase: *vous avez prononcé cette grande vérité que la Nation seule a droit de se soumettre à de nouveaux Impôts.*

De Château-Thierry, par M. *Pinterel de Lonverny*, Lieutenant général. On y rit de cette phrase plaisante: *ah! que ne puis-je, comme ce pieux Enée, vous replacer dans votre Sanctuaire!*

De Nogent sur Seine, par M. *Hurant*, Bailli de robe longue.

De Mery sur Seine, par M. *Guerrapain*, Bailli.

Du Bailliage du Palais, par M. *le Bruin*, Lieutenant général: il s'excuse d'être venu si tard sur la nécessité de veiller à la tranquillité & à la police du Palais; c'est ce qui a empêché le Procureur du Roi du Siege de l'accompagner.

Les Commissaires ont rendu compte de leur travail du vendredi 31: la Délibération continuée au vendredi 7.

Assemblée des deux Chambres; trois Déclarations enregistrées, dont une imprimée concernant les Juges Consuls.

Le Lieutenant Criminel de Saumur a été rapporté par M. *Dupuis de Marcé*.

Renvoyé à la seconde Chambre des Enquêtes pour tirer & rendre la Loi.

Le Mercredi 9, le Lieutenant Criminel de Saumur dans la seconde des Enquêtes a tiré

& rendit la Loi, & a été reçu à la Grand' Chambre.

Jeudi 6 Septembre. Compliment de l'Amirauté par M. *Mantel*, Lieutenant particulier. Il y rappelle l'époque où, en 1589, son tribunal fut associé à la translation du Parlement à Tours.

Du Bailliage de Langres, par M. *Gayardin*, Lieutenant particulier.

Les Gens du Roi ont porté aux chambres assemblées une Déclaration qui proroge le Parlement séant à Troyes pendant la Chambre des Vacations: remis au vendredi 7.

Le 7 Septembre. Compliment du Bailliage d'Auxerre, par M. *Martineau des Chenets*, Lieutenant Criminel.

On y lit cette phrase concernant les Arrêtés derniers du Parlement: *ces actes sublimes d'énergie & de patriotisme émanés de vos Délibérations & qui sont aujourd'hui le plus bel ornement de nos Regiſtres.*

De Sézanne, par M. *Pantaléon Moutier*, Lieutenant général.

De Vitry le François, par M. *Barbier*, Lieutenant général. Il y rappelle l'époque du commencement du dernier siecle, où son tribunal étoit présidé par un *le Jay*, frere du Premier Président du Parlement de Paris d'alors.

De St. Dizier, par M. *Ferrand*, Lieutenant particulier.

Assemblée des Chambres, commencée à onze heures, finie à une heure & demie.

La Déclaration de prorogation, enregistrée purement & simplement.

Sur le surplus remis au mardi 11.

Le mardi 11 Septembre, Assemblée des Chambres. Arrêté pour demander le rappel du Parlement à Paris. Départ du Premier Président.

Compliment du Bailliage de Provins, par M. *Rousselet*, Avocat du Roi. Discours noble & bien écrit.

Jeudi 13, le Premier Président parle au Roi.

Vendredi 14, le Premier Président va à l'opéra.

Samedi 15 Septembre, retour du Premier Président.

Lundi 17, assemblée des Chambres: compliment des Eaux & Forêts, par l'organe de M. *Charpentier de Foissel*, Lieutenant général.

Du Bailliage de Mas. — De Reims. — De Bar le Duc.

Réponse du Roi du 13, lue: remis au mardi 18 à délibérer.

Mardi 18 Septembre. Assemblée des Chambres.

Compliment du Bailliage de Joinville.

Lecture sans délibération d'un Mémoire de la Chambre du Commerce de Lyon sur le Timbre.

On dit ce Mémoire très bien fait.

On tuoit le tems, parce qu'on croyoit que le Courier de Versailles qui devoit apporter l'Edit en parchemin, arriveroit.

Mercredi 19, compliment du Bailliage de Bar sur Aube.

Edit enregistré. Arrêté. Le Premier Président envoyé à Versailles.

Jeudi 20, départ du Premier Président à neuf heures & demie du matin.

Vendredi 21, il parle au Roi.

Dimanche 23, retour du Premier Président.

Lundi 24, assemblée pour la lecture de la réponse du Roi.

Enregistrement des Lettres patentes de retour.

Le Premier Président chargé durant les Vacances d'interposer ses bons offices auprès du Roi pour le rappel du Parlement de Bourdeaux au véritable lieu de son Siege.

6 Octobre 1787. Dimanche étant le dernier jour auquel les Gendarmes, Chevaux Légers, Gardes de la porte réformés ont dû faire leur service auprès du Roi, ils ont demandé à être présentés à S. M. On n'a point voulu, mais on leur a dit de se trouver dans la galerie sur le passage de S. M.; ce qu'ils ont fait. Leur contenance affligée a tellement ému le Monarque, que les larmes lui en sont venues aux yeux & qu'il a témoigné à ses courtisans la douleur que lui causoit un pareil spectacle.

6 Octobre 1787. C'est le dimanche 23

que le Comte *de Brienne*, Commandant en Chef pour le Roi dans la haute & basse Guienne, est arrivé à Versailles pour y occuper la Charge de Secrétaire d'Etat au Département de la guerre; le 24 il en a fait ses remercimens à S. M., présenté par l'Archevêque de Toulouse, principal Ministre d'Etat & Chef du Conseil Royal des finances. Le 27 il a prêté serment.

6 Octobre 1787. M. *de St. Genis* est un Auditeur des comptes du plus grand mérite, qui s'est occupé à rassembler toutes les Ordonnances du Royaume & autres matériaux du Droit Public en France, depuis le commencement de la Monarchie; il possede à fond cette matiere & est souvent consulté par les Ministres. Tout récemment M. de Calonne avoit voulu avoir son avis sur la rentrée des Protestans dans le Royaume, sur l'admission des Juifs comme Citoyens, deux points auxquels il avoit été absolument contraire: il l'avoit aussi consulté sur ses autres projets, & en approuvant l'objet dans quelques parties, le savant Magistrat en avoit également blâmé la forme, & surtout cette convocation des Notables, le coup le plus mortel à porter au Crédit, tant intérieur qu'extérieur.

C'est ce même M. *de Saint Génis*, que les Auditeurs ont mis à leur tête au sujet de leur querelle avec les Maîtres; c'est lui qui a fait les Arrêtés & les Mémoires & qui a déja été cinq fois vers le Garde des Sceaux, mais il n'a pu encore terminer le différend, dont l'origine date depuis plus de deux siecles.

MM. les Conseillers Auditeurs, très reconnoissans du zele qu'il a montré dans ses démarches, quoi qu'elles fussent contraires à sa propre opinion, ont député vers lui le dimanche 9 Septembre, pour lui faire les remercimens de la Compagnie: honneur inoui & sans exemple.

Quant aux Correcteurs, qui ont mis plus d'astuce dans leur conduite, quoique la cause fût commune, ils n'ont porté leur Arrêté au Garde des Sceaux, que lorsqu'ils ont vu l'heureuse issue de celui des Auditeurs.

M. de St. Genis a gagné surtout un point capital, par lequel les Présidens & Maîtres établissoient un Schisme complet; c'est le refus de la communication des Registres & du Plumitif. La défense a été levée absolument & très promptement. Voilà où en sont les choses & où vraisemblablement elles resteront.

6 Octobre 1787. Plusieurs Dames du Parlement, avant de quitter Troyes, ont imaginé d'y faire quelque acte de bienfaisance, & sont convenues de délivrer tous les prisonniers pour dettes qui se trouveroient alors dans les prisons. En ayant pris l'état, elles ont fait une quête chez tous les membres de la compagnie & il en a résulté une Somme assez

forte, non seulement pour cette bonne œuvre, mais pour plusieurs autres. Le jour de la derniere assemblée, le 24, elles sont venues aux chambres assemblées, ont demandé à y être introduites avec les Prisonniers élargis, qui venoient témoigner leur reconnoissance à Messieurs: en conséquence les Dames ont entré; les Juges les ont fait asseoir parmi elles & ont joui du spectacle de leur bienfaisance.

7 *Octobre* 1787. Ceux qui ont été témoins des fêtes populaires qui ont duré trois jours de suite, assurent qu'au milieu de ce tumulte il y avoit beaucoup d'ordre, surtout depuis qu'un Garde Françoise ayant tiré un coup de fusil sur un petit polisson, fut vertement réprimandé par son Officier; les Gardes Françoises & Suisses ne sont plus devenus que simples spectateurs; on ne les laissoit pas même entrer dans la place Dauphine, principal théâtre de cette canaille du Palais. Le Chevalier *Dubois*, à la tête du Guet, la surveilloit de plus près, mais sagement: il ne cessoit de leur crier: „ *mes enfans, amusez-vous;* „ *mais ne faites de mal à personne.*"

7 *Octobre*. On a beaucoup blâmé le Parlement de n'avoir pas mis pour premiere condition de son raccommodement, la libération de M. le Comte *de Kersalaun*. Le Parlement de Bretagne n'a pas fait de même, & l'on parle d'un Arrêté de la Chambre des Vacations de

cette Cour relatif au prisonnier en question; la Commission intermédiaire, à ce qu'on ajoute, s'est aussi remuée avec chaleur, & sachant le peu de succès des démarches déja faites auprès du Baron *de Breteuil*, a écrit une Lettre au Roi directement, pour réclamer ce Gentilhomme Breton.

Tout cela ne produisant pas jusques à présent plus d'effet, M. *d'Epremesnil* a pris le parti d'écrire au Président *de St. Fargeau*, qui est à la tête de la Chambre des Vacations: il lui observe que la détention de M. le Comte de Kersalaun commençant à se prolonger outre mesure, quoiqu'il ne soit pas de la Chambre des Vacations, il est disposé, suivant son droit, à s'y rendre pour en faire l'objet d'une dénonciation spéciale: il l'engage en conséquence à tenter officiellement un dernier effort auprès du Ministre de Paris. On assure que M. de St. Fargeau s'étant rendu aujourd'hui à Versailles avec la Lettre de M. d'Epremesnil, M. le Baron de Breteuil a répondu que c'étoit une affaire faite & que M. de Kersalaun alloit être élargi.

7 Octobre 1787. Depuis quelques jours on parle fortement d'un Mémoire de M. le Marquis *du Crest*, autre que celui qui est imprimé. Il n'est encore que manuscrit; c'est une espece de libelle contre les Ministres, contre tous ceux qui ont été jusques à présent à la tête des finances. Il veut qu'on renvoye

comme des coquins toute l'Administration actuelle & il se donne pour le seul homme capable de rétablir les choses ; mais il refuse la place de Contrôleur général avec l'Entrée au Conseil, il veut être Surintendant des finances. Ceux qui ont lu cette diatribe, la trouvent d'une arrogance, d'une présomption qu'on ne peut concevoir.

7 Octobre 1787. Depuis que M. *Lambert* est Contrôleur général, il est question de recréer une place de Directeur du Trésor Royal. Cette place successivement offerte à plusieurs personnes est encore vacante, & vraisemblablement ne sera pas remplie. Il avoit d'abord été question de M. Necker, qui ne la vouloit accepter qu'avec son entrée au Conseil : on a ensuite tâté M. *de la Borde*, qui a mis des conditions si désagréables à M. Lambert, que celui-ci, sentant qu'il ne seroit plus rien, n'a pu les accepter : enfin on a fait venir d'Espagne M. *Cabarus*, qui est même encore ici ; mais les terribles diatribes de M. le Comte *de Mirabeau*, le rôle de Chef des Agioteurs qu'on lui attribue, ont effrayé jusques à présent le Contrôleur général & le principal Ministre, qui n'ont osé mettre sur le chandelier un homme aussi décrié.

Cependant M. Lambert a besoin absolument de quelqu'un qui le dirige dans le département des finances auquel il n'entend rien. Le contentieux seroit sa vraie partie ; il étoit bon

Magistrat, il est plein de zele : contre l'ordinaire de ses prédécesseurs, qui accordoient à peine une audience en quinze jours, il a annoncé qu'il en donneroit trois par semaine. Il n'a point de distraction, point de maîtresses, point de spectacles, point de fêtes ; c'est, au contraire, un personnage austere, entiché de Jansénisme & dont on ne peut faire un plus bel éloge que celui de sa devise dans la Société de Madame *Doublet*, dont M. *de Carmontel* avoit dessiné les principaux coryphées ; on mit au bas du portrait de M. Lambert *Vir & Civis*. Du reste, il est entêté par caractere, il aime la contradiction & dans les assemblées prend presque toujours l'opposé de l'avis dominant & s'en tire avec esprit & sagacité. Toutes ces qualités malheureusement ne peuvent constituer un bon Contrôleur général.

8. Octobre 1787. C'est le 1 Octobre que les suppôts du Palais renouvellant la scene de 1774, ont brûlé M. de Calonne avec un grand appareil & dans toutes les formes juridiques. Ils exigerent d'abord une illumination générale & lorsqu'on tardoit à se conformer à leur ordonnance dans la place Dauphine, lieu de l'exécution, ils excitoient à suivre le réglement à coups de pierre. L'illumination complette, ils firent former une enceinte ; on disposa les fagots, & le mannequin, au devant & au dos duquel étoit écrit le nom du coupable ; après avoir lu la Sentence, on le jetta au feu, &

pour conserver la mémoire de ce grand événement, on a dressé du tout procès verbal dont voici la copie.

„ Procès-Verbal de l'Exécution du Sr. de
„ Calonne, Ministre d'Etat & Contrôleur gé-
„ néral des finances.

„ Lequel Sr. de Calonne a été condamné
„ par le tribunal de la Nation à être brûlé &
„ les cendres jettées au vent.

„ 1°. Pour avoir mis le desordre dans les
„ finances, ayant usé du Trésor royal comme
„ du sien propre.

„ 2°. Ayant dissipé les fonds du susdit
„ Trésor, soit en laissant voler ses subalter-
„ nes, soit en prodiguant à ses amis des pen-
„ sions & gratifications, & surprenant la re-
„ ligion du Roi pour les lui faire accorder; soit
„ enfin pour faire passer les fonds de la Fran-
„ ce à l'Etranger, laissant la Reine dans la per-
„ suasion qu'elle pourroit, sans nuire à son fils,
„ ni perdre l'amour de la Nation, envoyer à
„ son frere plus de cent Millions en trois ans.

„ 3°. Pour avoir été le principal moteur de
„ l'Agiotage, comme il est prouvé par la ju-
„ stification du Sr. *de Véimeranges.*

„ 4°. Pour avoir vendu toutes les places,
„ comme il est prouvé par la réclamation du
„ Comte *de Senef.*

„ 5°. Pour avoir suborné les femmes de
„ ceux qui sollicitoient des places, & en
„ avoir fait le prix du deshonneur.

„ 6°. Pour avoir voulu mettre de la mésin-
„ telligence dans les Ordres de l'Etat, con-
„ voqués par le Roi, en répandant des li-
„ belles qui dénonçoient au Peuple la No-
„ blesse & le Clergé comme ses plus cruels en-
„ nemis ; ainsi qu'on le voit dans la *Lettre*
„ *d'un Anglois à Paris*, qui se distribuoit à
„ toutes les portes, & se trouvoit sur la che-
„ minée du Contrôleur général les jours d'au-
„ dience.

„ 7°. Pour avoir fait un Traité de commerce
„ avec les Anglois, de qui il a reçu de moitié
„ avec M. *de Vergennes* 3,400,000 livres.

„ 8°. Pour avoir fait perdre au Roi l'amour
„ & la confiance des François, en se met-
„ tant dans le cas, par ses dissipations,
„ d'écraser d'Impôts la Nation, ou de la
„ réduire, par la voie des Parlemens, à ré-
„ clamer la nécessité des Economies qui al-
„ terent la Splendeur du Trône & à com-
„ battre l'Autorité royale, qui s'anéantit,
„ lorsqu'elle passe les bornes de son Pouvoir.

„ Ledit Sieur de Calonne a été convaincu
„ de tous ces crimes & les a avoués par sa
„ fuite. Il a été dénoncé au Parlement & jugé
„ par la Nation ; laquelle Condamnation a été
„ exécutée dans la place Dauphine, le 1 Octo-
„ bre 1787, à dix heures du soir, en présence
„ de 4000 Citoyens, des Régimens des Gar-
„ des Françoises & Suisses, & de la Garde
„ de Paris."

8 *Octobre* 1787. On prétend que M. le Comte de Mirabeau, l'on ignore fous quels aufpices, eft rentré dans le Royaume & vient d'arriver à Paris, où il va écrire de nouveau.

8 *Octobre*. La dénonciation prochaine & annoncée de M. d'Epremesnil a eu en effet le plus heureux fuccès en faveur de M. le Comte de Kerfalaun: ce dernier eft forti à midi de la Baftille; mais avec l'injonction de quitter Paris dans les 24 heures & de fe tenir au moins à 50 lieues de cette capitale. On prétend qu'il eft peu difpofé à fe conformer à cet Exil, au moins autant illégal que fa détention.

8 *Octobre*. Depuis quelque tems l'imprimerie Politype, foupçonnée de contribuer beaucoup à l'impreffion de la foule des pamphlets clandeftins dont on eft inondé fur les matieres d'adminiftration & les événemens du jour, eft interdite une feconde fois: elle eft même grillée & il paroît qu'elle ne fe rouvrira pas de fitôt.

8 *Octobre*. Le Cardinal de Rohan effrayé de fa tranfmigration en un lieu qui, quoique plus près de Paris, ne lui offroit pour l'arriere-faifon qu'un féjour trifte, incommode & malfain, a tellement fait folliciter, qu'il a reçu permiffion de refter à Marmoutier.

9 *Octobre*. Hier les comédiens françois ont joué une tragédie nouvelle ayant pour titre *Augufta*, en cinq actes. Une Veftale qui

a fait un enfant avant d'entrer au service de la Déesse. Cet enfant qui, élevé en Grece, disciple de Socrate, témoin de sa mort, revient à Rome y prêcher l'unité de Dieu & est arrêté comme un Impie. Un Consul qui, amoureux forcené d'*Augusta*, jaloux de l'inconnu qu'il croit son rival, profite ensuite de la connoissance qu'il acquiert sur lui pour déterminer *Augusta* à l'épouser, afin de sauver son fils..... Tout cela est si monstrueux, si mal agencé, si dénué d'intérêt à un certain point, qu'au premier acte près, la piéce a été sifflée presque en totalité. Elle est en outre fort mal écrite: on la dit du même auteur qui a donné aux Italiens, il y a quinze jours, *les Gens de lettres*, comédie à grande prétention, encore plus mal accueillie, M. *d'Eglantine*.

9 Octobre 1787. On vient d'imprimer sous le titre de *Juge & Consuls de Paris*, année 1787, tout ce qui s'est passé d'important dans cette Jurisdiction depuis la translation du Parlement à Troyes le 15 Août.

On y apprend que le 17 du même mois, les Juge & Consuls ordonnent par leur Sentence qu'il sera sursis, pendant un mois, à la contrainte par corps.

Viennent ensuite la Lettre adressée de Troyes, le 8 Septembre, aux Juge & Consuls, par le Procureur général, en leur envoyant les Lettres patentes qui les concernent & dont on a fait mention; l'Acte de publication du 10 Septembre & copie de la Lettre de ces Officiers en réponse au Procureur général, où ils présentent leurs très humbles remercimens à la Cour d'avoir pris la défense du Commerce: enfin le discours des Juge & Consuls prononcé au Parlement par *Sire Gibert*, Juge, le 1 Octobre; la réponse du Président *le Pelletier de Saint-Fargeau*; le discours des mêmes adressé au Premier Président en son hôtel, où ils le qualifient de *Monseigneur*; la réponse de ce Chef, remplie des marques de sa bienveillance pour la Jurisdiction: le discours prononcé le 2 Octobre au Président le Pelletier de St. Fargeau en son hôtel; la réponse de ce Président. Le même jour 2 Octobre ils s'étoient rendus chez le Procureur général, qu'ils ont trouvé parti pour sa terre de Fleuri.

Dès le 3 Octobre les Sentences des Consuls ont été rendues à l'ordinaire, & le sursis d'un mois à la contrainte par corps a été supprimé dans les sentences.

9 *Octobre* 1787. Le Mémoire de M. de Calonne est enfin arrivé: dimanche l'abbé de Calonne, son frere, en a porté aux Princes, aux Ministres; mais il n'en a distribué qu'en petite quantité, ensorte qu'il est encore fort rare. On assure que le Comte d'Artois, lorsqu'il a reçu son exemplaire, a dit à l'abbé de Calonne: ,, Monsieur l'Abbé, votre frere étoit ,, justifié d'avance dans mon esprit." On ajoute que c'est cette Altesse Royale qui a

bien voulu se charger de faire lire ce Mémoire au Roi. Il ne se vend point encore, mais on s'attend à l'avoir bientôt & l'on ne doute pas qu'il ne s'en fasse en ce moment plusieurs éditions furtives dans ce Royaume; il a 180 pages in 4to. dont 120 de texte, & 60 de piéces justificatives.

9 *Octobre* 1787. On trouvoit ridicule que la Chambre des Vacations, instruite du peu de cas que la populace du Palais avoit fait de l'Ordonnance du Bailli, eût attendu trois jours à rendre son Arrêt contre les attroupemens. On sait aujourd'hui que ce n'est que sur une Lettre du Lieutenant de Police au Président de cette Chambre, qu'elle s'y est déterminée. On prétend que ces forcenés, enhardis par l'impunité, après avoir brûlé M. *de Calonne*, & M. *de Breteuil*, après avoir jetté par la fenêtre Mde. *de Polignac* & Mde. *le Brun*, avoient complotté de porter leur audace sacrilege jusques à brûler la Reine. M. *de Crosne*, instruit du complot par ses espions, a cru devoir prévenir les suites d'un attentat contre lequel les Magistrats n'auroient pû s'empêcher de sévir. Dans cette Lettre il n'articule point, mais il présage des délits plus graves, & Messieurs croient qu'il en a dit un mot plus articulé à l'oreille de M. le Pelletier de Saint Fargeau.

10 *Octobre.* On a envoyé de Troyes les discours imprimés de différens corps de cette
ville,

ville, prononcés aux chambres assemblées le 24 Septembre, dernier jour des Séances du Parlement. On trouve dans cette collection.

1°. Le discours de Messieurs du Chapitre de l'église cathédrale de Troyes; c'est M. l'Abbé *Champagne*, Grand-Chantre & Chanoine de cette Eglise, qui portoit la parole. L'orateur y célebre surtout les actes de bienfaisance de Messieurs; il désireroit qu'un monument public conservât la mémoire de leur sacrifice héroïque.

Le Premier Président dans sa réponse, plus longue que de coutume, a fait entrer l'éloge de l'Evêque de Troyes, qui n'a point désemparé de la ville durant la translation du Parlement & avoit une table ouverte pour tous les Magistrats.

2°. Le discours du Bailliage de Troyes, prononcé par M. *Paillot*, Chevalier, Seigneur de Fraslines, Lieutenant-général.

3°. Discours des Officiers Municipaux de Troyes, par M. *Huez*, Maire, Doyen des Conseillers du Bailliage.

Le Premier Président, dans sa réponse moins courte & moins seche, adresse un compliment particulier à M. *Huez* & rappele les talens & les lumieres qui l'ont distingué dans l'assemblée des Notables.

4°. Le discours des Eaux & Forêts de Troyes, prononcé par M. *de Mauroy*, Maître particulier.

Tome XXXVI. E

La réponse du Premier Président est dans le protocole ordinaire: „La Cour est fort sen-
„ sible aux sentimens que lui témoignent les
„ Officiers des Eaux & Forêts; elle saisira tou-
„ jours avec plaisir les occasions de lui prou-
„ ver sa reconnoissance."

5°. Le discours des Officiers de l'Election de Troyes, par l'organe de M. *Guerard*, Président.

Même réponse.

6°. Le discours des Officiers de la Monnoye de Troyes, par l'organe de M. *Vernier*, premier Juge-Garde. Ce discours est remarquable par une phrase où l'on qualifie le Traité de commerce avec les Anglois de *fatal & pernicieux Traité*, qui désole les manufactures nationales.

Réponse du Premier Président plus breve encore.

„ La Cour remercie les Officiers de la Mon-
„ noye de leur attention; elle y est fort sensible.

7°. Discours des Juges-Consuls de Troyes, par M. *Aumont*, Juge-Consul en exercice. On y parle de l'enregistrement des Lettres patentes, du 18 Août dernier, concernant cette Jurisdiction, *le seul acte public que les circonstances aient permis de faire au Parlement*.

Réponse plus haute.

„ La Cour est sensible à votre attention,
„ elle vous donnera toujours des preuves
„ de son estime & de sa protection."

8º. Le discours des Avocats de Troyes, prononcé par Me. *Truelle-Rambour*, Avocat.

Ce dernier discours, compliment & leçon tout à la fois pour le Parlement, mérite d'être excepté des autres : on en parlera plus au long.

Le Premier Président a répondu d'une maniere spéciale & affectueuse: ,, la Cour est ,, sensible aux sentimens que vous lui té- ,, moignez. Elle sera très empressée de saisir ,, les occasions de prouver à votre Ordre son ,, estime & sa confiance."

10 *Octobre* 1787. Il paroît que l'Angleterre, qui a provoqué la rupture entre la Porte & la Russie, est décidée à prendre le parti de la premiere & à lui fournir de puissans Secours Maritimes. Outre l'avantage de se venger de celle-ci, qui a refusé de renouveller avec elle un Traité de commerce très avantageux, l'Angleterre espere s'emparer du commerce du Levant. On veut que la Porte ait promis de lui céder l'Isle de Candie.

11 *Octobre* 1787. M. le Comte de Kersalaun rapporte que peu après son entrée à la Bastille, le Commissaire Chesnon pere, présidé par M. le Lieutenant de Police, se présenta pour rédiger son interrogatoire, & qu'on lui proposa de lever la main & de promettre de dire vérité. Ce qu'il refusa de faire, prétendant qu'il ne reconnoissoit point les Commissions, & en sa qualité d'Avocat avoit juré, au contraire, de ne les pas re-

connoître, comme contraires aux Loix du Royaume. La séance se passa de la sorte en débats, étonnant beaucoup le Lieutenant de Police & le Commissaire, s'avouant mutuellement n'avoir jamais vu cela. Le lendemain ils revinrent avec un Ordre du Roi personnel à M. de Kersalaun, qui lui ordonnoit de prêter serment & de répondre à peine de désobéissance. Alors M. de Kersalaun se rendit & fit ce qu'on exigea.

11 Octobre. Les Avocats de Troyes dans leur discours, où ils commencent par se dire affiliés au Barreau de Paris, duquel ils émanent, après quelques phrases de compliment pour le Parlement, ajoutent:

„ C'est à vous, Messieurs, à fixer les ma-
„ ximes d'après lesquelles la chose publique
„ est maintenue & gouvernée: à nous, de
„ nous en pénétrer, de les appliquer aux
„ circonstances, de les présenter sans cesse
„ comme la lumiere, qui doit guider les Ci-
„ toyens & régler les décisions des Tribu-
„ naux.

„ Dans quel jour, Messieurs, ne venez-
„ vous pas de les faire paroître ces maximes
„ qui font le plus ferme appui de la propriété
„ & de la liberté !

„ Par l'abandon généreux d'une préroga-
„ tive dont vous jouissiez depuis plus de
„ deux siecles, par votre déclaration d'in-
„ compétence pour l'enregistrement de tout

„ Impôt, quel qu'il soit, *non octroyé par la*
„ *Nation*, vous avez établi sur une base
„ inébranlable les droits de la propriété
„ générale & particuliere.

„ Vous avez encore assuré l'existence &
„ la tranquillité des François, en rétablissant
„ les principes de la liberté individuelle, en
„ démontrant que la seule autorité capable
„ d'affermir le bonheur du Souverain & des
„ Peuples, est celle de la Loi.

„ Vous avez même déterminé la nature
„ des Loix, en établissant qu'elles doivent
„ toujours être dictées par l'intérêt public,
„ & pour que jamais elles ne lui soient con-
„ traires, vous avez écarté le moyen arbi-
„ traire de les publier.

„ Vous avez renouvellé ce Principe Na-
„ tional, qui fait notre sûreté: *que toute Loi,*
„ *avant d'être exécutée, doit être par vous,*
„ *Messieurs, conférée avec les Maximes impres-*
„ *criptibles du Droit Naturel, & avec les*
„ *Ordonnances Constitutives de cette Mo-*
„ *narchie.*

„ Tels sont les Principes, d'après lesquels
„ nous dirigerons plus que jamais nos études
„ & nos travaux. Ces principes détermine-
„ ront l'interprétation que nous donnerons
„ aux Loix, soit en présence des Tribunaux,
„ soit dans l'intérieur de nos Cabinets.

„ Heureux! si par ce moyen nous contri-
„ buons à maintenir cet esprit public, le plus

,, fûr garant de la grandeur des Souverains
,, & de la félicité des Empires."

11 *Octobre* 1787. Le 22 Septembre dernier, de l'avis de M. le Garde des Sceaux, il a été rendu Arrêté du Conseil, qui supprime comme libelles les Mémoires de M. Kornmann & autres piéces qui en font la suite. La suppression est surtout motivée sur ce que ces ouvrages contiennent des imputations fausses & calomnieuses contre M. le Noir: & certes il est bien étonnant que le Conseil ait tardé si longtems à rendre justice à ce Magistrat.

12 *Octobre* 1787. M. d'Epremesnil, instruit que la captivité de M. le Comte de Kersalaun étoit convertie en un acte d'exil non moins illégal, s'est transporté à la Chambre des Vacations pour dénoncer aux Magistrats ce nouveau fait d'autorité arbitraire envers un Citoyen estimable & qui avoit bien mérité d'eux. Il paroît que cette dénonciation n'a pas fort échauffé Messieurs. Ils n'ont rien vu à faire d'expédient à ce sujet, & le Comte de Kersalaun sera forcé de subir son exil.

12 *Octobre*. On ne sait si M. *d'Aligre* a fait les démarches dont sa compagnie l'avoit chargé, en faveur du Parlement de Bordeaux; mais suivant les dernieres Lettres cette Cour est toujours à Libourne d'une maniere fort incommode pour elle & pour les habitans. On ajoute qu'il est difficile qu'elle revienne à Bor-

deaux, tant que l'Archevêque y fera ; que ce Prélat paffe pour avoir envoyé à fon ami l'Archevêque de Touloufe les Lettres patentes de tranflation toutes dreffées ; qu'en conféquence il follicite fortement le fiége de Bourges vacant par la mort du *Phelypeaux* qui l'occupoit.

M. *de Cicé* eft tellement détefté que, lorfque le feu a pris à fon palais épifcopal, on a affiché un placard contenant ces mots : *Palais à brûler, terrein à vendre, Archevêque à pendre.*

12 Octobre 1787. On fe plaint de plus en plus du pouvoir exceffif donné aux Intendans fur les Affemblées Provinciales : on veut aujourd'hui que cette tournure ait été prife par le Miniftre principal, afin de pouvoir diffoudre ces Affemblées, dont ce qui fe paffe fait craindre à la Cour une trop grande réfiftance, fi l'on laiffoit prendre à ces Affemblées la confiftance qu'elles pourroient acquérir à la longue.

13 *Octobre.* L'Arrêt du Confeil dont on a parlé, portant fuppreffion de plufieurs libelles, contient des chofes fort fingulieres.

1°. L'on y affocie le Mémoire fur une queftion d'adultere & de féduction du Sr. *Kornmann,* les Obfervations du Sr. *Bergaffe,* & celles de *Kornmann,* ouvrages avoués, fignés, produits en Juftice, à un Pamphlet portant vraiment tous les caracteres du libelle, qui a pour titre : *L'an 1787, Précis de l'Adminiftration de la Bibliotheque du Roi fous M. le Noir.*

2°. On fait ainfi connoître authentiquement

ce libelle, que peu de gens avoient vu, par la précaution de M. le Noir d'en faire acheter tous les exemplaires: on excite la curiosité de le lire & la cupidité des contrefacteurs pour en recommencer une édition.

3°. L'on y dit que S. M. auroit estimé ne pouvoir laisser subsister des écrits aussi calomnieux que *contraires aux bonnes mœurs*. Etrange qualification pour des écrits où l'on défend, au contraire, les bonnes mœurs & où l'on s'éleve avec tant de force contre la dépravation & le libertinage du siecle, qui les outrage avec impunité.

Enfin, pourquoi le Conseil, qui a différé si long-tems à proscrire des Mémoires connus depuis plusieurs mois, s'avise-t-il de le faire au moment où l'affaire étant pendante devant un tribunal régulier, c'est à lui à les qualifier comme ils le méritent & à en ordonner, si c'est nécessaire, la lacération & la brûlure.

Tout cela est bien inconséquent!

13 *Octobre* 1787. C'est M. *Dizié*, Substitut de M. le Procureur général, chargé de faire la Chambre des Vacations, qui en cette qualité la premiere fois qu'il a porté la parole, n'a manqué de célébrer le retour & le triomphe du Parlement. Son discours est imprimé.

14 *Octobre*. M. *Phelipeaux*, Patriarche Archevêque de Bourges, Primat des Aquitaines, ayant laissé vacante par sa mort la

la charge de Chancelier, Commandeur des Ordres du Roi, elle a été conférée à M. *de Lamoignon* & cet honneur, qui semble la récompense de tous les coups d'autorité qu'il a suggérés, ou auxquels il s'est prêté contre les Parlemens, prouve qu'il n'est pas encore sur le point d'être sacrifié, comme les Magistrats s'en flattoient.

14 *Octobre* 1787. Un M. *de Tournon*, auteur des *Promenades de Clarisse*, *ou Principes de la langue françoise*, pour fournir du véhicule à son ouvrage, avoit annoncé qu'un tiers du produit des Souscriptions seroit remis à la Niece du grand Corneille, dont plusieurs feuilles publiques ont manifesté l'indigence. Est-ce au peu de goût pour ces *Promenades*, ou au refroidissement de la sensibilité françoise, si facile à s'émouvoir, qu'il faut attribuer la disette des Souscripteurs? Il ne s'en est présenté que dix dans l'intervalle donné.

14 *Octobre*. Extrait d'une Lettre de Toulouse du 4 Octobre. . . . Une institution que vous ne connoissez pas, unique en son genre & qui par-là mérite de vous être détaillée, c'est la fondation des *Prix de bonne conduite* en faveur des Pauvres de l'hôpital général de cette ville, par M. *de Resseguier*, Premier Avocat général de notre Parlement. C'est dans de pareils lieux que cette émulation, loin d'être ridicule & injurieuse à l'humanité, est louable & utile. En effet, depuis la fon-

dation en 1785, *Marie Fraiſſe*, condamnée à l'hôpital pour la vie par Arrêt de la Cour du 23 Juillet 1778, a mérité ce prix. *Toinette Henry*, devant ſubir la même peine, par Arrêt du 14 Août 1748, & qui depuis 39 ans expioit les erreurs d'une jeuneſſe aveugle, l'a obtenu en 1786; & cette année, c'eſt la nommée *Viſitation*, condamnée également à un empriſonnement perpétuel, à laquelle il a été décerné.

La diſtribution ſe fait avec ſolemnité : il y a un diſcours d'apparat prononcé par quelque orateur diſtingué, & un Prélat donne la Médaille, accompagnée d'une ſomme d'argent.

M. de Reſſéguier a obtenu des Lettres de grace pour les deux premieres, qu'il leur a apportées lui-même. Elles n'ont point voulu en profiter pour recouvrer leur liberté, elles ont demandé à reſter dans l'aſyle qui avoit été pour elles un port de ſalut. Elles ont ſeulement quitté l'habit de pénitence, pour en revêtir un plus conforme à leur nouvelle ſituation : ſans doute le Magiſtrat charitable rendra le même ſervice à la nommée *Viſitation*.

15 Octobre 1787. Madame la Princeſſe de *Lamballe* vient d'arriver de Londres, il y a trois ou quatre jours, avec deux exemplaires du Mémoire de M. de Calonne, dont l'un deſtiné pour la Reine.

15 *Octobre*. On a déja parlé de l'établiſſement inſtitué par M. *Bralle*, Secrétaire ordi-

ndire du Comte *d'Artois* & Censeur Royal, Ingénieur en Chef de la Généralité de Paris, connu par ses talens en mécanique, pour accélérer les progrès de l'art de l'horlogerie en France.

Les Administrateurs ont fondu différens Prix; ils ont été décernés cette année pour la premiere fois le 3 Octobre; celui d'horlogerie consiste en une Médaille gravée par M. *Duvivier*. Le Tems est représenté marchant sur l'Équateur & montrant du bout de sa faulx les heures qui y sont tracées. On y lit pour devise, un vers de l'abbé *de Lille*, dans son Epître aux Arts, où il dit en parlant de l'horlogerie:

Le Tems a pris un corps & marche sous nos yeux.

Et sur le revers: *Manufacture Royale d'horlogerie.*

15 Octobre 1787. M. *Dupaty*, qui suit avec activité la justification des Roués, vient de partir pour Rouen, où le procès est renvoyé, à recommencer par le Bailliage de cette ville, & ensuite par Appel au Parlement de Rouen.

16 Octobre. M. *Mosers de Latude* étoit fils du Lieutenant de Roi de Sedan. Venu à Paris en 1749 pour s'y perfectionner dans les Mathématiques, aveuglé par l'espoir de faire sa fortune, il alarma Madame de Pompadour sur le danger qu'elle couroit d'être empoisonnée; il lui fit une fausse révélation d'un prétendu complot formé contre elle, & le fait

s'étant éclairci, la favorite, pour le punir des terreurs qu'il lui avoit inspirées mal à propos, le fit mettre à la Bastille le premier Mai 1749. Dès le mois de Septembre suivant, il fut transféré au donjon de Vincennes, d'où il s'échappa d'une maniere fort adroite & fort leste le 25 Juin 1750.

Six jours après cette évasion, M. de Latude, s'étant remis de lui-même en quelque sorte en la puissance du Roi, fut repris & conduit à la Bastille. La Marquise de Pompadour, piquée de ce que le prisonnier avoit eu plus de confiance au Roi qu'à elle, le fit tenir pendant dix-huit mois au cachot. Après ce laps de tems, M. *Berrier*, dont M. de Latude exalte l'humanité & la bienfaisance, l'en tira & lui procura une chambre ordinaire: mais il lui déclara qu'il ne pouvoit, tant que sa persécutrice vivroit, lui accorder que des adoucissemens.

M. de Latude, contre l'usage, avoit dans sa chambre un autre prisonnier, nommé *d'Alegre*, détenu, comme lui, par la favorite.

M. de Latude conçoit le hardi projet de s'évader. On est frappé d'étonnement en lisant le plan qu'il avoit imaginé & la maniere dont il l'exécuta; sans ciseaux, sans couteau, sans aucun autre instrument tranchant, sans une aiguillée de fil, ces deux captifs trouvent le secret de fabriquer 1400 pieds de corde; de composer deux échelles, une de bois de 25 pieds & une de 180; d'arracher plusieurs grilles de fer dans la cheminée, & de percer en une seule nuit un mur de plusieurs pieds d'épaisseur, à la distance de deux ou trois toises au plus de la sentinelle. Ils furent près de dix-huit mois à faire tous les matériaux, à les mettre en œuvre & à les soustraire à la connoissance, soit du Porte-clefs, qui venoit plusieurs fois par jour dans leur chambre, soit des Officiers qui les visitoient plusieurs fois par semaine.

Ce fut le 25 Février 1756, que ces prisonniers mirent la derniere main à leur projet par une fuite longue & pénible. Ils ne recueillirent pas longtems le fruit d'une entreprise dont l'exécution seule auroit dû leur mériter la liberté. Madame de Pompadour craignant d'Alegre, jeune homme de beaucoup d'esprit, & Latude d'une imagination aussi hardie, les fit poursuivre jusques en pays étranger. D'Alegre fut arrêté à Bruxelles, par l'ordre même du Prince Charles, & M. de Latude réclamé par l'Ambassadeur de France, au nom du Roi, auprès des Etats de Hollande; ceux-ci le laisserent reprendre le 1 Juin 1756. Ramené à la Bastille, M. de Latude fut mis au cachot, les fers aux pieds & aux mains, couché sur la paille, sans couverture.

M. de Latude ne s'abandonnoit point dans ce séjour affreux: le 14 Avril 1758 & le 3 Juillet suivant il fit passer au Gouvernement deux Projets Militaires, dont on profita, sans lui en savoir & témoigner le moindre gré. Après trois ans & quatre mois, graces au débordement de la riviere, il fut mis dans une chambre ordinaire. Quant à d'Alegre, il vivoit encore en 1777, mais fou, enragé, & est mort à Charenton.

Le 18 Avril 1764, des Demoiselles à qui M. de Latude avoit jeté par un grand vent des paquets de papier du haut des tours de la Bastille; de leur fenêtre lui firent lire sur un grandissime papier: *hier 17, est morte la Marquise de Pompadour*. Il profite de cet éveil inconsidérement & réclame en conséquence sa liberté auprès de M. *de Sartines*: ce Lieutenant de Police veut savoir de qui il tient la nouvelle? M. de Latude refuse généreusement de l'avouer: alors le Magistrat lui déclare qu'il n'aura sa liberté qu'à ce prix. Dans l'excès de son désespoir, il écrit une Lettre injurieuse à M. *de Sartines*. Celui-ci furieux le fait replonger au cachot. La nuit du 14 au 15 d'Août 1764, il fut transféré avec beaucoup de mystere & de cruauté au donjon de Vincennes. Graces à M. *Guyonnet*, Lieutenant de Roi, il sortit de la cachotiere où il étoit malade & obtint deux heures de promenade. Le 23 Novembre 1765 il s'échappe pour la troisieme fois & est repris à Fontainebleau le 18 Décembre 1765, chez le

Duc de Choiseul, dont il follicitoit une audience, & qu'il avoit prévenu de fon arrivée. On le reconduifit au donjon de Vincennes.

Le 5 Juin 1777 M. de Latude, après avoir coûté au Roi, fuivant le compte de la Police, 2,17000. livres, fortit par ordre de M. *Amelot*. Il eut l'honneur de préfenter un Placet au Roi & de lui conter fes aventures, que S. M. écouta avec le plus grand intérêt: au bout de douze jours, quand il alla demander la réponfe, il trouva le Miniftre bien refroidi; il eut un ordre de retourner dans fa Province & le 15 Juillet, comme il étoit en route, l'Exempt *Marais* vint le reprendre. Il fut conduit dans la prifon du petit Châtelet, où il refta au fecret. Trois jours après le Commiffaire *Chesnon* vint fe faifir de tous fes papiers, & il fut transféré à Bicêtre & jeté dans un cachot à dix pieds fous terre. Il a toujours ignoré la caufe de cette derniere détention, & ne peut l'attribuer qu'à la crainte qu'il n'écrivît & ne révélât tant d'horreurs.

Quoi qu'il en foit, M. de Latude a paffé fix années dans ce lieu, fans avoir un feul juge, ni avoir été interrogé une fois. Le feul interrogatoire qu'il ait fubi par M. *le Noir* eft du 21 Avril 1783 : il rapporte cet interrogatoire & il roule uniquement fur des marques de démence & de folie qu'on lui reproche; accufation dont il fait voir la fauffeté, l'abfurdité, qui d'ailleurs méritoit de l'indulgence & non un châtiment infâme. A la naissance du Dauphin, le Cardinal de Rohan, Grand-Aumônier, autorisé à se faire ouvrir toutes les prisons, fit sortir M. de Latude du cachot où il étoit, lui promit sa liberté & ne pût la lui procurer. Il la doit au Baron de Breteuil, qui l'a fait enfin élargir le 18 Mars 1784 & lui a procuré 400 livres de pension.

Tel est le précis d'une *Histoire d'une détention de 39 ans, dans les prisons d'Etat, écrite par le Prisonnier lui-même, ou des Mémoires du Sieur Henri Mofers de Latude.*

16 Octobre 1787. En 1756, tems où la Magistrature étoit déja tourmentée d'orages, il parut une *Lettre sur les Lits de Justice*, datée du 18 Août. On vient de la réimprimer dans les circonstances, avec un *Avis de l'Editeur*, qui répond aux *Observations d'un Avocat*, du Sr. *Moreau*, qui donne les Lits de Justice modernes, comme *la derniere ressource de l'Autorité Royale*. Il fait l'Histoire des Lits de Justice, de Décembre 1756, de 1763, de Décembre 1770, de 1776, &c. & il en conclut que, loin d'être la ressource de l'Autorité Royale, ils en sont l'écueil.

16 Octobre. *Traité du secours que le Clergé doit au Roi, pour la défense & la conservation de l'Etat.* Cet ouvrage, précédé d'une Lettre aux Notables, en date du 25 Mars 1787, doit être divisé en trois parties. Il ne se pu-

blie encore que la premiere, qui traite des tributs que le Clergé payoit sous les Empereurs Romains, & nos Rois de la premiere Race. L'auteur en conclut seulement les obligations que cet Ordre a aux Rois de l'avoir exempté de toutes impositions.

Il se propose d'établir dans la seconde partie, que l'Eglise aidoit nos Rois en paix & surtout en guerre, en faisant le service des Vassaux; & dans la troisieme, qu'elle contribuoit aux charges de l'Etat, par des subventions volontaires.

L'auteur annonce beaucoup d'érudition & une excellente logique dans ce petit traité, qui ne mérite pas plus de détail.

17 Octobre 1787. Un Ecrivain adulateur du Clergé, fait la contre-partie de l'ouvrage précédent, dans la *Lettre à M. le Comte de ****, ou *Considérations sur le Clergé*. Il examine :

1º. Si les propriétés du Clergé sont un bien ou un mal pour la Nation ?

2º. Si les Priviléges sont odieux, ou si, au contraire, ils doivent être considérés comme utiles à la constitution & précieux pour les classes mêmes de la Société, que les Privileges humilient le plus ?

3º. Si ces formes particulieres ne sont qu'un moyen de soustraire au fardeau des charges communes, ou bien celui de remplir dans la plus grande rigueur leurs obligations

& de procurer en même tems la plus grande prospérité du corps; si enfin, à ce double titre, elles doivent être conservées?

L'apologiste du Clergé est partout pour l'affirmative dans cette discussion sage, méthodique, mais où l'on n'apprend rien.

Le seul fait à retenir qu'on y trouve, c'est que, suivant un travail suivi par quatre Assemblées, soutenu de Preuves Justificatives incontestables, les Biens du Clergé ne sont portés qu'à environ 59 millions, sans en déduire même les réparations.

17 *Octobre* 1787. Extrait d'une Lettre de Bruxelles du 10 Octobre. Nous sommes bien tranquilles aujourd'hui sur tout ce qui concerne nos Droits, Privileges & Libertés, comme Citoyens; mais si le fanatisme politique est éteint, le fanatisme religieux subsiste. Les libelles en ce genre continuent: on prétend que tout cela sort d'un Sanhedrin de plusieurs Ex Jésuites réfugiés dans la Principauté de Liége, tels que les Srs. *de Feller, Dojart, du Fournais* &c. C'est ordinairement chez ce dernier que se tiennent les comités & que se concertent toutes ces rapsodies, dont ils infectent le public, ou sans nom de ville & d'imprimeur, ou sous des noms empruntés.

On ne peut qu'admirer surtout la tolérance de l'Empereur, qui laisse circuler dans tous les Pays-bas le *Journal historique & littéraire* prétendu de l'Abbé *de Feller*, un des principaux moyens employés pour inspirer le mécontentement & la révolte contre les opérations de S. M. I. dans cette partie de ses Etats.

17 Octobre 1787. M. l'Abbé *le Sueur*, ce jeune Musicien d'un talent distingué, qui avoit relevé la Musique de l'Eglise de Paris & attiroit une foule prodigieuse à ses compositions d'un genre neuf & intéressant, vient d'être renvoyé pour son inconduite. Les vieux Docteurs qui ne goûtoient pas toutes ces innovations, en sont enchantés; ils esperent que cette Musique absolument profane va s'éclipser, & que les sortes d'offices, qu'on appelloit plaisamment *l'Opéra des Gueux*, reprendront leur gravité & n'attireront plus que les Spectateurs vraiment religieux.

17 Octobre. M. *Dupuy*, l'ancien Secrétaire de l'Académie des Belles Lettres, le Chef du Journal des Savans, s'en est attribué la partie théologique. Le rédacteur de la Gazette Ecclésiastique, dans sa feuille du 11 Septembre, l'attaque & le houspille d'importance au sujet de plusieurs de ses articles. Il le traite comme un ignorant dans la matiere qu'il traite.

M. Dupuy furieux a fait inférer au Journal de Paris une Lettre, où il porte un défi à son adversaire & le provoque à descendre dans l'arêne, devant quelque tribunal que ce soit.

Toute cette querelle est très plaisante pour le parti neutre;

17 *Octobre*. On apprend d'Espagne que l'*Abrégé de l'Histoire Ecclésiastique de M. l'Abbé Racine*, dont depuis près de quarante ans les éditions se sont multipliées en France avec approbation & privilege, malgré les libelles lancés contre cet excellent ouvrage, vient d'être supprimé dans ce Royaume par un ordre Royal.

18 *Octobre* 1787. Il nous tombe sous la main un nouvel écrit périodique étranger, qui a pour titre: *Journal historique & politique des principaux événemens du tems présent, ou Esprit des Gazettes & Journaux politiques de toute l'Europe*. Cet ouvrage se débite par cahier, chaque semaine, depuis le 1 Janvier de cette année. Il s'imprime chez *Tutot*, Libraire de Liege, & est rédigé par un Ecclésiastique nommé *Brosius*, jeune Luxembourgeois, éleve de l'Abbé *Feller*, Ex-jesuite & rédacteur du *Journal historique & littéraire de Luxembourg*. Il est cependant sans privilege, sans nom d'Imprimeur, ni lieu de l'impression, & se répand très librement. Il parle beaucoup des troubles du Brabant, il prêche la doctrine ultramontaine & contient des choses très fortes & très hardies contre le Gouvernement de ces Provinces & les Entreprises de S. M. Impériale.

18 *Octobre*. Dans les Mémoires de M. de Latude, l'on trouve l'*Extrait du Mémoire* de Me. *de Comeyras*, Avocat, qui paroît avoir travaillé à la délivrance de ce pri-

sonnier, & donne plus de confiance à cette narration, également romanesque; & dans la peinture du courage, de la patience, de la présence d'esprit, des ressources de la victime, & dans celle de la cruauté, de la barbarie, de l'acharnement de ses Bourreaux.

Mais quelque chose de plus incroyable encore c'est la constance de Madame *le Gros*, la véritable protectrice de M. de Latude, celle à qui il doit essentiellement sa liberté. Elle ne le connoissoit point, elle ignoroit & ses longues infortunes & son existence. Dans le courant de Juin 1781, elle vit au coin d'une borne un paquet de papiers déja froissé & couvert de boue; elle le ramasse, elle trouve que c'étoit un Mémoire de M. de Latude, adressé au Président de Tournelle. On est peu surpris qu'elle en ait été fortement émue; mais qu'elle ait résolu dès cet instant de consacrer sa vie à lui faire rendre sa liberté, & de ne se reposer qu'après l'avoir obtenue; qu'elle ait persisté trois ans entiers sans être un seul instant ni rebutée, ni effrayée des difficultés, des dégoûts, des dangers même de toute espece qu'elle rencontroit; c'est une sorte d'héroïsme dont il n'existe peut-être pas d'exemple; héroïsme, au surplus, qu'elle partage avec son digne mari.

Ce qui l'accroît encore, c'est que nés l'un & l'autre de parens honnêtes, mais sans fortune; ayant pour unique moyen de vivre, ce que le mari gagne à faire des éducations, ils ont dérobé sur leur plus rigoureux nécessaire, de quoi satisfaire aux faux frais d'une entreprise aussi longue, aussi fatiguante & nécessairement aussi dispendieuse.

Il faut lire tous ces détails dans une addition au Mémoire, qui complette cet intéressant ouvrage.

18 *Octobre* 1787. Les Comédiens Italiens pourroient changer la devise de leur Théâtre & y mettre plus justement *uno avulso non deficit alter*. Il est vrai qu'il ne faudroit pas aller plus loin, & ajouter *aureus*, car leurs piéces ne méritent rien moins que cette épithete. A plusieurs qui viennent de disparoître, lundi a succédé la premiere représentation de *Célestine*, comédie en trois actes, en prose & ariettes. Les paroles sont de M. *Magnito*, & la musique de M. *Bruni*.

Au titre il auroit été difficile de juger de quoi il s'agit. C'est un drame héroïque, sous le nom de comédie ; il y est question de guerre, de camp, de croisades, & il arrive presque mort d'homme. C'est un épisode tiré d'un Roman de M. *Cazotti*, intitulé *Olivier*, ou plutôt de l'anecdote du *Paysan généreux* de M. *d'Arnaud*, qu'on dit charmant & dont la piéce engendrée n'est pas telle, il s'en faut de beaucoup. Quoiqu'on ait demandé les Auteurs à la fin, on peut la regarder, à peu près, comme tombée, ou du moins comme très digne d'une chûte.

La musique n'a point assez de caractère & d'excellence pour faire valoir le poëme.

18 *Octobre* 1787. On n'a pas grande idée des ressources en finances du Ministre principal & du Contrôleur général, d'après l'emprunt de douze Millions qu'ils viennent d'ouvrir, remboursable en un an par voie de loterie & dont les nouveaux hôpitaux à construire sont le prétexte.

Ces douze Millions seront rendus en totalité au public en lots, dont pour l'amorcer, le premier est de 400,000 livres, le second de 200,000 livres, le troisième de 100,000 livres, &c.

On retiendra un dixieme seulement sur ces lots, soit pour le remboursement des frais de bureau, soit pour les dépenses, objet prétendu de l'emprunt, & l'on espere que les porteurs de billets perdans, aux dépens desquels les lots des autres y gagnent & cette somme de 1,200,000 de bénéfice sera prélevée, en seront moins fâchés, en voyant qu'ils contribueront à une bonne œuvre.

Les billets sont de 240 livres & pourront être coupés en demi-billet & quart de billet.

Le tirage aura lieu au mois d'Août 1788.

19 *Octobre* 1787. Depuis longtéms on parloit d'un Arrêt du Conseil relatif à celui du

Parlement rendu, les chambres assemblées, le 10 Août, concernant le procès à faire du Sr. de Calonne; l'autre a été rendu dès le 14 Août suivant & n'est imprimé que depuis peu; il porte:

„ Le Roi étant informé que, par Arrêt
„ rendu toutes les chambres assemblées, le
„ Parlement de Paris a ordonné qu'à la re-
„ quête du Procureur-général de S. M. il
„ seroit informé des abus commis dans l'ad-
„ ministration des finances par le Sr. de Ca-
„ lonne, S. M. a reconnu qu'au lieu d'or-
„ donner une Instruction juridique sur des
„ faits qui ne peuvent en être susceptibles
„ qu'autant qu'elle auroit cru devoir donner
„ à ce sujet des ordres exprès, c'étoit à elle-
„ même que son Parlement auroit dû dé-
„ noncer ces faits, & attendre qu'elle lui
„ eût fait connoître sa volonté; que les of-
„ ficiers de son Parlement savent que Sa
„ Majesté a été dans tous les tems disposée
„ à leur permettre de lui faire connoître la
„ vérité, mais qu'ils ne peuvent ignorer que
„ dans les objets qui tiennent immédiatement
„ à son administration, c'est à elle seule qu'il
„ appartient de déterminer dans quelle forme
„ il convient de la constater; qu'en consé-
„ quence S. M. ne peut se dispenser d'ar-
„ rêter des poursuites qui ne pourroient que
„ nuire dans l'effet des mesures qu'elle a
„ prises elle-même dans sa sagesse, pour
„ véri-

« vérifier des faits dont son Parlement a ordonné qu'il seroit informé. En conséquence le Roi évoque à lui & à sa personne la connoissance de tous les faits énoncés en l'Arrêt. Imposant, quant à présent & jusqu'à ce qu'il en ait été autrement par S. M. ordonné, silence sur lesdits faits, tant à son Procureur-général, qu'aux Officiers de son Parlement. Fait S. M. défense à son Procureur-général d'exécuter ledit Arrêt, & aux Officiers de son Parlement de lui donner suite en quelque maniere que ce soit; ordonne que les Informations &c. si aucune y a, seront apportées du Greffe du Parlement & remises à S. M., pour en être pris connoissance par elle ou par telles personnes qu'elle chargera de l'exécution de ses ordres, & ensuite être, s'il y a lieu, lesdites Informations rétablies audit Greffe, quand il sera ainsi par elle ordonné. »

Cet Arrêt a dû être signifié du très exprès commandement de S. M. tant à son Procureur-général, qu'aux Officiers de son Parlement, en la personne du Greffier en chef.

19 Octobre 1787. C'est le 3 Octobre que M. *Dizié* a prononcé son compliment très emphatique & de beaucoup trop long, en ce qu'il ne contient gueres que des lieux communs; le seul passage remarquable est celui contenant l'Eloge du Président actuel de la

Chambre des vacations, M. le Pelletier de St. Fargeau. Il s'écrie dans son enthousiasme & sentant la foiblesse de son éloquence :

„ Que n'avons-nous du moins une partie
„ de l'éloquence qui a été tant applaudie,
„ lorsque le Magistrat qui préside cette Au-
„ dience, étoit chargé du Ministere de la
„ parole: dès son entrée dans la Magistra-
„ ture, il a, tant au Châtelet qu'en la Cour,
„ déployé avec le plus grand succès toutes
„ les ressources de cet art: fidele héritier
„ de ses peres, il soutient avec la plus grande
„ distinction un nom cher à la Magistrature
„ & révéré dans le Conseil des Rois; & dans
„ les places plus éminentes où pourront
„ l'élever encore sa haute naissance & ses ta-
„ lens personnels, il sera toujours devancé
„ par son mérite & par la voix publique, &
„ n'y portera que l'avantage d'être plus utile
„ & plus connu. Unissant la modestie à
„ l'amour de l'Etude, & la fermeté de
„ l'homme instruit au zele du Magistrat ver-
„ tueux, *vous l'avez entendu déployer dans*
„ *vos dernieres Délibérations toute l'énergie*
„ *d'un Patriote françois*; & plein de vénéra-
„ tion pour la mémoire des *Pithou*, ses ancê-
„ tres, aussi célébres par leur Science que
„ par leurs Vertus, pendant son séjour à
„ Troyes un pieux respect l'a conduit près
„ des lieux où reposent ces grands hommes,
„ dont les Mânes satisfaits ont reconnu dans

„ leur digne rejetton, les mêmes vertus & le
„ même génie qui leur concilierent l'amour
„ de leurs contemporains & les hommages
„ de la postérité."

20 Octobre 1787. L'ouvrage intitulé Oeuvres Posthumes de M. Turgot, ne contient que son Mémoire sur les Municipalités. Il est adressé au Roi: on prétend qu'à la mort de ce Ministre, il a été trouvé parmi ses papiers. Il est fort long & très développé. C'est tout au moins le rêve d'un homme de bien.

On y a joint Lettre adressée à M. le Comte de M***, par M...... sur le plan de M. Turgot. L'auteur juge ce plan d'un penseur, ami de l'humanité, d'un homme éclairé par la réflexion & par les leçons de l'expérience; cependant il y trouve plusieurs défauts.

Viennent ensuite les Observations d'un Républicain sur les différens systêmes d'Administrations Provinciales, particulierement sur ceux de Mrs. Turgot & Necker & sur le bien qu'on en peut espérer dans les Gouvernemens Monarchiques.

Le prétendu Républicain, qu'on croit être le Marquis de Condorcet, discute d'abord le Mémoire de M. Necker & il prouve que, même dans son Mémoire des Administrations Provinciales, bien loin d'être l'Avocat de la Démocratie, comme on le lui a reproché; au contraire, il n'est que l'Avocat de l'Autorité absolue. Pour celui de M. Turgot, il en loue fort l'introduction; mais il trouve son conseil d'instruction nationale minutieux & impraticable dans une Monarchie. Quant à son plan de Municipalité, il le juge injuste & défectueux dans sa double base. Suivant le Critique, il ne remédie à rien, ne corrige rien, &, en rendant le Peuple un peu moins malheureux, il le laisse toujours dans l'esclavage.

Le but ultérieur de ces Observations est de faire voir qu'en établissant les Administrations Provinciales, les Peuples, dans les Monarchies, n'en recouvreront pas davantage leurs droits primitifs; que conséquemment ils n'en feront gueres mieux gouvernés ni plus heureux: de montrer enfin comment les Etats Généraux devroient être constitués pour remplir leur objet.

Ces Observations écrites avec beaucoup de force & de chaleur, contiennent de grandes vérités & ne dissimulent aucun des vrais principes que les Ecrivains les plus Patriotes jusques ici n'ont présentés qu'ambigument & en les altérant par foiblesse ou par trop de circonspection.

20 Octobre 1787. Ceux qui épluchent la nouvelle Administration, se plaignent non seulement qu'elle ne fait plus parler le Roi avec la dignité convenable; mais qu'elle montre partout une pusillanimité, une maladresse qui, dans la circonstance critique où se trouve l'Europe, peuvent devenir très fu-

destes, en encourageant nos rivaux dans leurs agressions hostiles. Par exemple, dans le Reglement concernant l'École Royale Militaire il est dit.... *S. M. forcée par des besoins impérieux à rechercher scrupuleusement tout ce qui peut tendre au soulagement de ses Peuples...* & dans celui pour un Conseil d'Administration du Département de la Guerre... on ajoute... *pour faire trouver à S. M. les moyens de donner à son Armée la consistance, la force réelle & l'activité qui lui manquent....* De la sorte on fait d'une part convenir le Monarque de la détresse de ses finances, & de l'autre du triste état de ses troupes. Peut-on mieux s'y prendre pour encourager les Nations étrangeres à nous braver & à se porter, sans nous craindre, à toutes les entreprises qu'elles voudront?

20 Octobre 1787. *Le Reglement fait par le Roi concernant l'École Royale Militaire*, est du 9 Octobre. On sait que cette École fondée par Louis XV a déja subi une destruction, au commencement du Regne; c'est-à-dire, qu'on avoit distribué dans des Colleges situés en différentes Provinces, les Eleves: depuis une partie est revenue à Paris, & cet Etablissement consacré au luxe & à la magnificence, subsistoit dans tout son état dispendieux. Entre les projets de réforme dont on s'occupe, on en a formé un, par la suppression absolue de l'École Militaire de cette Ca-

-pitale, de renvoyer tous les Eleves dans les Ecoles de Province.

On prétend trouver dans cette amélioration le moyen, 1°. d'augmenter le nombre des Eleves dès cet instant jusques au nombre de 700. 2°. D'assurer pour l'avenir une augmentation encore plus sensible. 3°. D'économiser une Somme d'environ 1,200,000 livres, qu'on employera à des objets intéressant le Militaire; auquel le Trésor Royal satisfait aujourd'hui & dont il se trouvera déchargé.

Enfin ces Bâtimens sont donnés à la Ville pour en faire un hôpital, ou y substituer quelqu'autre établissement déja existant, & sur le terrein desquels un des quatre nouveaux hôpitaux pourroit être plus avantageusement placé.

20 *Octobre* 1787. Le Reglement fait par le Roi, portant Etablissement d'un Conseil d'Administration du Département de la Guerre, sous le titre de *Conseil de Guerre*, est du 9 Octobre & fort long. Il est composé de 28 Articles & mérite plus de détail.

21 *Octobre.* Un Philosophe vient d'écrire une *Lettre à l'Empereur*, sur l'atrocité des supplices qu'il a substitués comme adoucissement à la peine de mort. Son but est de peindre les malheureux, auxquels on fait grace de la vie, comme plus punis que si l'on la leur ôtoit. Il en trace un tableau qui fait frémir. Son résultat est qu'il faut chercher dans la punition, non ce qui tourmente le

coupable, mais ce qui peut le rendre meilleur. Il y a dans cet écrit, que certaines gens attribuent au Comte de Mirabeau, un coloris fier, bien digne de lui. Ce n'est cependant pas parfaitement son style: d'ailleurs il a promis de mettre son nom à tout ce qu'il écriroit dorénavant.

21 *Octobre* 1787. En convenant dans le nouveau Reglement concernant le *Conseil de la Guerre*, que les divers changemens opérés dans ce Département depuis l'avenement du Roi au Trône, ont intimement amélioré la constitution, la discipline & l'instruction des troupes; on trouve qu'il reste beaucoup de points importans qui ont encore besoin d'être perfectionnés, beaucoup d'abus qui sont susceptibles de réforme, beaucoup d'objets de dépense ou de comptabilité qui peuvent être réduits ou éclairés: d'ailleurs le Système politique des autres grandes Puissances Militaires de l'Europe étant maintenant de tenir leurs Armées toujours prêtes à entrer en action, il est nécessaire pour la dignité de la Couronne, ainsi que pour l'honneur de la Nation, que la France mette ses forces sur le même pied.

On le doit d'autant mieux que la nouvelle disposition, bien loin de former une augmentation de charges pour les Peuples, se fera seulement aux dépens des abus, & deviendra une économie.

Mais pour parvenir à un double résultat aussi important & aussi avantageux, il ne suffit pas du zele & du travail d'un seul homme; il faut appeller autour du Chef du Département de la Guerre les idées & les secours de plusieurs Militaires éclairés: de-là la nécessité d'un Conseil.

Un Conseil seul peut créer un Plan, faire de bons Reglemens & surtout en maintenir l'exécution, mettre de la suite dans les projets, de l'économie dans les dépenses, de l'ordre dans la comptabilité, empêcher la fluctuation continuelle des principes, opposer une digue aux prétentions & aux demandes de la faveur, & enfin donner une consistance & une base au Département de la Guerre.

Tels sont les motifs qui ont déterminé la formation du Conseil de la Guerre. Voici maintenant ce dont il s'occupera.

Le Conseil de la Guerre sera chargé de la confection & du maintien de toutes les Ordonnances, de la connoissance & de la discussion de l'emploi, ainsi que de la comptabilité de tous les fonds affectés au Département, de la contractation de tous les marchés, de la surveillance de toutes les fournitures ayant rapport aux troupes, du maintien de l'observation des principes & des regles que S. M. va établir pour la dispensation des emplois & de toutes les graces militaires: enfin il surveillera le Secrétaire d'Etat de la Guerre même

même & inſtruira le Roi, s'il s'étoit écarté des regles & des principes fixés.

S. M. attribue encore au Conſeil de Guerre la connoiſſance & l'examen de toutes les affaires de Diſcipline Militaire & de contravention aux Ordonnances; la propoſition des punitions à décerner, quand elles n'auront pas été déterminées; la diſcuſſion de toutes les améliorations; l'examen de tous les ouvrages militaires; la viſite des troupes, des garniſons, des camps d'inſtruction, des places de guerre, des hôpitaux, des établiſſemens des vivres & autres militaires de tout genre.

Enfin le Conſeil eſt autoriſé d'envoyer, quand il le jugera à propos, avec la permiſſion du Roi, tout Officier qu'il voudra choiſir pour voyager dans les Pays étrangers, en connoître les Armées, obſerver leurs méthodes, leurs principes, les comparer aux nôtres, & lui rapporter ſes connoiſſances.

21 *Octobre* 1787. On trouve dans le Théatre de *Goldoni* une comédie ayant pour titre *il Moliere*: elle eſt en cinq actes & en vers. Cette piece, où l'auteur Italien a cherché à raſſembler les principaux traits de la vie de *Moliere*, fait plus d'honneur à ſon cœur qu'à ſon eſprit. On voit que le poëte y eſt plein du plus profond reſpect pour ſon maître. Il y regne cependant un naturel très louable & qui forme le caractere diſtinctif de M. Goldoni.

La piece de *Moliere*, déja traduite en François en 1776, vient d'être ajustée pour le théâtre national, par M...., mais réduite de cinq actes à quatre. Elle a été jouée hier pour la premiere fois sous le titre de la *Maison de Moliere, ou la journée du Tartuffe*; & n'a nullement réussi. Madame *Bellecour* seule a intéressé & amusé dans le rôle de la Servante de Moliere, qu'elle a rendu avec une vérité unique.

21 *Octobre* 1787. On juge que l'interdiction de l'Imprimerie polytype a les suites les plus funestes pour les Sieurs *Hoffmann*, les propriétaires: on vient de mettre le scellé sur leurs atteliers, magasins, meubles & papiers, & cela d'ordonnance.

22 *Octobre*. Le nouveau Conseil de la Guerre sera composé de huit Officiers généraux & d'un Officier général ou supérieur, qui fera les fonctions de Rapporteur & de Rédacteur, sous la direction immédiate du Président du Conseil.

La Présidence sera invariablement attachée à la Charge de Secrétaire d'Etat du Département de la Guerre, de quelque état & de quelque grade qu'il puisse être. Il doit être regardé comme l'organe & le représentant du Roi dans le Conseil.

Au moins la moitié des Membres du Conseil seront Lieutenant-généraux.

Un des huit Officiers-généraux sera tiré du Corps du Génie & un de l'Artillerie; les autres feront choisis de maniere qu'ils n'aient pas tous servi dans la même Armée.

Le Roi hommera seul cette fois les Officiers-généraux du Conseil de Guerre; mais en cas de vacance, elle autorise ce Conseil à lui proposer trois sujets, entre lesquels elle choisira.

Les fonctions de Membre du Conseil de la Guerre ne seront incompatibles avec aucune autre maniere d'être employé.

Il ne sera en exercice que depuis le 1 Novembre jusques au 1 Mai, à moins de circonstances particulieres.

Tout le travail du Conseil sera exécuté par deux Secrétaires, sauf au Rapporteur dudit Conseil, en cas de travaux multipliés & pressans, *de se pourvoir passagerement* de Copistes.

Le Secrétaire d'Etat de la Guerre conservera exclusivement dans sa main toute la partie active & exécutive de l'Administration & ainsi par conséquent le travail avec le Roi & avec le principal Ministre; les Rapports à faire aux Conseils actuels ou autres, la direction & la disposition de toutes les mesures relatives à la guerre, la correspondance avec les Généraux, Commandans des Provinces &c.

Il conservera pareillement la proposition à tous les Emplois & à toutes les Graces du Département.

22 Octobre 1787. Extrait d'une Lettre de Lyon du 14 Octobre..... Le Directeur de notre Spectacle a profité du séjour du Sieur

Molé & de la Dlle. *Contat* dans notre ville, pour, conjointement avec les Maîtres Gardes Fabricans, les engager à faire servir leurs talens à une œuvre de charité. Ils y ont consenti de la meilleure grace du monde. En conséquence ils ont donné au profit des Pauvres de nos Manufactures une représentation qui a rendu 3600 livres.

22 Octobre 1787. Un nouvel adversaire des fermiers généraux s'éleve contre eux & les maltraite fort dans un ouvrage intitulé : *les Droits de la Cour des Aides sur les Impôts en général.* Titre tout à-fait mal rempli, puisqu'il n'y est question en rien de la Cour des Aides. Du reste, l'auteur avant de faire la Satyre des Percepteurs, commence par l'apologie de l'Impôt en lui-même, que de toutes les Impositions il trouve être la moins à charge au Peuple. Rien de neuf dans ce pamphlet.

23 Octobre. M. le Comte de Sanois, qui ne lâche pas volontiers prise & qui a constamment à cœur de prouver son innocence jusques à la démonstration, malgré la transaction par laquelle le fonds de sa malheureuse affaire s'est terminé, vient d'imprimer encore & de répandre : *Compte des recettes & des dépenses de l'Administration du Comte de Sanois, ancien Aide-Major des Gardes françoises, depuis le 10 Décembre 1761, jusques au premier Avril 1782 &c.*

Comme une semblable piece, absolument indifférente & très ennuyeuse pour le public, couroit risque de n'être lue de personne, l'auteur l'a semée de notes virulentes, dont il auroit sans doute mieux fait de ne pas se permettre quelques-unes, mais pardonnables à un malheureux si profondément blessé, ulceré & par des personnes aussi cheres.

Ce qu'il y a de plus curieux dans ce recueil, c'est la réunion des nombreux articles concernant le Comte de Sanois, extraits des différens papiers publiés. Cette comparaison peut amuser, instruire même, ainsi que celle des commérages de société, occasionnés par les préjugés, les affections, la maniere de voir différente de chacune: ce sont enfin quantité de Lettres du Comte de Sanois parfaitement bien écrites, semblant découler de source & dans lesquelles, en traitant souvent les mêmes objets, il ne cesse d'attacher par la sensibilité, par l'onction qu'il y répand, il semble toujours varié, toujours neuf.

23 Octobre 1787. L'Arrêté du Parlement de Bretagne en Vacations, dont on a parlé, est du 17 Septembre & peu connu; il mérite de l'être; il porte:

,, La Cour, instruite d'un coup d'autorité
,, qui a été exercé dans la personne du Sieur
,, de Kersalaun, Gentilhomme Breton, lequel
,, a été arrêté & conduit à la Bastille le 15
,, de ce mois, en vertu d'ordres du Roi.

,, Confidérant qu'un pareil acte de pouvoir
,, abfolu eſt effrayant pour tous les ſujets du
,, Roi qui peuvent, à tout moment, ſe voir
,, privés de leur liberté ſur de ſimples ſoupçons.

,, Qu'un empriſonnement illégal ne peut
,, jamais compromettre l'honneur d'un citoyen;
,, mais que la perte de la liberté étant une
,, peine réelle, il eſt de la juſtice du Seigneur
,, Roi, ou de faire élargir dès à préſent le-
,, dit Sieur de Kerſalaun, ou d'éclaircir lé-
,, galement les faits qui donnent lieu à ſa
,, détention : que cette affaire ne peut être
,, portée que dans un tribunal compétent &
,, avoué de la Nation.

,, Qu'une Commiſſion du Conſeil ne ſau-
,, roit, dans aucun cas, remplacer le tribunal
,, de la Loi; mais que dans l'affaire dont il
,, s'agit, le Sieur de Kerſalaun auroit ſurtout
,, à craindre que les mêmes perſonnes qui
,, ont fait ſoupçonner ſa conduite n'euſſent
,, encore le crédit de lui faire nommer des
,, Juges; qu'alors ſa ſituation deviendroit
,, d'autant plus fâcheuſe, qu'il ſe verroit expoſé
,, à augmenter le nombre de ces accuſés in-
,, nocens, qui devoient être abſous par la
,, Juſtice, & qui ont été condamnés par des
,, Commiſſaires.

,, Par toutes ces conſidérations, la Cour
,, a arrêté d'écrire au Seigneur Roi, à l'effet
,, de ſupplier très inſtamment S. M. de faire
,, élargir, dès à préſent, ledit Sieur de Ker-

„ falaun, ou de le renvoyer par-devant un
„ tribunal compétent, pour son procès lui
„ être instruit & jugé conformément aux Loix
„ du Royaume."

23 *Octobre* 1787. Il paroît qu'il s'éleve un procès entre l'auteur des *Lunes* & la Dame l'Esclapart, au sujet de cet ouvrage périodique. Plusieurs Souscripteurs se plaignent qu'on n'ait pas satisfait aux conditions & d'avoir inutilement réclamé des volumes qui leur manquoient. Le *Cousin Jacques* promet un Mémoire sur cette contestation, maintenant en justice réglée.

23 *Octobre*. M. le Comte de Kerfalaun, après avoir lutté longtems contre sa Lettre d'Exil, est parti enfin, il y a quelques jours, pour la Bretagne. Depuis sa sortie de la Bastille il s'est tenu presque toujours à Versailles. Ce qui rend M. le Baron de Breteuil plus dur à l'égard du Comte de Kerfalaun, c'est, à ce qu'on assure, une Lettre de Madame d'Epremesnil, dont il étoit porteur, & où elle s'expliquoit d'une maniere très offensante sur le compte du Ministre: dans son premier mouvement, il vouloit même faire arrêter cette Dame; mais la réflexion l'a rendu plus généreux.

24 *Octobre*. Extrait d'une Lettre de Grenoble du 12 Octobre.... Notre Parlement n'est pas plus content que celui de Bordeaux de ce qui se passe à l'occasion des Assemblées

Provinciales de cette Province. En procédant à l'enregistrement de l'Edit du mois de Juillet dernier, il avoit supplié le Roi de lui adresser incessamment les Reglemens énoncés en l'article 6 dudit Edit, concernant la composition, la police, l'organisation & les fonctions de ces Assemblées.

Quoique ces Reglemens dussent, suivant l'Arrêt d'Enregistrement, faire partie de l'Edit, l'Intendant a fait imprimer, publier & afficher ceux qui ont pour objet *la formation de la composition des Assemblées*, sans qu'on ait donné connoissance de ceux qui concernent *leur police, leur organisation & leurs fonctions*.

Cet exemple nouveau & bizarre de deux parties intégrantes & indivisibles de la même Loi, dont l'une est exécutée ensuite d'une vérification légale, reconnue nécessaire, & l'autre de l'autorité d'un Commissaire du Conseil, a scandalisé le Parlement.

Le 6 de ce mois, *la Chambre ordonnée en tems de Vacations*, (ce sont les expressions de style) après avoir mandé les Gens du Roi, a arrêté qu'il en sera référé au Parlement séant; & cependant par provision, & sous le bon plaisir du Roi, a sursis l'exécution dudit Reglement; fait défenses aux Communautés de la Province, & à toutes personnes, de le mettre à exécution, à peine d'être poursuivies extraordinairement; ordonne que le présent Arrêt sera imprimé, publié & affiché en cette ville, & partout où besoin sera; & qu'à la diligence du Procureur général du Roi, il sera envoyé auxdites Communautés pour y être pareillement publié & affiché.

24 Octobre 1787. *L'Indiscrette*, comédie nouvelle en deux actes & en prose, jouée hier aux Italiens, ne mérite aucune Notice. On n'en fera mention ici que pour grossir le long catalogue des chûtes à ce théâtre.

25 Octobre. Le Gouvernement ayant égard aux réclamations de la Province de Hainaut qui, au lieu d'Assemblée Provinciale, desire le rétablissement de ses Etats anciens, d'après l'Assemblée consultative tenue à cet effet, a décidé d'acquiescer au vœu de la Province, & le Duc de Croy, avec les 23 autres membres de la premiere Assemblée, ont été autorisés à se réunir le 3 de ce mois, pour procéder à la discussion des points à déterminer encore sur la constitution de ces nouveaux Etats.

25 Octobre. Extrait d'une Lettre de Rouen du 20 Octobre.... Notre Parlement est très mécontent de celui de Paris: l'on ne sait point encore quel parti il prendra, ni ce qu'il fera sur les objets de la querelle générale. Il est en vacances. En attendant il se tient des Commités dans les terres, où plusieurs de Messieurs se rassemblent, & comme M. *de Miromesnil*, l'ancien Garde des Sceaux, est aux environs, on le consulte, on en prend des ren-

seignemens : car en changeant de rôle, il a changé de façon de penser apparente & semble aujourd'hui zélé Patriote. Les Manufactures de cette Province sont à bas : on rencontre sur la route de Dieppe des voitures de Coton que les Anglois tirent de chez nous pour les manufacturer & nous les revendre : on ne recherche plus que les étoffes Angloises, que les meubles & ustensiles de fabrique Angloise... On desire la guerre ici pour sortir de ces entraves ; il faut qu'elles soient fortes, & l'on maudit la mémoire du Comte *de Vergennes*, auteur du Traité de commerce avec nos rivaux, dont il auroit dû se défier davantage, comme infiniment plus experts que nous en cette partie.

25 *Octobre* 1787. Le Mémoire de M. de Calonne est en forme de *Requête au Roi*. Il est divisé en cinq paragraphes, où il répond aux cinq chefs d'accusation portés dans l'Arrêt qui ordonne une Information contre lui. Quoique le Ministre Principal y soit très mal traité & en ait été très affecté, il a déclaré qu'il ne s'opposoit point à sa publicité : en conséquence les contrefaçons en ont été faites assez ouvertement & il est devenu commun bientôt : au moyen de ce parti très sage qu'a pris l'Archevêque de Touloufe, la fermentation occasionnée par cet écrit se rallentit beaucoup & l'on ne tardera pas à le mettre en oubli. Il est parfaitement bien écrit ; il y a des endroits qui se

font lire avec intérêt; mais il y en a beaucoup d'arides & d'ennuyeux.

On assure que le Roi, après avoir lu ce Mémoire, a dit : *il me ment par écrit tout autant qu'il me mentoit de vive voix.* En effet on y trouve des mensonges palpables pour les gens les moins instruits des faits.

26 *Octobre* 1787. Conformément à ce que le Roi avoit assuré à l'Assemblée des Notables, on a porté aussi des vues de réforme & d'économie sur les Pensions. Il paroît qu'on n'en supprime point, mais qu'on exige de tous ceux qui en jouissent, une contribution dans une proportion relative à la quotité des graces & aux plus grands besoins présumés de ceux auxquels elles avoient été accordées. Au reste, cette retenue n'est que pour cinq ans, & au bout de ce terme S. M. espere pouvoir se livrer à toute sa générosité.

Toutes les pensions au dessous de 2400 livres seront assujetties aux mêmes retenues ordonnées par Arrêt du Conseil du 29 Janvier 1770.

Celles de 2400 livres & au-dessus jusques à 8000 livres, seront assujetties à la retenue de trois dixiemes.

Celles de 8000 livres jusques à 20000 livres, à la retenue de trois dixiemes & demi.

Enfin les pensions de vingt mille livres & au dessus, à quelques sommes qu'elles montent, à la retenue de quatre dixiemes.

Tout cela se voit dans un Arrêt du Conseil fort long, en date du 13 Octobre.

26 Octobre. Bien de gens prétendent que M. *Suard* a prêté sa plume à M. *le Noir* dans l'affaire de M. *Kornmann* avec sa femme. C'est ce qui a donné lieu à la facétie suivante :

Monologue de M. Suard, qui délibere sur le parti à prendre entre M. le Noir & M. Kornmann.

    Je vois en y réfléchissant
    Que le cas est embarrassant.
    Il faut bien, quand on se ressemble,
    Dit la chanson, qu'on se rassemble.
    Oui, Guillaume est bien malheureux.
C'est grand dommage. Il est si bon confrere !
Je devrois le servir... Hélas! mais comment faire ?
    Le Noir pour moi fut généreux ;
    Je lui dois mes bonnes pratiques,
    L'Espionnage des Journaux,
    Des Boulevards, des opéra nouveaux,
    Et les honneurs académiques,
    Et l'aisance de ma maison.
    Sera-ce donc en vain que j'examine ?
    Oh! non... *Le Noir* aura raison ;
    Moliere ainsi le détermine:
    Le véritable Amphitrion
    Est l'Amphitrion où l'on dîne.

26 *Octobre.* L'abbé de Calonne, après avoir vu l'explosion qu'a causée ici son Mémoire, est reparti, il y a quelques jours, pour retourner à Londres, y rendre compte à son

frere de l'événement. On attend encore d'autres écrits de cet Ex-Contrôleur général, surtout une Réponse à M. Necker.

26 Octobre 1787. L'Arrêté de la Cour de Parlement, Aides & Finances de Dauphiné, en date du 6 Octobre, est parvenu ici imprimé. Il reproche au nouveau Reglement, arrêté au Conseil du Roi le 4 Septembre dernier, sur la formation & la composition des Assemblées qui auront lieu dans la Province de Dauphiné, d'offrir une longue suite de dispositions compliquées, impossibles dans leur exécution, contraires à l'Arrêt d'enregistrement, destructives du Droit public de la Province, opposées au but qu'on se propose & alarmantes par l'excès de dépenses qu'entraîneroit cette nouvelle forme d'Administration.

Le Parlement observe en outre beaucoup de contradictions dans les dispositions mêmes & les discute les unes après les autres, de maniere à prouver la légereté avec laquelle le Reglement a été fait.

Enfin la nouvelle forme d'Administration met en activité plus de onze mille personnes, & en n'accordant des vacations, sur le pied le plus modéré, qu'à celles qui ont des fonctions habituelles & journalieres & à celles qui sont obligées de se déplacer, la dépense s'éleveroit au-delà de 400,000 livres : ce qui rendroit le bienfait de S. M. illusoire envers les habitans de la Province, & ajouteroit, au contraire, à leur misere par une charge auſſi énorme.

27 *Octobre* 1787. Extrait d'une Lettre de Compiegne du 20 Octobre… Le trait du cerf eſt très vrai… C'eſt vers les derniers jours de Septembre que M. le Duc de Bourbon chaſſoit dans notre forêt. Un cerf, pourſuivi par les chiens, trouva ſur ſon paſſage une jeune fille : il la prend ſur ſon bois, ſans lui faire de mal & l'emporte. L'enfant jete des cris perçans. Le cerf, après l'avoir portée à la diſtance de cinquante toiſes, la dépoſe doucement à terre, & reſte à côté d'elle pour la défendre contre les chiens. Le Prince arrive : témoin d'un ſpectacle auſſi attendriſſant, il fait arrêter les chiens, prêts à ſe jeter ſur l'animal, & récompenſe le cerf, en lui rendant ce qu'il pouvoit lui donner de plus précieux, la Liberté.

Il eſt fâcheux qu'on n'ait pas pu trouver un moyen pour s'emparer du cerf, ſans lui faire de mal, & lui mettre un collier, qui le rendît à jamais ſacré pour tous les chaſſeurs.

27 *Octobre.* Suivant une Lettre de M. *Blanchard*, Penſionnaire du Roi, en date du 9 Octobre, il a fait ſa 26e. aſcenſion à Strasbourg le 26 Août, & ſa 27e. à Leipſick le 29 Septembre. La premiere n'offre rien de nouveau ; elle confirme ſeulement l'excellence de ſon parachûte : dans la ſeconde, il fit pluſieurs évolutions à volonté.

Cet aéronaute infatigable est actuellement à Nuremberg.

27 *Octobre* 1787. Les colporteurs annoncent un ouvrage posthume de *Boulanger*, Ingénieur des ponts & chaussées, sous le titre de *Gouvernement*, imprimé dès 1776: on ne sait par quel contretems il n'a été mis en vente que depuis peu. Il est court, n'a que 111 pages & n'est point inférieur aux autres productions de l'auteur: celle-ci passe pour un petit chef-d'œuvre.

28 *Octobre.* On annonce déja une Réponse de la Monnoie au Mémoire de M. de Calonne, concernant cette partie; on croit que M. *Foulon* y a grande part.

28 *Octobre.* Un nouveau procès concernant l'agiotage s'étant élevé, Mrs. de la Chambre des Vacations ont pris la tournure convenable pour convertir cette affaire particuliere en une affaire publique: un de Messieurs a dénoncé le fait: arrêté qu'il en seroit communiqué au Procureur-général. En conséquence, celui-ci a rendu plainte & l'on a ordonné une information. Plus de quarante déposans à entendre, en feront interroger peut-être quarante autres, & M. de Calonne se trouvant impliqué dans leurs dépositions, le Parlement se ménage ainsi une occasion de revenir sur le procès de ce Ministre. Bien de gens pensent qu'ils sont excités sous main par le principal Ministre.

29 Octobre 1787. Tout bien éclairci, l'on juge que *la Maison de Moliere*, jouée par les comédiens françois & sur laquelle ils faisoient le plus grand fond, n'est autre chose que celle de M. Mercier, mais élaguée de beaucoup & dont l'on a principalement ôté une scene très désagréable pour les comédiens. On présume que cet auteur était brouillé avec ceux-ci, qui avoient fait serment de n'avoir désormais rien de commun avec lui, aura fait présenter par quelqu'un son ouvrage qui, quoique imprimé depuis onze ans, ne leur aura pas été assez présent pour qu'ils se soient doutés du tout.

29 Octobre. Le dernier ouvrage de M. Boulanger est une suite de son Système : il est déduit avec autant de clarté que d'érudition, & la profondeur de celle-ci n'empêche pas qu'il n'y regne l'agrément que comporte un traité aussi grave.

On y apprend quelle a été l'origine & la nature de la théocratie primitive ; aux biens & aux maux qu'elle a produits, on reconnoît l'âge d'or & le regne des dieux. On en voit naître successivement la vie sauvage, la superstition & la servitude, l'idolâtrie & le despotisme. L'auteur en fait observer ensuite la réformation chez les Hébreux ; les Républiques & les Monarchies se forment dans le dessein de remédier aux abus des premieres Législations ; &, d'après la chaîne des événemens,

il

il conclut que le dernier gouvernement a seul été l'effet de l'extinction totale des anciens préjugés, le fruit de la raison & du bon sens & qu'il est l'unique véritablement fait pour l'homme & pour la terre.

Du reste, *Boulanger* est parfaitement d'accord avec *Montesquieu* & admire comment, sans être remonté à leur origine, il a défini exactement chacun des trois Gouvernemens, en a connu si intimément le ressort; il reconnoît là l'empreinte & le privilege du génie.

29 Octobre 1787. On rapporte un bon mot de l'Archevêque de Toulouse au sujet du Mémoire de M. de Calonne; après l'avoir lu, quelqu'un lui demandant ce qu'il en pensoit? „Je vois, (répondit-il) qu'il y dit „ beaucoup de choses contre moi, mais très „ peu pour lui."

30 Octobre. Aux trois ou quatre procés que Me. *Linguet* a au Châtelet en demandant, il faut en ajouter un dernier en défendant qui s'éleve contre lui. Le mari de la Dame *Butté*, cette femme avec laquelle il vit & est sorti de France autrefois, l'attaque en séduction & en rapt. Il est assez singulier qu'il attende dix ou douze ans pour former une pareille action; il y a grande apparence que ce sont les ennemis de Me. Linguet qui l'ont excité, moins dans l'espoir de faire succomber celui-ci, que de révéler des turpitudes dont

Tome XXXVI. G

le Sieur *le Quesne*, dans son *Factum*, a dévoilé déja une partie.

30 Octobre 1787. M. de Calonne, dans sa *Requête au Roi* regarde comme démontré:

1°. Que tout ce qui s'est dit sur les acquisitions des Echanges, est exagéré, injuste & sans fondement:

2°. Que l'opération de la refonte des Monnoyes d'or ne doit lui attirer que des éloges, & qu'il n'y a que la plus atroce calomnie qui puisse lui imputer aucune manœuvre:

3°. Que ce n'est que par de fausses couleurs & des interprétations envénimées, qu'on a pu présenter comme une faveur accordée clandestinement à l'agiotage, les moyens employés légitimément pour le soutien du Crédit:

4°. Que par le compte de toutes les extensions d'emprunt, il est constaté qu'il n'y en a eu aucune qui ne fût nécessaire, qui n'ait été autorisée par le Roi & employée pour le bien de l'Etat:

5°. Enfin, que toute sa vie & l'opinion publique repoussent loin de lui le soupçon d'abus d'autorité.

Il en conclut: que la plainte de *Déprédation des Finances*, qu'on fait rouler indéterminément sur ces cinq chefs, porte à faux de tous les côtés, & n'a pour base que des dénonciations chimériques.

En conséquence, M. de Calonne propose à

S. M., en caffant l'Arrêt du 10 Août & annullant jusques à la plainte: de déclarer par l'Arrêt même de caffation revêtu de Lettres patentes, qu'elle a une parfaite connoiffance de tous les objets fur lesquels font dirigés les chefs d'accufation; qu'elle les trouve deftitués de fondement, & qu'elle juge fa conduite dans l'Adminiftration des Finances irréprochable en tout point.

Du refte, il ne veut ni une caffation fimple & peremptoire, qui ne permettroit ni ne donneroit aucune fuite à l'inftruction de l'affaire, ni une caffation avec évocation à la perfonne de S. M., ni une caffation avec renvoi à des Juges d'attribution. Par la premiere, il fe trouveroit avili, s'il étoit fufpecté de fuir le plus grand jour: par la feconde, l'affaire feroit dénaturée; de criminelle, civilifée, puisque nos Rois ne jugent point en matiere criminelle: dans le troifieme cas l'idée d'une Commiffion repugne; *il n'en a jamais été d'avis pour aucun accufé.*

Si S. M. ne juge pas à propos de juftifier elle-même M. de Calonne, ce qu'il préféreroit, il le fupplie d'autorifer fa défenfe dans la forme la plus folemnelle: il ne veut point refter fous le voile épais dont notre Jurifprudence couvre les procédures criminelles; il veut qu'elle fe faffe par un examen public &, pour ainfi dire, en préfence de la Nation. Il prefcrit enfuite les formes de procéder contre lui par la Cour des Pairs & exige encore deux conditions; l'une, que le Roi lui accorde la sauve-garde de sa parole sacrée pour l'entiere conservation de sa liberté jusques après la prononciation publique du Jugement; l'autre, qu'il lui rende la décoration dont il jouissoit.

Il finit par rendre compte des motifs de son évasion dont on parlera plus amplement; il s'étoit d'abord retiré en Hollande, comme l'Alliée de la France; mais l'accroissement des troubles qui y agitoient cette République, l'a forcé de passer en Angleterre, où il a vécu dans la solitude jusques à présent, uniquement occupé du soin de sa justification.

Dans ce Mémoire, où tout est tour à tour mensonge, artifice, forfanterie, impudence, l'on est principalement frappé du ton de la flatterie la plus basse & la plus outrée qui y regne envers le Roi, & de celui d'affection, d'intimité, de familiarité même, dont M. de Calonne l'a mêlé.

30 Octobre 1787. Le Mémoire de M. de Calonne a donné occasion de s'informer où en étoit le procès commencé par la Cour des Monnoyes dont on a parlé dans le tems. Il est devenu grave: les Magistrats ont fait déposer tous les regiſtres des Officiers de la Monnoye; le Procureur général a été décrété; mais un Arrêt d'évocation du propre mouvement du Roi a arrêté l'affaire. Comme cet Arrêt n'est point revêtu de Lettres patentes,

la Cour des Monnoyes ne doit pas le reconnoître. On attend la fin des Vacances pour voir quel parti elle prendra.

31 *Octobre* 1787. On n'a pas encore pu tirer parfaitement au clair une aventure tragique arrivée dans le coche d'Auxerre. Un Turc ou Algérien, en un mot un Musulman dans tout son costume, s'y trouvoit avec un Interprete & un Noir à son service. Ce personnage a attiré l'attention du coche, composé ordinairement de beaucoup de gens du peuple, de canaille, de filles, de mauvais sujets; on s'étoit moqué de lui durant tout le jour: sa barbe surtout faisoit rire. La nuit s'étant endormi, des plaisans y ont mis le feu & la lui ont brûlée. Il s'est éveillé furieux & s'armant de son cimeterre, il a frappé de droite & de gauche tout ce qui s'est rencontré, sauf les femmes qu'il respectoit. Il a tué de la sorte & blessé plusieurs personnes. On n'osoit l'arrêter, & le carnage continuoit; le Commis a été obligé de lui tirer un coup de fusil, & lui a fracassé la mâchoire. Alors on a pu s'en rendre maître, le garrotter & l'on l'a mis dans les prisons à Sens.

Cette nouvelle parvenue à Paris y a causé beaucoup de rumeur: on a agité la question si le Musulman n'étoit pas dans le cas de mériter sa grace? si son honneur tenant à sa barbe, dans le préjugé de sa religion, il n'étoit pas en droit de se venger en immolant son ennemi, comme un homme qui auroit reçu un foufflet ? Pendant qu'on difcutoit la matiere, on a appris qu'il étoit mort de fa bleffure.

Pour bien juger le cas, il auroit fallu être parfaitement inftruit de toutes les circonftances fur lesquelles on varie beaucoup, ainfi que fur le nombre des morts & des bleffés, mais toujours confidérable, de la part d'un homme feul contre tant de monde.

31 *Octobre* 1787. On publie une feptième Lifte des Sommes envoyées en nature, ou par foumiffion, pour l'établiffement des nouveaux hôpitaux, depuis & compris le 22 Juillet 1787 jufques & compris le 21 Septembre fuivant : elle ne fert qu'à mettre dans un plus grand jour le refroidiffement fenfible des charités à cet égard. La fixième lifte portoit 2,248,159 livres 12 fols 4 deniers, & la dernière ne s'éleve qu'à celle de 2,266,509 livres 4 fols 4 deniers : ce qui n'offre gueres qu'une augmentation de 17 à 18000 livres.

31 *Octobre.* Les Amateurs fe difpofent à aller entendre demain au Concert Spirituel la production d'un jeune éleve de l'Ecole Royale du Chant ; il n'eft âgé que de 14 ans, il fe nomme *Carbonnet* & a mis en mufique une Ode que M. *Moline* a compofée fur la mort héroïque du Prince *Léopold de Brunswick*, qui a produit tant de mauvais poëmes. Des partifans du Muficien affurent qu'il y a de l'effet dans la compofition, une harmonie pure & des fituations très bien rendues. Mais il faut

se défier de ces éloges de société; l'auteur doit y chanter lui-même, ainsi que Mrs. *Rousseau* & *Chardini*.

31 *Octobre* 1787. On doit jouer incessamment aux Italiens comme comédie à ariettes, un sujet joué en 1768 au théâtre françois comme tragédie, composée par feu *Dorat*, sous le titre des *deux Reines*, puis ensuite sous celui d'*Adélaïde de Hongrie*. On voit qu'il n'y a que façon d'envisager les choses & que ce qui fait pleurer l'un, peut faire rire l'autre.

1 *Novembre.* Par la Requête de M. de Calonne, autant qu'on en peut juger en rassemblant plusieurs traits épars dans ce verbeux ouvrage, M. l'Archevêque de Toulouse, visant depuis longtems à la place qu'il occupe, durant l'Assemblée des Notables avoit formé le projet de perdre M. de Calonne & composé à cet effet un Mémoire dont l'objet apparent n'étoit que de prouver la nécessité d'un Conseil de Finances comme la seule barriere à opposer aux effets ruineux d'un régime arbitraire, mais le but secret de décrier l'Administration pour renverser le Ministre.

Cet écrit vraiment infernal, où, suivant M. de Calonne, il y a autant de mensonges que de phrases, autant de perfidies que de raisonnemens, autant de faits altérés que de faits cités, & plus de venin que dans aucun des libelles qui aient jamais pu parvenir au Roi, lui étoit encore inconnu: il étoit même dupe des propos emmiellés que, pour endormir sa sécurité, l'on tenoit sur son compte, lorsque, le 12 Juin dernier, faisant part à l'Archevêque de Toulouse de la résolution qu'il avoit prise d'offrir à S. M. la démission de la Charge de Grand Trésorier de l'Ordre du St. Esprit, il l'assura des vœux qu'il faisoit de tout son cœur pour les succès inséparables de la gloire du Roi & du bien de l'Etat, il ajoutoit : „ tout „ ce que j'attends de votre justice & de votre „ honnêteté, dont je me suis loué constam- „ ment, c'est que dans tous les cas où vous „ auriez des doutes sur quelques points de „ mon Administration, vous vouliez me „ mettre à portée de vous présenter ou en- „ voyer toutes les explications que vous pour- „ riez desirer."

L'Archevêque de Toulouse lui répondit par ces cruelles paroles : „ vous n'ignorez pas „ que des sommes considérables sont sorties „ du Trésor Royal, sans l'autorisation du „ Roi ; vous n'ignorez pas quelle en a été la „ destination, & vous ne devez pas être étonné „ si S. M. a été mécontente. Je n'ai pas dû „ lui déguiser ce dont l'intérêt de ses affaires „ exigeoit qu'elle fût informée, & comme il „ n'y avoit aucun doute, je ne vous ai pas „ demandé d'éclaircissement."

C'est alors que M. de Calonne a ouvert les yeux & a parfaitement reconnu la main d'où partoient les coups dont il étoit frappé. Alors aussi

aussi est tombé entres ses mains le perfide écrit dont le contenu décéloit tellement l'intention & l'auteur, qu'indépendamment de tout ce qu'on lui apprenoit en l'envoyant, sa lecture seule ne lui auroit laissé aucun doute. C'est alors que se voyant déja secrettement accusé dans le cabinet, prévoyant qu'il le seroit bientôt en public, il a cru devoir se soustraire par une expatriation douloureuse, à la perfidie & au crédit de son puissant ennemi.

1 *Novembre* 1787. Les Officiers généraux qui composent le Conseil de Guerre, ont été présentés dimanche dernier au Roi par le Comte *de Brienne*: Ce sont Mrs. *de Gribeauval* pour l'Artillerie; le Comte *de Puysegur*, le Duc *de Guines*, le Marquis *de Jaucourt*, tous quatre Lieutenans-généraux des Armées de S. M.: *de Fourcroy*, pour le Génie; le Comte *d'Esterhazy*, le Marquis *d'Autichamps*, le Marquis *de Lambert*, tous quatre Maréchaux des Camps & Armées de S. M.: enfin le Comte *de Guibert*, Brigadier des Armées du Roi, Mestre de Camp du Régiment de Neustrie, comme Rapporteur du Conseil. Ils ont ensuite eu l'honneur de faire leur révérence à la Reine & à la famille Royale.

1ᵉʳ *Novembre*. Extrait d'une Lettre de Sens du 22 Octobre 1787... Voici des faits positifs sur l'incroyable aventure qui a fait tant de sensation à Paris & sur la route, où elle a étrangement changé.

Le 13, le nommé *Achmet Beeder*, natif de Maroc, écumeur de mer de profession, taille de 5 pieds 2 à 3 pouces, nerveux, très fort, paroissant âgé d'environ 30 ans, n'ayant point de barbe, seulement des moustaches, est parti de Paris par le coche d'Auxerre : il alloit à Marseille, où il devoit s'embarquer. Il étoit accompagné d'un jeune homme de 18 à 19 ans, qui lui servoit d'interprete. Il y avoit dans le coche quatre dragons, d'autres soldats, en tout 60 personnes.

Le 15 sur les deux heures du matin, aux approches de Sens, il a éteint les lumieres & commencé un massacre dont le résultat est de deux morts & sept blessés, parmi lesquels deux femmes.

Reste à savoir le motif de cette rage, que les directeurs du coche attribuent à un accès de fureur qui lui a pris, suite d'une épilepsie dont il étoit attaqué ; mais plus probablement des mauvaises plaisanteries qu'on lui faisoit.

Quoiqu'il en soit, il a fallu effectivement lui tirer un coup de fusil pour l'arrêter, & il est mort le 20 dans la prison de notre ville.

2 *Novembre* 1787. L'Arrêté de la Chambre des Vacations pour demander le retour du Parlement de Bourdeaux à son vrai siege, est du 25 Octobre : il est savant & toujours manuscrit ; il mérite d'être rapporté en entier, quoiqu'un peu long.

„ Ce jour, la Chambre séant en tems de
„ Vacations, délibérant sur la translation du
„ Parlement séant à Bourdeaux par suite de
„ ses Arrêtés des 18 & 23 de ce mois, par
„ lesquels la Chambre avoit chargé M. le
„ Président de s'informer du succès des bons
„ offices que M. le Premier Président avoit
„ été chargé d'employer auprès du Roi en
„ conformité de l'Arrêt de la Cour séant à
„ Troyes, pris, toutes les Chambres assem-
„ blées, le 24 Septembre dernier.

„ Considérant qu'il est du devoir de la
„ Justice d'éclairer l'autorité; que remplir ce
„ devoir c'est concourir aux vues du Roi;
„ que rien n'est arbitraire dans une Monar-
„ chie bien ordonnée; que nos Rois ont sou-
„ mis leur clémence même à des regles;
„ que les actes qui respirent la rigueur, doi-
„ vent être à plus forte raison déterminés
„ par des principes invariables. Que les
„ Cours Souveraines sont fixées au lieu de
„ leurs séances par des Loix positives que
„ l'intérêt du Roi, le vœu des Peuples, une
„ longue expérience ont fait ranger au nom-
„ bre des Loix les plus importantes; qu'ainsi
„ la Cour autrefois ambulatoire à la suite
„ des Rois, fut rendue sédentaire à Paris
„ par l'Ordonnance mémorable de Philippe
„ le Bel, pour la commodité de ses sujets &
„ l'expédition des affaires; que les mêmes
„ motifs ont décidé la résidence des autres

„ Cours ; que leur translation est donc en
„ général contraire aux Loix ; qu'il est vrai
„ que ces Loix peuvent souffrir des excep-
„ tions ; mais que ces exceptions, pour ren-
„ trer dans les regles, doivent être justifiées
„ par les circonstances qui frappent tous les
„ yeux, de maniere qu'il soit impossible à
„ la Nation de s'y tromper, telles que cer-
„ taines calamités, l'invasion de l'ennemi, ou
„ des malheurs plus grands encore. (*)

„ Telles sont les circonstances qui déter-
„ minerent la translation de la Cour à Poi-
„ tiers sous Charles VII, lorsque Paris étoit
„ occupé par des étrangers ; à Châlons & à
„ Tours sous Henri IV, lorsque cette même
„ Ville étoit occupée par des factieux : qu'à
„ ces deux époques la Cour, sans Lettres pa-
„ tentes & par l'effort de son propre zele,
„ sut employer une ressource qui lui laissa les
„ moyens de concourir avec la Nation à déli-
„ vrer le Roi des Anglois & des Ligueurs :

(*) L'on a supprimé ce qui étoit dans la premiere rédaction de l'Arrêté, la phrase qui suit immédiatement ces mots *des malheurs plus grands
encore* :

„ Qu'alors il est juste, il est indispensable que
„ les Cours soient transférées dans des Villes fi-
„ delles, où les Peuples soient avertis par la pré-
„ sence des Magistrats, que les Loix regnent en-
„ core & que les Rois toujours obéis puissent
„ connoître l'étendue de leur autorité."

„ qu'il est triste & dangereux qu'un moyen
„ consacré par d'aussi grands & d'aussi pré-
„ cieux succès devienne aujourd'hui le
„ signal d'une disgrace : que la translation
„ du Parlement de Bourdeaux à Libourne
„ n'étant point autorisée par les Loix, n'étant
„ point justifiée par aucune circonstance, est
„ donc un acte purement arbitraire; que l'in-
„ térêt personnel des Magistrats qui forment
„ cette Cour n'étant rien à leurs yeux, leur
„ existence & leur fortune étant dévouées
„ comme celles de tous les Magistrats leurs
„ confréres, au service du Roi & de la Na-
„ tion, cette apparente punition en seroit une
„ réellement, non pour eux, mais pour les
„ Peuples de leur Ressort; qu'elle retombe-
„ roit entierement sur les Justiciables; que
„ l'administration de la Justice est en effet
„ suspendue dans la Guienne; que les inno-
„ cens gémissent confondus dans les prisons
„ avec les coupables; que les débiteurs de
„ mauvaise foi insultent à l'impuissance de
„ leurs créanciers; que la Police d'une des
„ principales villes du Royaume est privée de
„ la surveillance nécessaire des Juges supé-
„ rieurs, & qu'enfin un des articles de la
„ Capitulation qui lie la Guienne à la Cou-
„ ronne, est la résidence du Parlement à
„ Bourdeaux; en sorte que les Principes gé-
„ néraux, les Loix de l'Etat & les Droits
„ particuliers de la Province s'élevent de

» concert contre la translation de cette Cour.
» Pénétrée de ces motifs, la Chambre en
» tems de Vacations a arrêté que le Roi sera
» très humblement supplié de rappeller son
» Parlement séant à Bourdeaux, au lieu or-
» dinaire de ses séances, & qu'à cet effet il
» sera fait audit Seigneur Roi une Députa-
» tion en la forme ordinaire.

2 *Novembre* 1787. Extrait d'une Letre d'Aix du 25 Octobre : la Provence est dans une joie inconcevable ; on vient de lui rendre ses Etats qui doivent s'assembler dans cette ville le 10 Décembre & proposer à S. M. les Reglemens qu'ils estimeront les plus convenables. Il en a été écrit une Lettre de remerciment au Ministre principal, d'une fadeur à faire vomir.

2 *Novembre*. Il paroît déjà une Réponse au Mémoire de M. de Calonne, sous le titre de *Procès de M. de Calonne, ou Replique à son Libelle, par un Citoyen*. Ce pamphlet, auquel l'auteur promet de donner une suite, qui suivra de près la première partie, est vague & n'est intéressant ni dans le fond, ni dans la forme.

2 *Novembre*. Il auroit déjà dû paroître deux nouveaux numéro des Annales de M. Linguet, qui devoient reprendre au 15 Octobre : on n'en voit encore aucun ; on les certifie arrêtés ; ce qui n'est pas encourageant pour les souscripteurs.

3 *Novembre* 1787. Dernierement à dîner

chez le Ministre principal, où étoient plusieurs membres de la Noblesse Provençale, entre autres le Marquis *de Vintimille*, il fut question de la faveur de la reprise des Etats, accordée par le Roi à la Provence & de la Lettre si excessivement louangeuse & basse envers l'Archevêque de Toulouse: ,, pour le coup," dit à ces Messieurs M. Lambert, le Contrôleur Général présent: ,, nous sommes sûrs de vous, ,, nous pouvons vous envoyer hardiment tous ,, les Edits bursaux à venir; vous n'aurez ,, rien à refuser." Et ces Messieurs de s'incliner & de se soumettre.

3 *Novembre.* Le Mémoire de M. le Marquis *de Crest* paroît enfin imprimé & contient toutes les extravagances impudentes qu'on en a débitées. Le plus merveilleux, c'est que M. le Duc d'Orléans ait osé le présenter au Roi: suivant le titre c'est le 20 Août que S. A. S. s'est chargée de ce brûlot, où se trouvent les choses les plus fortes contre les Ministres & contre l'Archevêque de Toulouse, le seul qui soit désigné *nominativé*. L'Auteur profite de la translation du Parlement de Paris à Troyes & de la fermentation qui regne dans les autres, pour lui faire craindre une révolte générale, s'il persiste à croire ses perfides conseillers. Il lui déclare que les deux Impôts ne passeront jamais: il exhorte S. M. à les retirer, à renoncer aux Lettres de cachet, à faire démolir la Bastille, à faire maison

nette. Il lui indique ensuite le remede à tous nos maux & la maniere d'en empêcher le retour; c'est de créer un Conseil pour chaque Département, comme du tems de la Régence. Quant aux Finances, il faut que celui qui en sera chargé, ait inspection sur tout. Par conséquent il faut un Surintendant, & il s'offre de l'être; Il jouit de 40000 écus de rentes, de la plus belle place peut-être du Royaume: il a une réputation intacte, une considération bien établie; il n'a besoin de rien que de gloire & de satisfaire son patriotisme: il se dévouera à cette condition; il se passera d'Impôts & d'Emprunts; il aura le secret, non d'égaler la recette à la dépense, mais de proportionner la dépense à la recette. Du reste, on le feroit simple Contrôleur Général, avec l'entrée au Conseil; il n'en voudroit pas: il lui faut absolument la Surintendance.

4 *Novembre* 1787. M. de Calonne annonce, dans sa *Requête au Roi*, une Réponse qu'il a faite au Mémoire de M. Necker publié au moment de sa retraite. Il y refute, à ce qu'il prétend, par des explications claires & sans aucune aigreur, toutes les allégations qui se trouvent contraires à ce qu'il avoit dit dans l'assemblée des Notables sur les progrès du *Deficit*. On attend avec impatience cet écrit qui n'a pas encore paru dans Paris.

4 *Novembre*. Point d'imagination folle qui ne passe aujourd'hui par la tête de nos Spé-

culateurs, encouragés par l'ardeur d'un Ministere novateur, à courir après les changemens ou les chimeres, & par la facilité avec laquelle il les adopte & se prête à leur exécution.

Un particulier a fourni un Projet pour l'excavation d'un Canal, qui communiquera de la mer de Dieppe, en passant par les terres, au fauxbourg St. Martin. Ce Canal doit être assez large & assez profond pour favoriser la navigation marchande, & offrir à Paris, dans un bassin creusé au milieu des Marais, situé entre les fauxbourgs St. Martin & du Temple, une pépiniere de navires marchands. Tout ce travail hydraulique sera exécuté, à ce qu'on assure, sans Ecluses.

Les Entrepreneurs prétendent qu'on a déja réservé 16 millions pour ce monument, digne de la splendeur des beaux jours de l'Egypte, & que les excavations se commenceront au printems prochain dans les terres de Normandie.

4 *Novembre* 1787. Ce qui dépare le Mémoire du Marquis de Crest, court, précis & assez bien déduit, où d'ailleurs il y a des idées fortes & vraies, une hardiesse très louable & très noble, c'est la fin, c'est l'égoïsme puant dont elle est infectée; on n'a pas manqué en conséquence de chansonner l'auteur & de le tourner en ridicule, ce à quoi il prête infiniment. Voici cinq couplets parodiés

sur l'air de Tarare: *je suis né natif de Ferrare*, que chante Calpigi & dont le rôle est assez analogue à celui du Marquis du Crest; ce qui sert à rendre le vaudeville plus malin.

Dans un sixieme couplet, où l'on introduit le Duc d'Orléans, en faisant dire à ce Prince ce qu'il auroit dû répondre à son Chancelier, lui proposant de mettre un pareil Mémoire sous les yeux du Roi, l'on critique indirectement la bonhommie qu'il a eue de s'en charger.

1.

Sans biens, sans talens, sans figure,
De ma sœur l'humble créature,
Je fus un beau jour fort surpris
D'être Colonel & Marquis. *bis*.
Mais bientôt las du Militaire,
Voulant tâter du Ministere,
D'un Prince je fus Chancelier:
Voilà, voilà, le bon métier. *bis*

2.

C'est une place d'importance,
Au moins la premiere de France;
Mais l'Etat est dans l'embarras,
Allons Marquis offre ton bras. *bis*.
Mais je déclare par avance,
Qu'il me faut la Surintendance;
Sans quoi, Messieurs, point de Marquis;
On ne peut m'avoir qu'à ce prix. *bis*.

3.

Après tout, dans ce grand Royaume
Est-il, je vous prie, un seul homme
Qu'on puisse me comparer,
Soit Magistrat, soit Financier? *bis*.

Calculs, Etats, Plans de finance,
De tout n'ai-je pas connoiſſance ?
Je ſuis l'unique en tout pays.
Allons, allons, ſaute Marquis.   *bis.*

4.

Je n'ai plus qu'un mot à vous dire,
J'aime tant le Roi, notre Sire,
Que je lui veux par mes projets
Rendre le cœur de ſes Sujets.   *bis.*
Je change tout le Miniſtere ;
Du Peuple je me fais le pere,
Et tous les François ébahis
Chanteront Vivat le Marquis !   *bis.*

5.

Si je n'étois pas ſi modeſte,
Je pourrois bien dire le réſte,
Mais je ne veux pas me loüer ;
A l'œuvre on verra l'ouvrier.   *bis.*
Il ſuffit que par moi la France
Va ſe trouver dans l'abondance ;
Ce ſera pis qu'en paradis :
Allons, allons, ſaute Marquis.   *bis.*

Le Duc d'Orléans au Marquis :

Marquis, vous danſez à merveille,
Mais je veux vous dire à l'oreille
Ce que j'entends dire à chacun :
Vous n'avez pas le ſens commun.   *bis.*
Guériſſez votre pauvre tête,
Soyez moins vain & plus honnête,
Ou je fais voir à tout Paris
Comme on fait ſauter un Marquis.   *bis.*

5 *Novembre* 1787. Par les Reglemens du 5 Juin le Roi a pourvu à la formation d'un Conseil Royal des Finances & du Commerce, à celle du Comité contentieux des finances, à la distribution des objets de travaux relatifs à l'administration générale de cette partie; S. M. vient de porter la même attention sur les Commissions & Bureaux relatifs au service du Conseil, & qui étoient chargés, soit de préparer les affaires qui doivent être ensuite rapportées par leurs avis au Conseil de S. M., soit de les juger suivant les titres de leur établissement. Il en a résulté trois distinctions: 1°. De Commission & Bureaux ayant un service continuel, qu'il est essentiel de conserver: 2o. d'autres établis, dans le principe, pour des opérations particulieres, avec lesquelles ils devoient cesser & qui pouvoient être réunis: 3°. de derniers dont les fonctions n'avoient plus de rapport au titre de leur établissement, qui ne sont occupés que de quelques affaires qu'on leur renvoye & à supprimer par cette considération seule.

De-là un *Reglement* fait par le Roi le 27 Octobre dernier, qui fait connoître la qualité & le nombre des Magistrats dont seront à l'avenir composés ces Commissions & Bureaux, la quantité de places que chacun d'eux peut y remplir, l'époque à laquelle les Maîtres des Requêtes pourront y avoir entrée, quels seront les seuls Bureaux auxquels ceux de ces Magiſtrats pourvus d'autres offices pourront être admis.

Du reſte, on finit par des complimens aux Magiſtrats du Conſeil, & l'on ne doute pas de leur zele à concourir, même par la privation de leurs émolumens, aux vues d'économie de S. M. Elle les conſole, promettant de leur faire reſſentir tous les effets de ſa ſatisfaction & de ſes bontés.

Ce Reglement contient 22 articles, dont les diſpoſitions ſont relatives aux objets précédens, & les déterminent dans le plus grand détail.

On y voit de plus que les appointemens des Conſeillers d'État ſeront de 2000 livres & ceux des Maîtres des Requêtes de 1000 livres; qu'aucun Maître des Requêtes ne pourra déſormais jouir en même tems, avec appointemens, de plus de deux Bureaux, & qu'une Commiſſion de Procureur Général ſera réputée l'équivalent de deux Bureaux.

5 *Novembre* 1787. Le principal Miniſtre qui n'oſe heurter de front le Parlement, n'a point voulu faire dire au Roi que l'affaire du Parlement de Guienne ne regardoit pas celui de Paris; mais il cherche à gagner du tems; il a donné à entendre que l'affaire s'alloit arranger & a promis de rendre une réponſe définitive le dimanche 10 de ce mois. On croit qu'il n'a pris ce délai, que pour allonger encore, parce que c'eſt l'époque où finit la Chambre des Vacations & où le Parlement

rentrant, ce sera M. d'Aligre qui sera chargé de la négociation; il aime mieux avoir affaire à celui-ci, plus flexible, plus susceptible d'être corrompu.

5 Novembre 1787. Ce ne sont que brocards, couplets, sarcasmes qui pleuvent sur M. le Marquis du Crest, depuis que sa diatribe contre les Ministres est plus répandue par l'impression; voici une épigramme, la meilleure entre mille autres: pour en bien sentir la pointe, il faut se rappeller qu'il est Chancelier de M. le Duc d'Orléans:

Par tes projets bien entendus,
Modeste du Crest, à t'entendre,
A la Reine, au Roi tu vas rendre
Les cœurs françois qu'ils ont perdus.
Sans miracle cela peut être
Hélas! ils n'ont qu'à le vouloir!
Mais, en preuve de ton savoir,
Fais nous avant aimer ton maître.

6 Novembre. L'Arrêt du Conseil rendu pour suspendre les travaux d'embellissement des murs de Paris, n'est qu'illusoire & le Sieur le Doux avoit si bien pris ses mesures, que l'économie proposée à cet égard n'en seroit plus devenue une. Aux approches de l'Assemblée des Notables, se doutant qu'un projet aussi extravaguant & aussi dispendieux exciteroit des réclamations, il a doublé, triplé, quadruplé les ouvriers partout: au lieu de rien finir, il les a occupés seulement à préparer les matériaux, à tailler beaucoup de pierres; en sorte que façonnées pour leur destination elles ne pussent plus être employées à autre chose sans une perte réelle. Il a donc été décidé par l'examen, qu'on ne pourroit rien faire de mieux que de terminer une besogne aussi avancée. D'ailleurs on a représenté que ces murs, affreux en eux-mêmes, avoient besoin d'être décorés pour déguiser leur usage: on a fait valoir l'axiome qu'il faut embellir sa prison; on a dit que la capitale de la France devoit en imposer de loin aux Nationaux & aux Etrangers. On continue donc les *Colonnades*, *Calonnades ou Colonniades*; c'est ainsi qu'on joue sur le mot d'après le nom du Contrôleur-général, M. de Calonne, aux ordres duquel a été conçu ce monument d'esclavage, & celui du Maître des Requêtes, M. *de Colonia*, qui avoit le détail des Fermes & présidoit aux travaux.

6 *Novembre* 1787. Extrait d'une Lettre de Calais du 1 Novembre. Le Comte de Cassini, Directeur de l'Observatoire, les Sieurs Mectrain & le Gendre, Membres de l'Académie Royale des Sciences, sont ici depuis le 26 Septembre: ils y ont commencé, de concert avec les Astronomes Anglois, les opérations relatives à la jonction trigonométrique & à l'exacte détermination de la position des

côtes de Douvres & de Calais, & des Obfervatoires de Paris & de Greenwich.

7 *Novembre*. *Les Eclairciffemens & Pieces Juftificatives* formant la feconde partie du Mémoire de M. de Calonne confiftent:

1°. En un *Développement relatif à l'Echange du Comté de Sancerre*. Il en réfulteroit que c'eft M. Taboureau, alors Contrôleur-général des Finances, qui a excité le premier le Baron d'Efpagnac à faire l'acquifition du Comté de Sancerre en totalité, & que, pour l'y déterminer, on lui accorda provifoirement une fomme de 500,000 livres, laquelle fut prife dans la Caiffe des Affaires Etrangeres; que cette affaire ayant traîné jufqu'au moment où M. de Calonne devint Contrôleur-général, le Comte de Vergennes l'engagea à la terminer; que le nouveau Miniftre des Finances en ayant rendu compte à S. M., elle examina elle-même la chofe attentivement, vérifia fur la Carte la pofition des lieux, & reconnut l'avantage vraiment inconteftable de cet échange: il en conclut, par la feule balance qu'on peut faire dans l'état préfent, combien il eft injufte de fuppofer de la difproportion entre les valeurs à échanger, combien il eft déraifonnable de déclamer, comme on a fait, fur une prétendue léfion qui n'eft rien moins qu'apparente, & que dans tous les cas on feroit toujours en mefure d'empêcher.

2°. En-

2°. *En un développement sur l'opération de la refonte des monnoyes d'or.* Ce Mémoire très long, dans lequel M. de Calonne espere être plus clair que les précédens monétaires qui ont écrit sur cette matiere, est divisé en trois parties. Dans la premiere, il énonce les motifs aussi pressans qu'indispensables de fixer une nouvelle proportion entre le prix de l'or & celui de l'argent. Dans la seconde, il traite de l'exécution & prétend qu'elle a été sagement dirigée & fidelement exécutée. Dans la troisieme enfin, il fait une énumération des divers avantages qu'en ont retirés & l'Etat en général, & les Finances du Roi en particulier, & les Possesseurs des anciens Louis.

Comme personne ne contredit M. de Calonne sur les assertions qu'il avance dans ces deux piéces, elles sont spécieuses pour des gens crédules & superficiels.

3°. *En un écrit répandu dans Paris sur les prétendues manœuvres dans la refonte des Monnoyes d'or*, avec la *Réponse*. On croit que le premier est la dénonciation même faite à la Cour des Monnoyes contre l'opération de M. de Calonne, dénonciation à laquelle la réponse semble bien foible.

4°. En un *Mémoire sur l'affaire des Assignations*. Il contient le développement de l'opération commencée en Décembre 1786, & continuée jusques en Avril 1787, dans la vue de soutenir les effets publics, & de prévenir

Tome XXXVI. H

le discrédit de la place. Cette piece feule fuffiroit pour condamner M. de Calonne qui, par une conduite indigne d'un grand Miniftre & d'un Miniftre honnête, avoue qu'il profcrivoit d'un côté l'agiotage, qu'il foutenoit de l'autre.

5°. En une *Lettre de M. de Calonne* au premier Secrétaire de l'Intendance des trois Évêchés, pour fervir à l'Inftruction de l'affaire portée au Parlement de Metz, relativement aux routes ouvertes dans les bois des côtes.

Dans cette Lettre datée de Hanonville le 29 Mai dernier, M. de Calonne fe juftifie fort mal, & la maffe feule des réclamations qui s'élevent contre lui, eft un grand préjugé. Il paroît qu'il a furtout affaire à forte partie dans le Chapitre de Verdun, qui dévoile ce myftere d'iniquité & le pourfuit à outrance.

Outre ces piéces principales, il y a des Lettres à l'appui & autres écrits à leur foutien, dans le détail desquels il feroit fuperflu d'entrer.

7 Novembre 1787. Si l'on en croit des Lettres de Breslau, les cartons de M. *de Montfort* dont on a parlé dans le tems, font bien inférieurs à ceux du Sieur *Hertzberg*, qui a trouvé le fecret du Docteur *Arfvid*, de Saxe, pour la compofition du carton pierreux, impénétrable à l'eau & qui réfifte également à l'action du feu: on en a fait des effais qui ont parfaitement réuffi.

7 *Novembre* 1787. La Compagnie des Eaux de Paris ne se trouvant pas encore bien de la ressource qu'elle avoit imaginée contre une faillite prochaine par l'Assurance contre les incendies, a recours à une troisieme : c'est un *remboursement de Capitaux assurés* à l'extinction des revenus viagers & autres usufruits. Il faut lire dans le *Prospectus* même le plan très détaillé de cette nouvelle spéculation fort compliquée & qui doit inspirer encore moins de confiance que les autres.

Il faut espérer qu'à sa rentrée le Parlement qui avoit déja commencé à chercher les moyens d'arrêter ces efforts de la cupidité toujours active pour trouver des dupes, s'en occupera sérieusement & proscrira toutes ces spéculations hazardées, non moins propres à ruiner les assurés que les assureurs.

8 *Novembre*. Extrait d'une Lettre de Dieppe en date du 2 Novembre... L'essai fait à l'entrée de ce Port d'un nouveau feu de reverberes tournans, dont il est question depuis le mois d'Avril, va se réaliser cet hiver. Il a produit tous les effets qu'on s'en étoit promis, & d'après le vœu unanime des corps & des particuliers qui les ont observés, ce feu va définitivement rester composé de trois reverberes, dont la distance & la marche sont combinées de maniére qu'il sera impossible de le confondre avec tel autre feu que ce soit, &, qu'en variant le nombre des rever-

beres & la durée des révolutions, on peut infailliblement distinguer les uns des autres, tous les feux établis ou à établir.

D'après le témoignage des Marins, ce feu s'apperçoit à plus de six lieues, quoiqu'il ne soit pas élevé à plus de 31 pieds du niveau de la mer; il se découvriroit de beaucoup plus loin, s'il étoit plus élevé. Il est question encore d'une seconde lanterne qui completera l'expérience.

8 *Novembre* 1787. Quelques Amateurs se proposent de faire venir d'Italie les ouvrages suivans, dont le gouvernement de Toscane vient de défendre la publication, la distribution & la vente: tels que *Journal Ecclésiastique de Rome*; *la réalité du projet de Borgofontana*; plusieurs theses imprimées à Rome, chez Louis Pergo, & tous les autres ouvrages sur les Matieres Ecclésiastiques, sortis des presses de Sgariglia à Assise, comme contraires à la Discipline Ecclésiastique & produits par l'esprit de parti & de fanatisme. Tout cela excite la curiosité &, sans doute, provoquera la bile du Gazetier Janseniste.

8 *Novembre*. On a parlé de l'institution des Comices agricoles, dont on est redevable à l'Intendant de la Généralité de Paris. Cette institution est l'une des plus propres à répandre dans les campagnes, les connoissances nouvelles & à honorer l'agriculture. Il se tient, tous les mois, dans chaque Election de

la Généralité, une assemblée des Comices, dont les membres se rendent, chaque année, au chef-lieu des douze districts, pour assister à la séance générale. La Société Royale d'Agriculture, devenue le centre d'une correspondance très étendue avec l'Etranger & les Cultivateurs de tout le Royaume, fait part aux Comices des différentes découvertes qui se font en économie rurale & domestique.

Ces Comices agricoles ont tenu le 13 Août leur premiere séance générale à Melun, où s'est ouverte aussi la premiere Assemblée Provinciale de l'Isle de France, sous la présidence du Duc du Châtelet, Membre de la Société Royale d'Agriculture : tout cela s'est fait avec beaucoup de pompe, ainsi que la distribution des Prix, & la cérémonie s'est terminée par un grand repas.

Mais entre les différentes séances de district, il faut distinguer celle de Tonnerre, suivie d'une fête à Lourois, où, au milieu du repas un coup de canon servant de signal, Madame la Marquise de Lourois & l'Intendant porterent la santé du Roi, Protecteur de l'agriculture & Instituteur des Comices agricoles.

Malheureusement tant de luxe n'est propre qu'à corrompre la pureté de l'Institution & à faire tourner en cérémonie vaine, dérisoire & funeste ces fêtes céréales. On conçoit que les Laboureurs doivent facilement se laisser aller aux attraits des vins exquis qu'on leur verse

& n'offrir alors qu'une faturnale ignoble & dégoûtante. C'est ainfi qu'a dégénéré bientôt l'inftitution des Rofieres & que tout récemment celle couronnée à Surene eft accouchée au bout de quatre mois.

9 *Novembre* 1787. On voit une Médaille d'or que les Anglois ont fait frapper en l'honneur de M. *Coetnempren*, Lieutenant des vaiffeaux du Roi. Il commandoit le Paquebot de S.M., *le Courier de l'Orient*: il rencontre il y a quelques mois, un vaiffeau Anglois, nommé *la Branche d'Olive*, venant de la côte d'Afrique, dans la plus grande détreffe, faute de provifions, & dont tout l'équipage étoit mort, excepté deux perfonnes, auxquelles cet officier a fourni les fecours dont elles avoient le plus preffant befoin; il a également fauvé le vaiffeau pour les propriétaires. Les Affureurs ont voulu perpétuer cet acte d'humanité & leur reconnoiffance par un pareil monument.

9 *Novembre*. M. le Principal Miniftre a profité d'un petit voyage que le Roi a fait à Fontainebleau, pour venir vérifier par lui-même différentes chofes. Hier, il a voulu voir ces murs de Paris, ces colonnes, ces bureaux en forme de forterefle, dont on parle tant: il ne pouvoit fe laffer de confidérer ce monument de luxe & de fervitude, de fe recrier contre une pareille extravagance; il s'étonnoit que l'Arrêt du Confeil qui avoit ordonné la fufpenfion des travaux, ne fut pas

mieux exécuté. Il faut croire qu'on ne lui a pas encore rendu compte des motifs qui en ont déterminé la continuation.

10 *Novembre* 1787. Les nouveaux travaux entrepris depuis quelques mois dans le Jardin du Palais Royal, ramenent les yeux & les propos du public sur cet établissement, & ce sont des sarcasmes continuels. M. le Duc d'Orléans ne les ignore pas; il s'en moque & s'en amuse. L'abbé *de Lisle* ayant l'honneur de lui faire sa cour, il lui demanda ce qu'il en pensoit? quelle sensation il avoit éprouvée en voyant ce Jardin à son retour de Constantinople? Le Poëte se défendoit: le Prince insiste, & lui dit qu'il ne s'en fâchera point, qu'il lui permet de s'expliquer librement; il l'engage même à faire quelque inscription, fût-elle satyrique. Ne pouvant plus s'en défendre, l'Académicien caustique prend un crayon & écrit le quatrain suivant :

> Dans ce Jardin tout se rencontre,
> Excepté l'ombrage & les fleurs;
> Si l'on y dérégle ses mœurs:
> Du moins on y régle sa montre.

10 *Novembre.* L'art de l'imprimerie fait de grands progrès en France depuis peu d'années. C'est aujourd'hui un Sieur *Pissot*, Libraire, qui se distingue par une entreprise intéressante & neuve: l'objet qu'il s'est proposé est de donner une collection complette des

principaux historiens, philosophes, poëtes, romanciers Anglois, dans leur langue originale, à un prix beaucoup au dessous de celui que les ouvrages Anglois coûtent à Londres même. C'est un *S. J. J. Tourneysen*, connu par de belles Editions justement estimées dans sa patrie qui doit être à la tête de la partie typographique. Les caractéres qu'il employe, sont ceux de *Baskerville*; son papier est très beau: la correction des épreuves est soignée par des Anglois, hommes de Lettres. Les feuilles prêtes, aujourd'hui l'objet de la curiosité des amateurs, ne laissent rien à desirer, & leur inspection dit plus que tous les éloges.

10 Novembre 1787. L'Archevêque de Toulouse, avant-hier dans sa visite autour des nouveaux murs de Paris, étoit accompagné du Contrôleur-général, de M. *de la Boulaye*, Intendant des Finances ayant le Département des Fermes, & de Mrs. *Antoine* & *Raimond*, Architectes du Roi: M. *Ventes*, Fermier-général, étoit aussi présent. Dans son indignation le premier mouvement du principal Ministre a été de faire suspendre tous les travaux; de déclarer aux ouvriers que si l'on les y retrouvoit le lendemain, ils seroient mis aux cachots: il a même engagé M. *Ventes* à chercher des acquéreurs pour tous ces matériaux. Mais on doute que la démolition se réalise. On fera sentir à M. l'Arl'Archevêque que si ç'a été une folie d'imaginer ces murs, c'en seroit une autre de les démolir au moment qu'ils sont presqu'achevés.

Quant au Sieur *le Doux*, qui auroit dû naturellement se trouver à cette visite comme principal auteur des ouvrages, il s'est bien donné de garde d'y paroître : il est tellement effrayé du courroux du Prélat, qu'il en perd la tête & parle de se faire Chartreux.

11 *Novembre* 1787. Les Clercs, les Ecrivains, les Praticiens, tous les Suppôts du Palais se disposoient à faire de nouvelles réjouissances pour demain, rentrée du Parlement entier ; & vraisemblablement ils se seroient livrés à de nouvelles folies. La Chambre des vacations a cru sage de les prévenir par un Arrêt.

Quant à la messe rouge, elle sera célébrée par M. l'Evêque de Nevers, qui a mérité singuliérement auprès de la Nation & des Magistrats depuis l'Assemblée des Notables, où il a figuré avec distinction.

11 *Novembre.* Un *Journal général de Lyon & des Provinces de la Généralité*, quoique commencé en 1784 étoit peu connu ici : concentré en entier dans la Province, il ne perçoit gueres ailleurs. Quelques amateurs ayant désiré en jouir, on vient de prendre des arrangemens avec la poste pour le répandre franc de port dans toute la France.

Il paroît tous les quinze jours une feuille in 8°. de ce Journal.

11 *Novembre* 1787. Quoique *la Maison de Moliere*, sans avoir rien de saillant, soit peut-être un des meilleurs drames donnés au théâtre depuis longtems, soit surtout très intéressant par le principal personnage, il paroît qu'il ne peut se relever de sa chute du premier jour, dûe uniquement à la gaucherie des comédiens & qu'ils sont forcés de l'abandonner à sa sixieme représentation.

12 *Novembre.* Depuis longtems les acteurs de l'opéra font tous leurs efforts pour obtenir d'avoir seuls l'administration des finances de ce Spectacle, &, après en avoir supporté les charges, de s'en répartir entre eux les bénéfices, à l'instar de ceux des deux comédies. On n'a pas encore voulu y consentir: mais pour les dédommager de ce refus, on leur a accordé successivement des augmentations qui rendent leur sort excellent, & ce sont encore tous les jours de nouvelles complaisances. C'est ainsi que leurs représentations de bénéfice appellées de *Capitation*, qui n'étoient, dans l'origine, qu'au nombre de trois, portées depuis à quatre & à cinq, viennent de l'être à six. Jamais ils n'ont été si bien traités; c'est le regne des histrions en tout genre.

La premiere Capitation a eu lieu le mercredi 7, & il y en aura une ainſi de mois en mois.

12 *Novembre* 1787. On parle de nouveau de la rentrée des Proteſtans en France, & ce qui en fait renouveller le bruit, c'eſt l'empreſſement des Puiſſances étrangeres & ſurtout de l'Empereur, à accueillir les émigrans de Hollande, qui cherchent à ſe ſouſtraire aux vexations du Parti Stathouderien. On s'imagine que ſi l'on leur offroit des conditions avantageuſes, nombre de familles françoiſes qui ont fui la perſécution en 1685, chercheroient aujourd'hui un aſyle dans le beau Royaume qu'elles regrettent toujours. On aſſure que M. de Maleſherbes a ſur cet objet un ouvrage très bien fait, & l'on eſt fâché qu'il ne devienne pas public en ce moment: d'ailleurs aujourd'hui que l'auteur eſt dans le Miniſtere, il pourroit avoir encore mieux une influence prépondérante.

13 *Novembre.* Le Mémoire annoncé pour la Monnoye contre M. de Calonne, eſt imprimé & public; il a pour titre: *Obſervations ſur l'Etat de 1785, relatif à la refonte des Louis.* On y diſcute d'une maniere très développée & très approfondie ce ſyſtême monétaire, & l'on démontre quels inconvéniens devoient néceſſairement réſulter de ſon exécution. On attribue toujours cet ouvrage à M. *Foulon* & à un M. *le Maire.* C'eſt mal-

heureusement une matiere bien seche, bien obscure & bien ennuyeuse.

13 *Novembre* 1787. Hier le College Royal a tenu une séance publique pour l'ouverture des Leçons qui s'y donnent sur toutes sortes de matieres.

On y a lu un Mémoire de M. *le Monnier* sur l'histoire de la perfection des instrumens. Il ne mérite aucune analyse & n'a point fait de sensation.

Celui de M. *Raulin* concernant l'éducation des jeunes personnes du sexe, dans lequel il a principalement blâmé le défaut d'exercice, auroit pu devenir intéressant, s'il avoit été bien traité. Ses réflexions sur la manie de quelques femmes de vouloir nourrir elles-mêmes leurs enfans, malgré la foiblesse de leur tempérament, étoient judicieuses, mais nullement philosophiques. Il auroit dû insister sur ce que ne prenant ce soin que par air, par mode, par singularité, elles ne font pas les sacrifices qu'exige un pareil emploi & qui ne leur coûteroient rien, si elles étoient mues par une tendresse vraiment maternelle. M. l'Abbé *Lourdet* a prononcé un excellent discours sur la langue Arménienne, qu'il avoit apprise de M. l'abbé *de Villefroy*, & dans laquelle il s'est perfectionné chez les savans cénobites Arméniens de l'Isle St. Lazare, près de Venise. De-là une digression curieuse sur le voyage qu'il vient de faire dans ces contrées.

Au moyen des traductions en cette langue des anciens auteurs Grecs, on pourra retrouver des parties qui manquent aux éditions originales qui nous restent.

Avant M. l'abbé de Villefroy, personne à Paris n'entendoit cette langue Arménienne dont il y a quelques manuscrits à la Bibliotheque du Roi, que les étrangers venoient consulter, & où nous n'entendions rien : nous étions *les Eunuques au milieu du Serrail.*

Le projet de M. l'abbé *Lourdet* est de rétablir en France cette branche de Littérature. Il va faire des éleves qui effaceront la honte d'une semblable ignorance d'un peuple prétendu savant.

Ce Mémoire a généralement paru bien rédigé, bien écrit, bien lu.

M. *de Lalande* a donné une nouvelle détermination de l'orbite du cinquieme Satellite de Saturne, sur laquelle il y avoit une grande erreur dans les résultats de *Cassini.* Ce Mémoire très court, suivant la coutume de l'auteur, qui sent combien ces matieres scientifiques doivent être abrégées pour une Séance publique, avoit pour objet secret de son amour-propre d'annoncer uniquement ses corespondans célébres, M. *Herschel* & le Comte de *Marlborough*, à qui le Roi d'Angleterre a fait présent d'un bel Observatoire.

M. *le Fevre de Gineau* a lu des Réflexions générales sur l'usage que l'on a fait de la méthode analytique pour le progrès des sciences physiques: Mémoire trop savant & trop abstrait pour le genre des auditeurs.

La séance a été terminée par une traduction que M. *de Vauvilliers* a faite de deux Odes de Pindare: la dixieme Neméenne pour *Thiée*, vainqueur au combat de la Lutte, & la septieme Olympique pour Dragoras, vainqueur au combat de Ceste. Ces morceaux de poësie réservés comme pour le bouquet, n'ont inspiré aucun enthousiasme & ont laissé l'assemblée se séparer très froidement.

13 *Novembre* 1787. Il y a environ six semaines que les Capitaines des Gardes du corps annoncerent aux Officiers que S. M. leur avoit dit qu'il ne seroit point touché à leurs Compagnies. Depuis peu, comme rien n'est stable sous ce regne versatile, le Roi leur a déclaré qu'ils s'arrangeassent comme ils voudroient, mais que sur trois millions que coûtent les Gardes du corps, il falloit trouver au moins 800,000 livres d'économies; ce qui ne peut gueres se faire que par une réduction d'hommes sur 1,600 qu'ils sont : on compte qu'il en sera supprimé deux cens au moins.

On ne parle que réforme & bonification, & l'on affecte d'autant plus de le faire en ce moment, que le principal Ministre veut tenter un Emprunt considérable ; il a déjà tâté le Parlement à ce sujet.

Chaque membre a reçu une Lettre circulaire

du buvetier de la Chambre, qui le prie de la part du Premier Président de ne point s'écarter, attendu qu'il doit être inceſſamment envoyé à la Compagnie un Edit à vérifier.

13 *Novembre* 1787. Relation de la ſéance publique de l'Académie royale des Inſcriptions & Belles lettres pour ſa rentrée d'après la Saint Martin.

Le Secrétaire perpétuel, M. *Dacier*, a ouvert la ſéance par l'annonce ſuivante: ,, L'A-
,, cadémie n'ayant point été entiérement ſa-
,, tisfaite des Mémoires qu'elle a reçus *ſur*
,, *l'origine, les progrès, & les effets de la*
,, *Pantomime chez les Anciens*, elle propoſe
,, de nouveau le même ſujet pour la St. Mar-
,, tin 1789. Parmi ces Mémoires, elle en a ce-
,, pendant diſtingué deux qui lui ont paru
,, eſtimables à beaucoup d'égards, mais dont
,, l'enſemble laiſſe encore pluſieurs choſes à
,, déſirer.

Il en a lu enſuite les deviſes, afin que les auteurs profitent de l'avertiſſement & améliorent leur ouvrage juſques au point de perfection où le déſire la Compagnie.

Le Prix extraordinaire, dont le ſujet étoit *l'Eloge hiſtorique de l'Abbé de Mably*, que l'Academie, à la prière d'une perſonne qui ne veut pas être connue, avoit propoſé pour l'année derniere, & que l'extrême médiocrité des pieces envoyées au Concours l'avoit obligé de remettre à cette année, a été partagé entre deux Discours, dont l'un de M. *Levêque*, & l'autre de l'Abbé *Brizard*.

Du reste, il paroît que cette Académie qui, jusques à présent, avoit été fort sobre sur les Prix, s'est laissée aller à la manie générale & les a multipliés cette fois d'une façon extraordinaire.

1°. M. *Dacier* a annoncé celui pour Pâques 1789; il s'agit d'examiner: *si l'Ostracisme & le Pétalisme ont contribué au maintien ou à la décadence des Républiques de la Grece?* Le Prix sera une Médaille d'or de la valeur de 400 livres.

2°. Un Prix extraordinaire pour Pâques de la même année: on propose *de comparer ensemble Strabon & Ptolomée; de faire connoître la marche de ces deux Géographes; de déterminer l'état où ils ont trouvé les connoissances géografhiques, & le point où ils les ont portées*.

3°. Un autre Prix extraordinaire, pour la même époque. Il s'agit de rechercher *quel a été en France l'état du Commerce intérieur & extérieur, depuis la premiere Croisade jusques au Regne de Louis XII?* Chacun de ces Prix sera une Médaille d'or de la valeur de 600 livres.

4°. L'Académie, à la priere d'une personne qui ne veut pas être connue, propose pour le sujet d'un troisieme Prix extraordinaire, qu'elle adjugera dans la même séance; de rechercher, 1o. quelles étoient les formes judiciaires dans les causes criminelles, chez les anciens Francs, & sous nos premier Rois? 2°. à quelle époque s'est introduit, dans le Royaume, l'usage de juger les accusés par leurs Pairs ou par les Jurés; combien de tems a duré cet usage, & pourquoi il ne subsiste plus que pour quelques classes de citoyens? 3°. dans quel tems cette forme de jugement s'est établie en Angleterre, & comment elle s'y est conservée? Le Prix sera une Médaille d'or de la valeur de 1200 livres.

M. *Dacier* n'ayant point terminé les Eloges qu'il auroit pu lire après ces Annonces, on est passé aux diverses Dissertations qui devoient occuper la séance.

M. *de Villoison* a commencé par un Mémoire qui contenoit *l'Abrégé de la relation du voyage littéraire qu'il a fait dans le Levant, par ordre du Roi.* Il y rend compte de ses découvertes, entr'autres de celle d'une grande quantité d'Inscriptions Grecques & de Décrets intéressans dans l'Archipel, l'Attique, le Peloponnese, l'Ionie; &c. il parle aussi du bois sacré d'Epidaure, près de Géro, & de ce fameux Théâtre, le chef-d'œuvre de Polyclete, d'Argos, que Pausanias préféroit à tous ceux de la Grece & de l'Italie, & qui subsiste presque entierement; il y fait mention du dialecte dorique de Pindare & de Théocrite, qui s'est conservé sur les montagnes des

Traconiens, les anciens *Eleuthero-lacons*, qu'il ne faut pas confondre avec les *Maïnotes*.

La lecture de cette Relation a été suivie de celle d'un Mémoire de l'abbé *Garnier*, intitulé: *Examen d'une prétendue conspiration contre Jeanne d'Albret, Reine de Navarre, & ses Enfans*. On trouve à la page 339 du second tome des Mémoires de Villeroy, & à la page 779 du second volume des Mémoires de Nevers, une relation anonyme de cette prétendue conspiration, formée par les Guises, pour livrer au Roi d'Espagne *Jeanne d'Albret*, Reine de Navarre, avec son fils & sa fille, qui résidoient dans la ville de Pau. Cette pièce sembleroit mériter d'autant plus de croyance, qu'elle a été écrite par un Catholique, en faveur d'un Prince Protestant, puis adoptée en connoissance de cause par le célèbre *de Thou*, qui cite, pour garans, des témoins oculaires qu'il a interrogés, & une sorte de déposition ou de demi aveu du Maréchal *de Montluc*, l'un des complices.

L'abbé Garnier, choqué d'une foule d'invraisemblances qu'offre ce récit, l'a soumis à une analyse rigoureuse, & en comparant chacun des faits qu'il renferme, avec d'autres faits notoires & indubitables, il prouve qu'ils étoient faux & supposés: que les témoins interrogés par de Thou, étoient eux-mêmes dans l'erreur, & que le passage des Mémoires de Montluc, sur lequel il s'appuye, a un rapport bien déterminé à un objet tout différent. Il a tâché de remonter à la source de l'erreur, & a cru la découvrir dans une fausse confidence de l'Agent que les Seigneurs Navarrois, armés contre leur Souveraine, avoient adressé à la cour d'Espagne.

M. *de Gainés* a fait part ensuite à l'assemblée de ses Observations sur l'utilité de la Littérature Orientale.

La séance a été terminée par un Mémoire du Docteur *Barthez*, qui a pour titre : *Nouvelles recherches sur les Observations & les Opinions d'Homere dans la science de l'homme.*

L'auteur y fait voir que ces Observations & ces Opinions singulieres se trouvent dans plusieurs passages d'Homere, où l'on ne les a pas reconnues jusques ici ; & qu'elles doivent être expliquées par divers principes anatomiques & physiologiques de la science de l'homme.

Si le tems l'eût permis, M. *de Laverdy* auroit lu des Réflexions historiques & critiques sur la conduite qu'a tenue Charles VII envers la Pucelle d'Orléans, après qu'elle eût été faite prisonniere par les Anglois.

M. *Desormeaux* devoit aussi lire un Mémoire sur Henri I, Prince de Condé.

14 *Novembre* 1787. Relation de la séance publique tenue aujourd'hui par l'Académie royale des Sciences pour sa rentrée d'après la Saint-Martin.

Comme nous n'avons pu affifter à cette féance, nous avons été obligés de nous en rapporter à quelques témoins oculaires & auriculaires que nous avons interrogés. Ils fe font accordés à convenir qu'il n'avoit été lu que trois morceaux intéreffans; *l'Eloge de Bouvard* par M. le Marquis de Condorcet; un Mémoire de M. *le Roy fur les Paratonnerres*, & un autre de M. *de Lavoifier* fur une nouvelle machine pour apprécier la chaleur fpécifique des corps.

Quant au premier, on nous a affuré que cet Eloge ne contenoit que des faits dont nous avons parlé en leur tems. Pour fuppléer à la notice que nous n'en pouvons donner, nous allons raconter une anecdote de ce Médecin, fameux Praticien, infiniment piquante & peu connue.

Bouvard étoit fort cauftique, grand frondeur; il s'exprimoit avec beaucoup de liberté fur les Miniftres. Un jour M. *de Sartines*, alors Lieutenant de Police, l'envoye chercher; il eft fort piqué du meffage, cependant il fe rend chez le Magiftrat: comme il fe doutoit du fujet, introduit auprès de M. de Sartines, il ne lui donne pas le tems de s'expliquer & s'affeyant à côté de lui, il lui demande ce qu'il a & en même tems il fe met en devoir de lui tâter le pouls. M. de Sartines répond que ce n'eft pas pour fa fanté qu'il l'a mandé, que c'eft.... Bouvard lui coupe la parole &

s'écrie qu'il a le pouls très mauvais, lui conseille de se coucher. Grand débat entre ces deux personnages; le Médecin s'obstine à vouloir jouer son rôle; le Magistrat à faire entendre raison au Docteur.... Bref, celui-ci finit par se retirer, en disant à M. de Sartines : „ il est inutile de me faire venir, puisque vous „ ne voulez pas me croire & suivre mes con„ seils:" & il le répete sans interruption, de maniere qu'il ne laisse pas le loisir au Lieutenant de Police d'articuler une phrase. Celui-ci n'osant sévir & faire employer la violence pour retenir le Docteur, reste fort sot & auroit volontiers enseveli la conversation dans l'oubli, si M. Bouvard ne l'avoit publiée. La plaisanterie n'eut d'autre suite que celle d'apprendre à M. de Sartines à ne point se jouer ainsi à un homme public, dont le tems étoit pour le moins aussi à ménager que le sien.

NB. Depuis cet article écrit, nous avons inutilement cherché dans les Journaux & même dans la Gazette de France quelque mention de la séance; nous ne l'avons trouvée nulle part : le Marquis *de Condorcet* a jugé à propos, l'on ne sait pourquoi, d'empêcher tous les papiers publics de rendre compte des assemblées de l'Académie des Sciences.

14 *Novembre* 1787. L'Arrêt du Conseil concernant la réduction des Pensions mérite un précis plus détaillé.

Tous les Ordonnateurs, dans chaque partie,

remettront à S. M. au mois de Mars un état particulier des graces à accorder & il en sera formé un état général, qui sera enregistré en la Chambre des Comptes & ensuite rendu public par la voie de l'impression.

Toutes les Pensions, sans exception, seront payées au Trésor Royal, & il n'en sera remplacé que la moitié à la mort des titulaires, jusques à ce que leur totalité soit réduite à quinze millions.

Les réductions dont on a parlé, ne sont ordonnées que pour cinq ans.

On compte que ces réductions produiront cinq à six millions.

14 *Novembre* 1787. Extrait d'une Lettre de Rouen du 8 Novembre .... M. Dupaty l'a emporté, & *Lardoise*, *Bradier* & *Simarre*, le 5 de ce mois, ont été déchargés de l'accusation intentée contre eux; il leur est permis d'assigner en dommages & intérêts les *Thomassin*, leurs accusateurs.

Le même jour le Procureur du Roi du Bailliage, requis de former appel de la sentence de sa Jurisdiction, a déclaré qu'il ne pouvoit, attendu qu'elle avoit été rendue sur ses conclusions, & que l'Ordonnance, la raison & l'honneur lui enjoignoient de ne point appeler. La Chambre des Vacations lui ayant ordonné de le faire, il a persisté dans son refus: sur quoi le six, il est intervenu l'Arrêt malgré le Procureur général, déclarant qu'il n'y avoit lieu d'appeller de la Sentence rendue au Bailliage le jour d'hier. En voici le dispositif à peu près:

„ Vu par notre Chambre ledit Requisitoire
„ & ouï le Rapport de M. *de Dampierre*, la
„ Cour a reçu & reçoit le Procureur général
„ appellant de la Sentence rendue le jour
„ d'hier au Bailliage de Rouen contre les
„ nommés Bradier, Lardoise & Simarre; a
„ tenu son appel pour relevé, lui accorde
„ compulsoire: ordonne que lesdits accusés
„ seront transférés des prisons du Bailliage en
„ celles de la Cour."

14 *Novembre* 1787. Le projet d'amener la riviere d'Yvette à Paris avoit été contrarié par M. de Calonne, dont les liaisons secrettes avec la Compagnie des Eaux ne lui permettoient pas d'adopter un projet destructeur de la pompe à feu: l'agiotage auquel les actions des Eaux servoient merveilleusement, auroit trop perdu de son ressort si nécessaire aux manœuvres de son Ministere. Depuis son renvoi, M. le Baron de Breteuil, promoteur zélé de tous les projets qui peuvent embellir Paris ou en augmenter les commodités, a vivement remis le premier projet sur le tapis & enfin dimanche 28 Novembre il a été adopté par le Conseil.

La riviere succursale de la Seine arrivera à Paris à la hauteur de l'Observatoire & de là se distribuera dans les maisons qui en demanderont, & ensuite dans les rues & dans les jardins publics.

En outre M. le Baron de Breteuil ayant supplié le Roi que le Canal qui ameneroit cette riviere d'Yvette portât son nom, S. M. le lui a accordé, & l'on le qualifie déja sur les Plans de *Canal de Breteuil*.

15 Novembre 1787. On vante beaucoup le discours que M. *Pelletan* a fait à l'Amphithéâtre des Ecoles de Chirurgie le... Novembre pour l'ouverture du Cours Anatomique. Cet excellent discours a produit d'autant plus d'effet qu'il étoit prononcé de mémoire. Le savant Professeur y prouve que l'Anatomie est fondée sur les regles des autres Sciences & spécialement sur les loix de la Physique générale & particuliere.

15 Novembre. Il paroît un dernier Réglement en date du 23 Octobre concernant le nouveau Conseil de Guerre; il est relatif à sa formation & à sa discipline & differe beaucoup du premier.

Chacun des Membres qui le composeront, jouira de 8000 livres d'appointemens: le Rapporteur aura en sus de ce traitement 12000 par an pour frais de bureau & 2000 livres pour un Secrétaire, qui sera toujours choisi parmi les Quartiers-maîtres des Régimens.

Comme S. M. a fixé à 150,000 livres par an la totalité des dépenses de ce Conseil, il pourra disposer annuellement de 80,000 livres environ, en faveur de ceux de ses Membres qui seront employés aux Tournées, aux Revues.

vnes & autres travaux militaires qui auront lieu pendant les six mois d'été, tant pour former les différens corps militaires à manœuvrer ensemble, que pour donner à la constitution militaire une forme plus active.

Il entre dans ce plan du Conseil de faire des campemens & de grandes évolutions; il est aussi question de porter au complet tous les Régimens, de maniere que la France ait sans cesse en activité de service une Armée de 180,000 hommes, prête à entrer en campagne au premier signal.

Enfin le Conseil va s'occuper de porter l'ordre & l'économie dans toutes les dépenses de la guerre.

15 *Novembre* 1787. Le Mémoire particulier que M. de Calonne dans sa Requête au Roi appelle *vraiment infernal* & qu'il attribue à l'Archevêque de Toulouse, commence à percer, quoique manuscrit encore. Tout le monde est aujourd'hui convaincu de cette anecdote: on étoit étonné dans le tems de la fermentation de l'assemblée des Notables, de n'entendre parler que de l'Archevêque de Narbonne, de M. *de Castillon*, du Marquis de *la Fayette*. On demandoit *que fait donc M. l'Archevêque de Toulouse?* Il est aujourd'hui décidé que, convaincu de la mauvaise administration de M. de Calonne, instruit en même tems de l'ascendant que ce Ministre avoit sur le Roi, il avoit cru devoir le supplanter pour le bien

du Royaume, mais sans oublier sa propre sûreté, c'est-à-dire ne point attaquer en face un ennemi trop soutenu, & se garder de se compromettre.

En conséquence le Prélat patriote avoit composé ou fait composer ce Mémoire, tableau effrayant de l'ineptie & des déprédations du Contrôleur général; l'avoit d'abord fait lire secrétement au petit nombre de Notables dont il étoit sûr & les plus prépondérans dans l'assemblée, & par l'entremise de ceux-ci avoit tellement échauffé les autres, que presque tous refusoient de communiquer avec M. de Calonne & menaçoient de s'en aller si l'on ne les en débarrassoit.

Il a donc fallu renvoyer ce Ministre; mais en le renvoyant il étoit naturel de le remplacer par celui qui avoit mis dans un jour si évident sa mauvaise administration; on s'imaginoit qu'ayant découvert le mal, il trouveroit le remede: malheureusement il est plus aisé de détruire que d'édifier.

16 *Novembre* 1787. L'Abbé *Morellet*, le Promoteur ardent de la destruction de l'ancienne Compagnie des Indes, a publié aussi depuis peu un Mémoire contre la nouvelle; comme celle-ci n'est qu'un simulacre élevé par l'intrigue, l'astuce & la cupidité, pour enlacer & faire des dupes, il n'a pas été difficile à cet écrivain de trouver le vice de cet établissement & d'en développer le danger.

Les Administrateurs alarmés ont convoqué une assemblée générale, qui s'est tenue lundi 29 Octobre : il y avoit plus de 200 opinans. Les Actionnaires allant au vrai but ont d'abord demandé qu'il fût dressé un état général de l'emploi des fonds de la Compagnie : les Directeurs n'avoient point envie de rendre le compte ; ils ont objecté que l'article 13 de l'Arrêt d'établissement s'opposoit formellement à l'exécution de cette demande, & que l'objet de l'assemblée actuelle étoit seulement d'arrêter une réponse au Mémoire publié contre le privilege exclusif de la Compagnie ; c'est le grand point dont elle s'occupe en ce moment.

16 Novembre 1787. Voici une Epigramme, à laquelle a donné lieu la visite des Murs de Paris par l'Archevêque de Toulouse ; ce qui a ramené les conversations sur cet objet ; on apostrophe l'architecte :

En vain de la muraille immense
  Dont tu nous cernes dans Paris,
  Par des brocards & des écrits
On persifle l'extravagance.
Pour moi j'approuve ta raison,
  Et j'estime ton plan fort sage ;
  Le Doux, selon un vieux adage,
  Il faut embellir sa prison.

17 Novembre. Le Conseil de la Guerre dont l'ouverture fixée au 24 Octobre a été retardée jusques au 19, a déja tenu plusieurs séances dont on ne sait encore rien de positif. Il y a de grands projets sur le tapis; mais on assure que ces Messieurs ne sont pas d'accord. On parle de la nouvelle formation de l'Armée en quatre Divisions; l'une, commandée par *Monsieur* ou par le Comte *d'Artois*; l'autre, par le Prince *de Condé*; la troisieme, par le Maréchal *de Broglie*; & la quatrieme, par le Maréchal *de Stainville*.

On parle encore de réformer les Colonels en second, de faire Maréchaux de Camp tous les Brigadiers jusques à la Promotion de 1784. Ce qui fera vaquer à la fois plus de 40 Régimens & formera autant de remplacemens pour leurs Colonels en second.

Du reste, économies, bonifications, améliorations sont les grands mots qu'on fait sonner partout. Les Régimens seront chargés des fournitures; l'administration générale s'occupera des grands mouvemens tels que les vivres, les fourrages, les étapes.

17 *Novembre* 1787. Ce qui confirmeroit de plus en plus que le Déficit n'est pas à beaucoup près aussi considérable que l'avoit annoncé le Ministre principal, & donneroit par conséquent une idée médiocre de ses lumieres, ou devroit faire tenir en garde contre sa mauvaise foi, c'est un bruit qui court en ce moment.

L'on assure que le Ministre a informé les

Présidens des Administrations Provinciales que, conformément à l'enregistrement de l'extension des deux Vingtiemes, l'intention de S. M. étoit par amour pour les Peuples, de demeurer fort en arriere des sommes que cette imposition exactement perçue devroit rendre, & qu'elle se contenteroit de demander pour cette augmentation un établissement proportionnel & établi au marc la livre de la quote des Impositions de chaque Province.

17 *Novembre* 1787. On ne se seroit jamais imaginé, il y a 25 ans, lors de la proscription des Jésuites par le Parlement, qu'au bout de cinq lustres un des membres de cette Compagnie diroit la messe rouge, seroit admis à siéger dans la Grand' Chambre parmi les Magistrats, à complimenter la Compagnie & à en recevoir des remercîmens. C'est pourtant ce qui est arrivé lundi 12. M. *de Seguiran*, aujourd'hui Evêque de Nevers, étoit encore Jésuite lors de la dissolution, ou peu avant, en sorte qu'il auroit dû être exclu même des fonctions du Saint Ministere. Le moyen par lequel il est parvenu à l'Episcopat, n'est pas moins singulier, & c'est un Protestant qui l'a fait revêtir de cette dignité: c'est M. Necker dont il prônoit les opérations & surtout les Administrations Provinciales.

Toutes ces anecdotes fournissent aux réflexions du Philosophe, & tandis que le Peuple n'admiroit à la messe rouge qu'une pompe vaine, il y découvroit un spectacle beaucoup plus intéressant par la combinaison d'événemens aussi bizarres.

17 Novembre 1785. Mardi dernier les petits comédiens de S. A. S. Monseigneur le Comte *de Beaujolois* jouoient le *nouvel Oedipe ou l'homme singulier*, petit drame dans lequel on se sert d'un pistolet. Un des acteurs qui devoit en user, en voulant le tirer de sa poche se blessa. L'assemblée vivement émue de l'accident du Sr. *Morel*, (c'est le nom de l'enfant) voulut tout de suite lui donner des marques de sa sensibilité. La Dlle. *Louvain*, une des actrices, fut chargée de recueillir l'argent & cette quête spontanée produisit une somme de 664 livres.

En outre, le Public ayant désiré qu'il y eût une représentation de bénéfice pour le blessé, elle doit avoir lieu aujourd'hui.

18 Novembre. On avoit annoncé une Ode sur la mort du Duc *Léopold de Brounswick*, qui devoit être mise en musique par le Sieur *Carbonel* âgé de 14 ans, élevé de l'Académie Royale de Musique, & exécutée au Concert Spirituel de la Toussaint. Cette nouveauté a fait si peu de sensation qu'on avoit oublié d'en parler. Mais ce qui mérite d'être cité, c'est le début de Madame *Benini* & du Sr. *Mengozzi*, son mari, tous deux sujets du spectacle Italien, & dont on a déja vanté les talens.

Le Sr. *Mengozzi* surtout a été unanimement applaudi: son goût, d'une extrême pureté, le naturel, la grace, la sensibilité de son chant ont paru ne laisser rien à désirer. Il est en outre excellent compositeur & les morceaux de sa façon qui ont été chantés au Concert en font la preuve.

18 *Novembre* 1787. Extrait d'une Lettre de Dijon du 10 Novembre.... Voici les détails que vous desirez *sur l'affaire de l'hermite de Bourgogne*. Le Parlement entra en vacance le 15 d'Août, mais il avoit demandé au Roi des Lettres de *Continuatur* sur cet objet: non seulement il a mis la plus grande célérité à rendre justice aux malheureux qui la sollicitoient, mais il les a traités avec une bonté spéciale. Ils s'étoient constitués prisonniers sur la fin de Juillet pour subir leur interrogatoire & toute l'instruction d'usage. Le Parlement prévoyant la longueur de la procédure, a relâché les anciens accusés & ne les a rappelés que la veille de l'Arrêt.

Ceux transférés de Montargis à Dijon, les vrais auteurs du délit, exigeoient ce retard; cependant *la Rue*, l'un d'eux, s'étoit constamment déclaré coupable du vol avec une fermeté presque héroïque. Il a dit: *je sais que je dois périr; mais je ne souffrirai pas que des innocens soient opprimés.* En même tems il a donné sur le vol des détails convaincans, &, conduit sur les lieux, il a tout désigné, tout reconnu, tout expliqué. L'hermite seul a persisté dans ses déclarations. Heureusement son témoignage isolé ne pouvoit prévaloir contre l'évidence.

M. *d'Aubenton*, Avocat au Parlement de Dijon, s'est contenté d'imprimer un *Supplément* en 9 pages au Mémoire de Me. *Godard*.

Enfin le 28 Août, au Rapport de Me *Devoys* est intervenu l'Arrêt, qui réhabilite la mémoire de *Claude Gentil*, condamné à être pendu & qui avoit subi la peine, ainsi que celle de *Guillaume Vauriot* condamné aux galéres perpétuelles & qui étoit mort de douleur; & qui décharge de toutes accusations les trois autres.

Les vrais coupables ont été condamnés à être pendus; mais sursis à l'exécution de l'Arrêt à l'égard de *la Rue*, jusqu'à ce qu'il eût plu à S. M. de manifester ses intentions. On croit qu'il y aura commutation de peine à son égard. Permis aux innocens de poursuivre leurs dénonciateurs, si aucuns sont, comme ils aviseront bon être.

18 *Novembre* 1787. La représentation de bénéfice au profit du jeune enfant blessé, suivant le rapport du Sr. *Delomel*, Entrepreneur du spectacle de S. A. S. M. le Comte de Beaujolois, a eu lieu hier & a rendu 2368 livres: recette qui ne peut s'attribuer qu'à l'excessive générosité des spectateurs, ou de gens bienfaisans qui n'ont pas même assisté à cette représentation.

19 Novembre 1787. D'après la décision d'un grand Conseil tenu hier au soir, il a été envoyé dans la nuit des Couriers à tous les Officiers aux Gardes aux environs de Paris, avec ordre d'y revenir sur le champ. Il étoit question d'un coup fourré. Eh! effet, S. M. est venue aujourd'hui au Palais avec les Freres, à neuf heures du matin; les Princes & Pairs avoient été invités de s'y rendre.

Le Garde des Sceaux a fait un discours sur deux Edits; l'un portant création d'Emprunts pour 400 millions; l'autre pour donner l'état civil aux Proteftans en France : apportés à l'affemblée.

Après la lecture du premier Edit, on l'a difcuté; les opinions ont été libres d'abord & longues : M. *d'Epremesnil* a parlé durant cinq quarts-d'heure avec la plus grande force; il est convenu avoir adopté cet Edit dans une conférence avec le principal Miniftre, mais autrement qu'on le préfentoit & avec la condition expreffe de la convocation des Etats Généraux : il a infifté auprès du Roi pour avoir fon opinion perfonnelle; il la lui a demandée comme celle d'un pere au fein de fa famille : il a paru l'émouvoir; mais on avoit préparé S. M. & cette émotion paffagere n'a rien produit.

M. *Robert de St. Vincent* & l'abbé *Sabbathier* ont péroré auffi fortement; ils ont obfervé qu'il n'y avoit d'autre hypotheque à donner à l'Emprunt que l'énorme Déficit annoncé.

L'abbé *le Coigneux* a entrepris M. *Lambert*, le Contrôleur général, qui, comme Conseiller honoraire, se trouvoit-là & faisoit plattement l'Eloge de son Edit.

M. *de Malesherbes* étoit aussi présent, comme ayant voix délibérative, & l'on ne parle pas qu'il se soit distingué en cette occasion; ce qui étoit bien le cas.

Quoi qu'il en soit, au milieu de ces débats & sur les cinq heures du soir, le Garde des Sceaux est monté vers le trône & a parlé à l'oreille du Roi.

Alors S. M. a ordonné l'enregistrement de l'Edit suivant sa volonté, pour plus prompte expédition.

M. le Duc d'Orléans s'est levé & a dit: ,, si ,, le Roi tient séance au Parlement, les voix ,, doivent être recueillies & comptées; si c'est ,, un Lit de Justice, il nous impose silence."

Le Roi persistant, le Prince a ajouté: ,, Sire, ,, permettez que je dépose à vos pieds ma pro- ,, testation contre l'illégalité de vos ordres."

Le Roi n'ayant aucun égard à cette protestation a répondu que c'étoit légal: puis a fait lire l'Edit concernant les Protestans: ensuite il s'est levé & s'est en allé, après huit heures & demie de Séance, sans s'être déplacé & même sans s'être mouché.

Après avoir reconduit le Roi, les Princes & Pairs sont rentrés: on a mis en délibération le parti à prendre sur ce qui venoit de se passer: les chambres ont resté assemblées jusques à huit heures & fait l'Arrêté suivant:

,, La Cour considérant l'illégalité de ce qui
,, vient de se passer à la séance du Roi, dans
,, laquelle les voix n'ont pas été réduites &
,, comptées en la maniere prescrite par les
,, Ordonnances, de sorte que la Délibération
,, n'a pas été complette, déclare qu'elle n'en-
,, tend prendre aucune part à la transcription
,, ordonnée être faite sur les Registres de l'Edit
,, portant établissement d'Emprunts graduels
,, & successifs pour les années 1788, 1789,
,, 1790, 1791, 1792 & sur le surplus a con-
,, tinué la délibération au premier jour." M. le Prince *de Conti* est sorti peu de tems après le Roi, s'étant grièvement blessé la jambe contre une banquette. Le Prince *de Condé* n'a point assisté à la séance, parce qu'il tient les Etats de Bourgogne en ce moment. Le Duc *de Bourbon* y étoit.

On a été très mécontent de la conduite du Garde des Sceaux qui, dans son discours, a blâmé la conduite du Parlement de Bourdeaux, & a avancé que le Roi avoit seul le droit de convoquer les Etats Généraux & qu'ils étoient inutiles.

M. d'Epremesnil l'a vivement relevé, ainsi que le Duc *de Nivernois*, qui a opiné plattement & est devenu courtisan vil & corrompu.

Il est inouï au surplus combien les Ministres ont remué, intrigué pour l'enregistrement de l'Emprunt. Ils ont voulu profiter de la Vacance prolongée, suivant l'usage, jusques après la Ste. Catherine & de l'absence de quantité de Pairs & de Magistrats; ils ont cru l'emporter en voix par tous les Honoraires, Conseillers d'Etat, Maîtres des Requêtes & autres suppôts de la Cour qui, dans la nuit, avoient eu ordre de se rendre au Palais. De neuf Présidens, il n'y en avoit que quatre. Malgré cette menée basse & indigne, les voix n'étant pas pour l'Enregistrement, le Garde des Sceaux a décidé le Roi à l'ordonner & la séance, qui ne devoit être que séance royale, est dégénérée en Lit de Justice; ce qui va compromettre de nouveau l'autorité du Roi & l'avilir conséquemment.

19 *Novembre* 1787. Les comédiens françois ont joué hier une piéce nouvelle sous le titre vague de *Rosine & Floricourt*, comédie en trois actes & en vers. Le premier acte a eu quelque succès sans le mériter beaucoup: les deux autres ont paru longs & froids. Le caractere de l'héroïne est aussi peu intéressant au fond que repoussant dans les formes. On attribue cette comédie à M.....

20 *Novembre.* Pour completter la nombreuse Collection des intéressans Mémoires du Prisonnier de Charenton, de sa composition

en grande partie, & en orner le frontifpice, le Sieur *Duflos*, Graveur, diftribue fon effigie, fous le titre de *Portrait de Jean-François-Joseph de la Motte Geffrard, Comte de Sanois, ancien Aide Major des Gardes Françoifes*; avec cettte légende: *Calomniæ nunc Victima, nunc Debellator*. On l'a commentée par le quatrain fuivant en François:

> Victime de la Calomnie,
> Il en fut enfin le Vainqueur:
> A fes fers il dût fon génie,
> Sa renommée à fon malheur.

20 *Novembre* 1787. Le Reglement particulier fait par le Roi concernant le Confeil de Guerre du 23 Octobre, eft compofé de 29 articles, dont le plus remarquable eft le dernier; il porte.... ,, S'il eft presque toujours utile de
,, mettre au plus grand jour les détails de
,, toutes les dépenfes publiques, S. M. re-
,, gardant au contraire le fecret comme l'ame
,, de toutes les opérations, pendant qu'on
,, les prépare, ordonne expreffément à tous
,, les Membres du Confeil le plus abfolu fi-
,, lence fur ce qui fe fera paffé dans les fé-
,, ances, tant relativement aux Délibérations
,, ou Propofitions arrêtées par le Confeil,
,, qu'aux Difcuffions qu'elles auront élevées
,, & aux opinions particulieres & perfonnelles
,, des membres, & elle regarde l'exécution la
,, plus ftricte de cette Loi, comme fi impor-

,, tante au bien de son service, qu'elle saura
,, très mauvais gré à ceux qui s'en écar-
,, teront."

20 *Novembre* 1787. M. *Beffroy de Reigny*, connu sous le nom burlesque du *Cousin Jacques*, Auteur des *Lunes* & qui entreprend un nouveau journal sous le titre de *Courier des Planettes*, a profité de la mort d'un M. *Jacquier*, Supérieur-général de la Congrégation de la Mission, pour en faire un Eloge pompeux & nous apprendre qu'il a été autrefois Clerc de la même Congrégation: qu'il a passé sous la livrée de St. Vincent de Paul les plus heureux jours de sa vie; qu'en quittant cette Congrégation, il en a conservé l'estime; qu'il y compte presque autant d'amis que de sujets, & qu'enfin la gaieté dont il fait profession, ne lui interdit pas de célébrer les héros du Christianisme.

20 *Novembre*. — On annonce un très gros manuscrit trouvé à Girgente, en Sicile. On prétend que c'est la traduction Arabe des livres de Tite-Live, & qu'on pourroit y trouver toutes les décades qui nous manquent.

20 *Novembre*. Le Parlement de Bordeaux a fait le 31 Octobre de superbes Remontrances qui sont sous presse & qui vont paroître.

21 *Novembre*. Hier matin les Chambres s'assemblèrent, les Princes & Pairs y séant. On remit à délibérer sur l'Edit des Protestans au mercredi 28, sur ce qu'il a été observé

que grand nombre de Messieurs étoient absens & que la Cour n'étoit pas encore en plein exercice.

On ne doute pas que cet Edit ne passe, puisque c'est le vœu du Parlement porté au Roi avant l'Assemblée des Notables.

La Politique a déterminé à rendre cet Edit en ce moment, où l'on ne peut secourir ouvertement les Patriotes Hollandois subjugués par le Roi de Prusse & le Stadhouder : où les Troupes Légeres du premier restées dans le pays commettent des excès ; où les persécutés émigrent en abondance pour se retirer sous la domination de l'Empereur, qui les accueille avec empressement. Le principal Ministre, quoique homme d'église, s'est flatté que la circonstance feroit favorable pour en faire rentrer beaucoup dans le Royaume, surtout des familles d'origine françoise.

21 *Novembre* 1787. Un M. *Grainville*, des Académies de Rouen, de Rome & du Musée de Bordeaux, nous apprend que l'infortunée mise en scène au théâtre Italien sous le nom de *Nina*, existe réellement ; qu'elle réside à Rouen, où il a demeuré dans la même maison qu'elle : sans cesse occupée de son amour, elle n'adresse jamais la parole à personne ; elle ne répond à aucune des questions qu'on lui adresse. Chaque jour elle va jusques à Belbœuf, paroisse à une lieue de Rouen, sur la route de Paris, dans l'espoir

de rencontrer son amant. Elle est négligée dans ses vêtemens, mal-propre même; ce qu'observa M.lle *Adeline* de la comédie Italienne, curieuse de la voir; il y a 15 ou 16 mois; elle s'écria: ,, que Madame *Dugazon* ,, n'avoit pas été fidelle au costume:" observation judicieuse, mais qui annonce trop d'insensibilité. Aussi nie-t-elle l'anecdote, quand on lui en parle.

21 *Novembre* 1787. Dès le 6 Mai dernier, les Religieux Bénédictins de l'Ordre de Cluny, ancienne Observance, dans le Chapitre ordinaire de l'Ordre tenu à l'abbaye de Cluny, avoient pris la Délibération de présenter requête au Roi pour être dispensés de l'exécution des Edits de Mars 1768 & de Février 1773 : ce qu'ils viennent d'obtenir par un Arrêt du Conseil du 17 Octobre dernier: en attendant qu'il y ait été définitivement statué en suivant les formes civiles & canoniques, leurs biens doivent être mis en sequestre, & il sera prélevé sur les revenus pour chaque religieux une pension viagere proportionnée au montant général, aux dignités qu'ils auront possédées dans l'ordre, enfin à leur âge & à leurs infirmités.

Du reste, permis à ces religieux de se pourvoir en Cour de Rome pour obtenir, s'il y a lieu, la sécularisation de leur personne.

21 *Novembre*. On assure que pour calmer les inquiétudes de la Reine pendant la

longue séance du Roi au Parlement, il partoit fréquemment, même de demi-heure en demi-heure, des couriers qui lui rendoient compte de ce qui se passoit.

21 *Novembre* 1787. Extrait d'une Lettre de Bordeaux du 17 Novembre.... Il a paru dans le Journal de Paris de prétendues *Pensées de Montesquieu, extraites de ses Manuscrits.* Le Baron *de Montesquieu*, petit-fils de ce grand homme, réclame contre. Il certifie que son pere, connu sous le nom de Baron de *Secondat*, avoit toujours gardé sous clef les manuscrits du sien, depuis sa mort; & qu'il a vérifié que tout ce qu'on a imprimé dans le Journal est altéré, & quelquefois même défiguré d'une étrange maniere. Il est surtout indigné de l'audace des ennemis de son grand-pere, qui se sont flattés de ternir ainsi sa mémoire, en détruisant par la publicité de ces Pensées, l'opinion qu'il avoit laissée de la sensibilité de son cœur & de la bonté de son ame.

Le Baron de Montesquieu a dû en conséquence écrire aux Journalistes de Paris & les forcer d'imprimer son desaveu. Il est inconcevable que ces Messieurs, si difficiles sur les bonnes choses qu'on leur envoye, adoptent de la sorte inconsidérément celles sur lesquelles ils devroient être le plus scrupuleux.

22 *Novembre*. M. le Duc d'Orléans, que sa restauration du palais royal avoit fu-

rieufement barbouillé dans le public, par la conduite patriotique qu'il a tenue lundi au Parlement, a reconquis la confidération & l'amour des François pour les Princes & furtout pour la Maifon d'Orléans; quand il eft forti du palais, il a été accueilli avec acclamation & l'on l'a reconduit en triomphe jusques à fon caroffe: il a été bien dédommagé en ce moment de tous les farcasmes, de toutes les humiliations qu'il éprouvoit depuis quelques années. Mais la Cour eft devenue furieufe de cette affectation des Parifiens & S. A. eft exilée à Villers Coteret. M. l'abbé *Sabbathier* a été arrêté & conduit au mont St. Michel & M. *Fretteau* au château de Ham.

Hier le Parlement, inftruit de ces trois événemens, a arrêté fur le champ une Députation au Roi; mais n'a reçu de S. M. qu'une réponfe feche & négative.

22 *Novembre* 1787. Meffieurs les Confeillers d'Etat & les Maîtres des Requêtes font très mécontens du Reglement qui les concerne: ils prétendent qu'on les y traite comme des Commis fubalternes, en fixant les appointemens des premiers à 2000 livres & ceux des feconds à 1000 livres par bureau, & en décidant que le même Magiftrat n'en pourra pas avoir plus de deux: ils efperent bien que le Reglement n'aura pas lieu.

22 *Novembre*. M. *de la Roue*, Curé de St. Come, eft non feulement le plus beau

des Curés, mais peut-être le plus bel homme de Paris: aussi toutes les femmes qui le voient en raffolent, & il passe pour avoir eu plusieurs aventures galantes: il est en outre prédicateur. Malheureusement son éloquence ne répond pas à sa figure. Un jour qu'il occupoit la chaire de St. Victor, le seul jour où l'on prêche dans cette église: il y avoit attiré beaucoup de monde & surtout de sexe; mais son premier point avoit été si long, que la plupart des auditeurs excédés de fatigue & d'ennui avoient levé le siege & s'étoient en allés. Ce vuide lui fait peine, il en perd la tête. Au second point, il ne peut que balbutier cinq ou six phrases qu'il retourne de toutes les manieres; à la fin il est obligé de dire: *mes freres, je vous demande pardon; la salive me manque, il faut que je m'arrête.* Le lendemain le Curé donnoit un grand repas de fabrique: au milieu du festin, il lui arrive un paquet, il l'ouvre & trouve l'épigramme suivante:

Le beau *la Roue* aux Victorins prêchoit;
A droite, à gauche, il battoit la campagne,
Et cependant toujours se raccrochoit,
Grace à son ton que l'audace accompagne.
Il se déferre à la fin tout de bon,
Il manque net de salive, dit l'homme:
De bon sens, oui: mais de salive, non;
En manque-t-on quand on est à St. Come?

22 Novembre 1787. M. *de St. Genis*, ce membre de la Chambre des Comptes, cité déja plusieurs fois, qui, toute sa vie, s'est occupé d'affaires d'Administration, non en intriguant, ou en homme fiscal, mais en philosophe & en patriote, a présenté, il y a quelque tems, à M. l'Archevêque de Toulouse un Mémoire, où il fait voir que le *Déficit* n'est qu'apparent; que du moins, sans rien changer à l'état des choses, pourvu qu'elles n'empirent pas, par des Emprunts successifs & bien ménagés le Trésor public se libéreroit de lui-même & en 1798 la recette seroit de niveau avec la dépense.

Il paroît que c'est ce plan que le principal Ministre a adopté dans son Edit d'Emprunts & seulement qu'en y joignant des économies, retranchemens & bonifications, surtout une extension des Vingtiemes, il accéléreroit l'époque desirée, se mettroit même à l'aise pour satisfaire aux fantaisies de la cour.

23 Novembre. Voici des détails plus circonstanciés de la séance importante du lundi 19 & de ses suites.

Le Roi, après avoir écouté pendant plus de deux heures avec la plus grande attention les différentes opinions & les débats des opinans, avoit ordonné l'Enregistrement pur & simple de l'Edit d'Emprunt.

Après le départ de S. M. une nouvelle Délibération s'étant ouverte, on pria M. le Duc d'Orléans de mettre par écrit la protestation dont on a rendu compte, faite en présence du Roi seulement de bouche.

Le Roi instruit de ce qui s'étoit passé depuis sa sortie du Parlement, fit savoir le lendemain à cette Cour que la grande Députation eût à se rendre à Versailles auprès de sa personne, avec les Regiſtres, le lendemain 21.

Vers les six heures du soir le même mardi 20, le Baron de Breteuil se rendit chez M. le Duc d'Orléans, & remit à ce Prince une Lettre du Roi, qui lui ordonnoit de partir sur l'heure pour Villers-Coteret & d'aller coucher dès le soir au Rainci; avec la clause de ne voir personne, sauf sa famille & sa maison. A dix heures du soir le même jour Mrs. l'Abbé Sabbathier & Fretteau reçurent les Lettres de Cachet annoncées.

Le mercredi 21, le Parlement ayant appris l'Exil du premier Prince du Sang & la détention de deux de ses membres, arrêta que le Premier Président supplieroit instamment le Roi de rapprocher de sa personne un Prince Auguste, & de rendre à la Compagnie deux Magistrats dont le zele avoit animé les démarches.

Après cet Arrêté, la grande Députation se rendit à Versailles. Le Roi la reçut à midi, fit biffer l'Arrêté & lui parla en ces termes:

,, Je vous ai ordonné de m'apporter la Mi-
,, nute de l'Arrêté que vous avez pris lundi

« après ma séance en mon Parlement, que
« je ne dois pas laisser subsister dans vos Re-
« gistres, & je vous défends de le remplacer
« d'aucune maniere.

« Comment mon Parlement peut-il dire
« qu'il n'entend prendre aucune part à l'En-
« regiſtrement, que je n'ai prononcé qu'après
« avoir entendu pendant sept heures les avis
« & les opinions en détail de ceux de ses mem-
« bres qui ont voulu les donner; & lorsqu'il
« est constant pour tous, comme pour moi,
« que la pluralité des suffrages se réunissoit
« pour l'Enregistrement de mon Edit, en y
« joignant des supplications pour hâter l'as-
« semblée des Etats généraux de mon Ro-
« yaume.

« J'ai dit que je les convoquerois avant
« 1792, c'est-à-dire, au plus tard en 1791:
« ma parole est sacrée.

« Je me suis rapproché de vous par confi-
« ance dans cette forme antique & si souvent
« réclamée par mon Parlement auprès des
« Rois mes prédécesseurs; & dans le mo-
« ment où j'ai bien voulu tenir mon Conseil
« au milieu de vous sur un objet de mon Ad-
« miniſtration, vous essayez de vous trans-
« former en un tribunal ordinaire, & de pré-
« senter de l'illégalité dans son résultat, en
« invoquant les Ordonnances pour le sou-
« mettre & moi-même à des regles qui ne

„ regardent que les Tribunaux dans l'exercice
„ de leurs fonctions.

„ Les réclamation de mes Cours ne doi-
„ vent me parvenir que par des repréfenta-
„ tions ou des remontrances refpectueufes; je
„ défapprouverai toujours les Arrêtés fur les
„ Regiftres qui conftatent leur oppofition à
„ ma volonté, fans m'en dire les raifons;
„ ou leurs réfolutions, fans m'en donner les
„ motifs."

Ici M. le Premier Préfident ayant eu la permiffion de porter au Roi le vœu de fa compagnie à l'occafion de l'Exil du Duc d'Orléans
& de la détention des deux Magiftrats; S. M.
lui a répondu:

„ Lorfque j'éloigne de ma perfonne un
„ Prince de mon Sang, mon Parlement doit
„ croire que j'ai de fortes raifons. J'ai
„ puni deux Magiftrats, dont j'ai dû être mé-
„ content."

23 *Novembre* 1787. *Le Courier Maritime,
ou le Corefpondant général de la Marine Marchande*, eft une nouvelle feuille périodique,
qui doit commencer l'année prochaine.

Son objet eft de faire difparoître, ou au
moins de fixer les incertitudes & d'accélérer
les lenteurs des correfpondances particulieres,
en mettant réguliérement fous les yeux des
Négocians & Marchands du Royaume, un tableau de comparaifon, un état exact, général
& pofitif de toutes les opérations de la Ma-

rine Marchande, & de leurs résultats dans tous les Ports de la France & de ses Colonies.

Cette Gazette sera de 4 pages in 4º. & paroîtra les Mercredi & Samedi de chaque semaine.

23 *Novembre* 1787. Le fanatisme ne se déconcerte point: malgré le vœu général pour le rappel des Protestans & quoique le Parlement se soit expliqué déjà plusieurs fois en leur faveur, avant qu'il soit délibéré sur l'Edit nouveau qui les concerne, il a été adressé à chaque membre un gros in 4º. où l'on prévoit les plus grands maux de ce retour. On assure que cet ouvrage est spécieux & mérite d'être refuté.

24 *Novembre* 1787. Le Roi dans sa Mercuriale à la Députation dit positivement, que la pluralité des suffrages étoit pour l'Enregistrement de l'Edit d'Emprunt, & il paroît constant en effet aujourd'hui qu'il passoit à la pluralité de vingt voix. En conséquence on regarde comme une grande gaucherie de la part du Garde des Sceaux de n'avoir pas profité de la circonstance pour donner à l'Edit toute la sanction qu'il pouvoit obtenir légalement en remplissant les formalités d'usage. Il a prétendu qu'il ne convenoit point de les suivre scrupuleusement en présence du Roi; que les Magistrats n'avoient plus que voix consultative & par conséquent qu'il étoit indigne de la Majesté du Trône d'asservir le Monarque à des

regles

regles ennuyeuses, à des formes minutieuses qui n'étoient point faites pour lui. Tout le monde blâme M. de Lamoignon & trouve qu'il se montre de plus en plus au dessous de sa dignité, à laquelle son ambition seule l'a fait parvenir.

24 *Novembre* 1787. On publie l'Edit d'Emprunt qui porte à la fin: *registré en la Cour, le Roi y séant, toutes les Chambres assemblées, ce requérant le Procureur-général du Roi, pour être exécuté suivant sa forme & teneur, &c.*

Le Préambule en est fort long, fort diffus, composé de phrases péniblement contournées, dont l'obscurité a sans doute été imaginée exprès, afin de rendre moins sensibles les contradictions fréquentes qu'on y trouve avec le langage qu'on a fait tenir au Roi précédemment dans plusieurs réponses. Voici ce qui en résulte plus clairement & ce qu'il est essentiel d'en extraire.

1°. Depuis que le Roi connoît la situation déplorable de ses finances, il ne cesse de s'occuper des moyens de rétablir l'ordre & l'équilibre entre la recette & la dépense.

2°. Les sacrifices ne coûtent rien à S. M.: mais les économies les plus multipliées ne peuvent procurer sur le champ tout le produit qu'elles promettent; plusieurs ne sont qu'éventuelles ou successives, & quelques-unes nécessitent des remboursemens qui dans le moment les rendent plus coûteuses que profitables.

3°. S. M. ne veut point mettre de nouveaux Impôts, tant qu'elle espérera d'autres ressources; elle ne veut pas non plus en rien manquer à ses engagemens, pour éviter la foule de maux qu'entraîneroit cette secousse.

4°. Il faut donc recourir à quelques Emprunts, qui non-seulement pourvoient au besoin du moment, mais embrassent encore le présent & l'avenir; qui annoncent un système & un terme de libération.

5°. En conséquence elle en ordonne un qui doit être étendu à toutes les années où il sera nécessaire, & S. M. a trouvé de la sorte un principe de libération & pour éteindre les anciens Emprunts, & pour éteindre celui-même qui doit opérer un effet si salutaire.

6°. Cent millions de revenus vont être engagés au service de pareilles Sommes de rentes viageres : ces revenus sont bonifiés successivement de plus de cinquante millions d'économies : par le dernier Reglement sur les pensions, le fond total qui s'étoit élevé de 27 à 28 millions est invariablement fixé à quinze; enfin parmi les dépenses dont est chargé le Trésor Royal, il y en a pour trente millions qui ont un terme, & même en partie peu éloigné; il est démontré qu'en comptant les augmentations de recette que peut produire la réforme des finances, le trésor royal doit profiter, d'ici à un certain nombre d'années, de plus de cent millions & un jour même de plus de deux cens.

7°. Le Roi n'est point arrêté par l'idée du stellionat, en engageant des revenus déja hypothéqués: en ce que l'Emprunt nouveau doit en éteindre d'autres; en ce que la masse des extinctions sur près de deux cens millions de dépenses qui ont un terme, doit couvrir les arrérages des deux premieres années, les surpasser dans la troisieme & enfin leur devenir tellement supérieure que les Emprunts eux-mêmes puissent diminuer sensiblement.

8°. L'Emprunt graduel que se propose S. M. étant annoncé d'avance doit devenir d'année en année plus avantageux, & le crédit s'affermissant de jour en jour, elle espere parvenir à faire baisser l'intérêt de l'argent.

9°. S. M. a été occupée de la seule crainte de la guerre: elle est rassurée à cet égard, & dans le cas même où cette guerre surviendroit, elle ne dérangeroit point ses opérations & elle y a pourvu.

10°. S. M. va s'appliquer sans cesse à accélérer le jour heureux de la remise du second Vingtieme, afin de le réserver pour les besoins extraordinaires.

11°. Pour que les Peuples ne doutent pas de la sincérité & de la stabilité des intentions de S. M., elle renouvelle l'engagement de donner tous les ans une publicité exacte de son administration & de ses dons.

12°. Bien plus & afin d'augmenter la confiance, la partie destinée à des remboursemens sera soumise, dès le moment, à l'inspection des Magistrats de la Chambre des Comptes.

13°. S. M. a réglé ensuite la maniere la plus convenable, la proportion, la durée & la forme de l'Emprunt. Il sera plus considérable cette année, tant parce que les préparatifs de guerre ont occasionné des dépenses extraordinaires, que parce que les bénéfices par extinction, ou par amélioration, ou par économie, sont moins sensibles. Il sera en perpétuel & viager, afin de contenter tous les goûts : il sera plutôt porté au-delà qu'en de çà des besoins : s'il y a du trop, on l'employera à éteindre, du moins en partie, ces anticipations ruineuses dont on n'a pu se passer jusques à présent.

14°. Par ces sages combinaisons l'Emprunt qui doit durer cinq ans, diminuant d'année en année, ne sera pour 1792 que de 60 millions.

15°. C'est alors que S. M. promet d'assembler les Etats Généraux pour leur faire voir sa bonne Administration, leur inutilité, & en recevoir les remercimens qu'ils lui devront. Amen ! amen ! amen !

24 *Novembre* 1787. Pour compléter la relation des actes parlementaires relatifs à la séance du 19 & à ses suites, voici le discours

prononcé par le Premier Président le mercredi 21.

„ SIRE,

„ Votre Parlement se rend à vos ordres. Il
„ a été instruit ce matin à l'ouverture de sa
„ séance, qu'un Prince Auguste de votre sang
„ avoit encouru votre disgrace; que deux
„ Conseillers de votre Cour sont privés de
„ leur liberté. Votre Parlement consterné
„ supplie très humblement V. M. de rendre
„ au Prince de votre sang & aux Magistrats
„ la liberté qu'ils n'ont perdue que pour avoir
„ dit librement ce que leur ont dicté, en
„ votre présence, leur devoir & leur cons-
„ cience dans une séance où V. M. a annoncé
„ qu'elle venoit recueillir des suffrages libres."

24 *Novembre* 1787. La Protestation de M. le Duc d'Orléans, inscrite dans les Registres de la Compagnie, porte aussi littéralement:

„ SIRE,

„ Je supplie V. M. de permettre que je dé-
„ pose à ses pieds, & dans le sein de la
„ Cour, la déclaration que je regarde cet
„ Enregistrement comme illégal, & qu'il se-
„ roit nécessaire, pour la décharge des per-
„ sonnes qui sont censées y avoir délibéré,
„ d'y ajouter que c'est par exprès comman-
„ dement du Roi."

25 *Novembre* 1787. Ce sont des Commissaires & Exempts de Police qui se sont

transporté chez M. *Fretteau* & l'abbé *Sabatthier* pour leur intimer les ordres du Roi. Il passe pour constant que le premier a été traité avec une grande dureté; le second, avec une moindre: qu'on a obligé l'un de partir sur le champ, & dès cinq heures du matin; que l'autre a eu du repit jusques à sept heures du soir, mais a été obligé de partir, quoique malade.

Le 22, les Pairs reçurent défenses à sept heures du matin de se rendre au Parlement & furent assez lâches pour y obtempérer. Les Chambres furent assemblées ce même jour depuis dix heures jusques à quatre heures du soir & arrêterent:

1°. Protestation sur l'interdiction faite aux Ducs & Pairs de se trouver à une assemblée qui n'étoit indiquée que pour délibérer sur un Arrêté, auquel ils ont eux-mêmes contribué.

2°. Députation auprès de Madame la Duchesse d'Orléans pour lui faire agréer les complimens de condoléance de la Cour, & instances auprès du Roi afin de faire cesser l'Exil de M. le Duc d'Orléans.

3°. Réclamation des deux membres détenus qui n'ont pas dû encourir la disgrace du Roi plus que les autres; puisque l'Arrêté, fruit de leur opinion, est le vœu de toute la Cour.

4°. Supplications à rédiger le soir même pour être lues le lendemain 23 à l'assemblée des chambres & sur le champ présentées au Roi.

Les Supplications lues, les Gens du Roi eurent ordre d'aller à Versailles savoir le jour, l'heure & le lieu où le Parlement seroit reçu. Le Roi répondit qu'il le recevroit le lundi 26, qui est demain, à sept heures du soir: les Supplications sont déja connues de beaucoup de gens; on les dit courtes & touchantes.

25 *Novembre* 1787. *Discours à lire au Conseil, en présence du Roi, par un Ministre Patriote, sur le projet d'accorder l'état civil aux Protestans.* Tel est le titre du gros in 8°. annoncé; il a 313 pages de texte, avec des notes, indépendamment des pièces justificatives.

Les plus essentielles sont 1°. *le Mémoire du Duc de Bourgogne, Dauphin de France, petit-fils de Louis XIV, père de Louis XV.* 2°. *Lettre de feu M. de Chabannes, Evêque d'Agen, à M. le Contrôleur général, contre la tolérance des Huguenots dans le Royaume,* en date du 1er. Mai 1751. 3°. *Mémoire sur les Entreprises des Protestans, présenté au Roi par l'Assemblée du Clergé de France en 1780, tiré du Procès verbal de cette Assemblée,* souscrit par M. l'Archevêque de Toulouse, aujourd'hui principal Ministre. 4°. Enfin *Plan du gouvernement républicain que les Protestans vouloient établir en France.*

25 *Novembre.* On vient d'imprimer un re-

cueil de pieces concernant la séance du 19 Novembre 1787: on y trouve:

1°. *Discours du Roi au Parlement.* S. M. y annonce qu'elle vient lui rappeler des principes dont il ne doit pas s'écarter; le consulter & l'entendre sur deux grands actes d'Administration & de Législation, qui lui ont paru nécessaires; enfin répondre aux représentations que lui a faites la Chambre des Vacations en faveur du Parlement de Bordeaux. Ce discours est très mal fait: on y trouve quelques élans de vigueur, mais bientôt la foiblesse du Monarque s'y décele de nouveau.

2°. *Discours de M. de Lamoignon, Garde des Sceaux de France.* Dans celui-ci très-long, le Garde des Sceaux répond d'abord explicitement au vœu que lui a porté le Parlement d'assembler les Etats Généraux du Royaume. Il lui rappele adroitement à cette occasion les principes sur l'absolu pouvoir du Roi consignés dans l'Arrêté du 20 Mars 1766, suite de la fameuse flagellation du 3 du même mois; il en conclut qu'au Roi seul appartient le droit de convoquer les Etats Généraux, que lui seul doit juger si cette convocation est utile ou nécessaire; qu'enfin il n'a besoin d'aucun pouvoir extraordinaire pour l'Administration de son Royaume.

Après cette réponse aux Remontrances & Arrêtés du Parlement, l'orateur entre dans quelques

quelques détails d'économies & de bonifications que S. M. vient d'opérer; suivant son calcul elles se montent déja à plus de 50 millions; de-là il passe à l'Emprunt qu'il cherche à justifier par toutes les raisons fournies dans le préambule de l'Edit, & qu'il voudroit transformer en opération de génie, en y faisant envisager une unité de vues & de combinaisons sages & profondes. Il dit un mot de l'Edit concernant les Protestans, dont il prévoit de grands avantages pour la population, l'agriculture, le commerce & les arts, & surtout celui de sauver la contradiction fréquente entre les Loix & la Nature, entre les Loix & les Mœurs, entre les Loix & les Jugemens des Tribunaux, enfin entre les suppositions des Ordonnances & l'évidence inviolable des Faits.

En dernier lieu le Garde des Sceaux rend compte au Parlement au nom du Roi des motifs qui ont empêché S. M. d'acquiescer aux vœux qu'il a portés au pied du Trône en faveur du Parlement de Bordeaux.

Rien de plus pietre que tout ce discours, qui trahit à chaque ligne l'ineptie de son auteur, incapable de faire parler un grand Roi; qui tour à tour outre & avilit l'autorité, qui voudroit être à la fois Ministre & Magistrat, & ne sait pas tenir le juste milieu entre cette double fonction trop souvent incompatible.

3°. *Rapport de M. l'Abbé Tandeau de l'Edit*

d'Emprunt. Cet Abbé, comme Rapporteur de la Cour, étoit dans le cas d'opiner le premier : son discours de 22 pages est une apologie complette de l'Emprunt, dans les vues qui lui avoient été probablement suggérées par la Cour : il termine par déclarer que malgré ces réflexions toutes en faveur de l'Edit, son importance le détermineroit à en renvoyer l'examen à des Commissaires, si la présence de S. M. ne l'avertissoit qu'elle est venue chercher au milieu de son Parlement un avis définitif.

26 *Novembre* 1787. Le *Discours à lire au Conseil* est divisé en trois paragraphes :

1°. Qu'ont fait les Protestans avant la révocation de l'Edit de Nantes ?

2°. Que font-ils depuis cette époque ?

3°. Que feroient-ils dans les circonstances actuelles, si le Roi sanctionnoit leur état ?

Ce qu'ont fait les Protestans s'apprend dans l'Histoire. Leur Secte a désolé la France par le fer & par le feu ; elle l'a livrée à l'avarice & à l'ambition des Etrangers ; elle l'a réduite à la derniere extrêmité par la fureur des guerres civiles, par des révoltes sans cesse réiterées, par tous les horribles excès de la rage & de l'impiété ; elle a fait la guerre à six Rois de France & leur a livré quatre batailles rangées. On la voit audacieuse dans sa naissance, séditieuse dans son accroissement, républicaine dans sa prospérité, menaçante dans ses derniers soupirs. Envain trois Déclarations du Roi, 176 Arrêts du Conseil & des Parlemens, quatre Ordonnances, dix Jugemens avoient-ils tenté de réprimer ses infractions; les Calvinistes étoient toujours inquiets & factieux, ils remuoient sourdement, ils entretenoient des intelligences, ils formoient des liaisons criminelles avec les Puissances étrangeres, ennemies de la France.

Dans l'histoire sont encore consigné beaucoup de faits concernant la conduite des Protestans depuis leur expulsion de France. Ils préluderent par les scenes que jouerent dans le Dauphiné, le Vivarais & les Cevenes les prophetes & les prophétesses; mais bientôt à cet enthousiasme religieux succéda la rebellion manifeste dans les Cevenes & éclata la Guerre des Camisards. A la mort de Louis XIV, ils profiterent de la longue minorité de Louis XV pour entretenir des rapports criminels avec les Puissances étrangeres, pour tenir des Assemblées illicites, pour accueillir des Prédicans qui ne furent occupés qu'à exciter les Peuples à la révolte: en un mot, toute leur conduite ne fut qu'une infraction continuelle aux Edits & Déclarations qui les concernoient. La Déclaration de 1724 comprime l'inquiétude de ces Sectaires & maintient le repos tant que la fermeté du Gouvernement & la Paix de l'Europe les convainquirent de l'inutilité, du danger même de leurs mouvemens: mais depuis la guerre de 1742 ce ne fut plus de leur part qu'une chaîne d'entreprises criminelles ; présage de celles auxquelles ils se porteroient si l'on dérogeoit à une Loi positive, à l'illégitimité de leur existence.

C'est ce que sollicitent les fauteurs du Protestantisme qui assiegent en ce moment les avenues du Trône : des Mémoires rédigés par des personnages délégués du Parti, décorés du titre de *Députés des Eglises Réformées*, entr'autres deux Ministres Protestans de Metz, ont tenté la délicatesse du Gouvernement, en lui insinuant des offres pécuniaires pour le soulager dans l'embarras du Fisc public : on est parvenu à faire illusion à plusieurs Membres de l'assemblée des Notables, qui ont élevé leurs voix en faveur des Religionnaires, mais étouffées par la prudence de *Monsieur*. Il est à présumer que tant d'efforts combinés vont réussir ; mais cette indulgence déterminée par une fausse politique entraîneroit les suites les plus déplorables, la subversion totale de la Constitution religieuse & politique de cet Empire.

Après avoir obtenu l'Etat Civil, les Protestans demanderoient des Temples, le Culte public, des Dixmes pour leurs Pasteurs, des Synodes & des Assemblées périodiques, des Ecoles & des Seminaires ; ils s'introduiroient dans les Assemblées Provinciales, & formeroient un second parti dans l'Etat.

Comme tous ces maux ne sont que de prévoyance, l'auteur ne discute plus la matiere en historien, mais en logicien, & afin de ne laisser aucun prétexte aux fauteurs du Protestantisme, il établit quatre questions : Que demandent les Protestans ? Sont-ils fondés à le demander ? Quel tems choisissent-ils pour le demander ? Le Roi peut-il accorder, sans inconvénient, ce qu'ils demandent ? On ne peut suivre l'auteur dans la discussion de ces questions, & quoique ses raisonnemens ne soient pas sans replique, on ne peut nier, comme on l'a dit déjà, qu'ils ne méritent une refutation. Cet ouvrage est d'autant plus capable de frapper & de faire réfléchir les Ministres, qu'à quelques écarts près contre les Jansenistes & les Philosophes, qu'il appelle Philosophistes & qu'il prétend devoir bientôt se fondre dans le Protestantisme, s'il étoit admis, l'Ecrivain montre beaucoup de modération.

Quant au style, il est vigoureux, animé, chaud, &, en général, l'ouvrage est d'un excellent écrivain. La prosopopée de la Religion à Louis XVI, quoique peu concluante dans une dissertation, est un morceau oratoire propre à mériter à l'auteur une place parmi nos auteurs les plus éloquens.

26 *Novembre* 1787. Il paroît que le grief de l'abbé Sabatthier est d'avoir parlé de l'Archevêque de Toulouse avec une sorte de mépris dans les assemblées précédentes, ainsi

qu'on l'obferva dans le tems; d'avoir affimilé cette époque à des tems dont on a trouvé indiscret & dangereux de rappeler le fouvenir, difant qu'il falloit chaffer de l'adminiftration ce prêtre, comme on avoit autrefois expulfé le chapeau rouge. Quant à M. *Fretteau*, c'eft une vengeance de M. de *Lamoignon*, qui a fait dans la féance du 19 deux rôles oppofés; qui, après avoir fervi d'organe au Roi, comme Garde des Sceaux, a pris enfuite fon rang de Préfident & a voté comme Magiftrat: M. Fretteau en obfervant cette irrégularité, avoit voté pour qu'il fortît pendant la délibération.

26 Novembre 1787. Il vient d'être envoyé encore aux différens membres du Parlement une feuille de 16 pages, intitulée *Lettre à un Magiftrat du Parlement de Paris, au fujet de l'Edit fur l'Etat Civil des Proteftans*.

C'eft un Extrait fuccint du gros ouvrage dont on a rendu compte. L'auteur de celui-ci ne connoiffant point l'Edit qu'on affure avoir 37 articles, n'en difcute aucun, mais combat en général le projet de donner une exiftence légale aux Religionnaires. Il prétend qu'on manquera le but qui eft d'en ramener beaucoup dans le Royaume & qu'on fe prépare des troubles futurs qu'une fage & jufte intolérance avoit enfin anéantis; que le nombre des Proteftans diminuoit fenfiblement; que cette fecte alloit s'éteindre & qu'on la fera renaître. Tout ce que l'Ecrivain avance, n'eft pas fort peremptoire & il seroit aisé de le refuter par ses propres raisonnemens.

28 *Novembre* 1787. C'est en ce moment le cabinet de la feue Présidente *de Bauville*, qui est l'objet de la curiosité des amateurs; il est composé non seulement de tableaux de peintres célebres des différentes Ecoles, de desseins & d'estampes en feuilles, sous verre & en livres, dont un bel œuvre de *Sébastien le Clerc*; de figures, de bustes, de vases de bronze, de marbre, de terre cuite, laques, pierres gravées antiques, &c. mais encore de différentes Collections de morceaux d'histoire naturelle, que cette virtuose s'étoit plû à rassembler depuis trente-cinq ans. On y admire surtout une riche & nombreuse Suite de coquilles, la plus complette connue. Comme ce Cabinet doit être mis en vente incessamment, tout le monde y est admis & c'est une affluence considérable.

29 *Novembre*. On regarde aujourd'hui comme certain que le Parlement étoit d'accord avec l'Archevêque de Toulouse; que l'Edit auroit été librement enregistré pour 210 millions seulement, avec la promesse expresse du Roi de convoquer les Etats Généraux pour Mars 1789. Que la Cabale *Calonne*, M. le Garde des Sceaux, le Comte *d'Angiviller*, le Duc *de Liancourt* & autres courtisans se sont coalisés pour faire échouer le projet. M. de Lamoignon étant le premier en ligne, on regarde

cette crise comme un combat à mort entre le principal Ministre & lui.

Quoi qu'il en soit, la séance du 22 a pensé être beaucoup plus orageuse qu'elle ne l'a été: il y avoit eu 27 voix contre 40 pour décréter les Commissaires, Exempts & suppôts de Police, porteurs & exécuteurs des ordres illégaux du Roi contre Messieurs *Sabatthier* & *Fretteau*.

On vouloit aussi dénoncer l'Emprunt dont l'enrégistrement n'est point exact & ce qui plus est, n'existe point sur les registres du Parlement; il n'a été inscrit que sur l'Edit même que le Roi avoit apporté avec lui le lundi 19.

Ces deux coups de vigueur n'ont pu avoir lieu, faute de la pluralité.

29 *Novembre* 1787. Hier le Parlement a porté au Roi par l'organe de son Premier Président ses *Supplications* au sujet de l'Exil de M. le Duc d'Orléans, & de l'enlevement de M. M. *Fretteau de Saint Just*, & *Sabatthier de Cabre*, arrêtées aux chambres assemblées le vendredi 23. Novembre 1787: elles sont courtes & énergiques; elles seront incessamment imprimées, ainsi que la réponse du Roi qui est longue, dure, seche, gasconne & décele partout l'embarras de ceux qui l'ont dictée.

29 *Novembre* 1787. L'assemblée indiquée pour aujourd'hui a eu lieu au sujet de l'Edit concernant l'état civil à donner aux Protestans & il en est résulté l'Arrêté suivant:

„ La Cour, avant de délibérer sur l'Edit,
„ attendu l'absence des Princes & Pairs,
„ avec lesquels la Délibération avoit été com-
„ mencée en présence du Roi, reprise le len-
„ demain & continuée avec eux au mercredi
„ 28, a remis la délibération au vendredi 7
„ Décembre prochain, & espérant ladite
„ Cour qu'à cette époque la levée des ob-
„ stacles qui paroissent s'opposer à la venue
„ des Princes & Pairs, mettra la Cour à
„ portée de recevoir les lumieres des mem-
„ bres les plus distingués en icelle, pour déli-
„ bérer sur un acte de Législation aussi im-
„ portant, & qu'elle sollicitoit depuis long-
„ tems de la bonté du Souverain."

29 *Novembre* 1787. Un Chevalier *de Pawlet*, aujourd'hui Comte *de Pawlet*, un jour rencontre dans le bois de Vincennes un enfant prêt à succomber sous une fiévre brûlante, qui, ayant perdu son pere mort aux Invalides, n'ayant ni ressource, ni asyle, s'étoit retiré dans ce bois, où il vivoit de ce qu'il mendioit; il conçoit le projet de former un établissement sous le titre d'*Ecole des orphelins militaires*. Sans fortune lui-même, il imagine de mettre à contribution l'humanité & la compassion publique; il fait d'abord un journal destiné à cet acte de bienfaisance, & cette ressource ne suffisant pas, il se remue, il s'intrigue auprès des gens puissans, des gens riches, des Ministres, & enfin il consolide son

École, qui prend une forme & est aujourd'hui très florissante.

Il faut, pour y être admis, être fils de vétéran; il n'y a d'exception à cette regle qu'en faveur des gentilshommes les plus pauvres, qui, lorsque leur pere n'a pas servi, sont obligés de prouver au moins huit degrés de noblesse.

Dans cette École se trouvent réunis des Maîtres & des Professeurs pour tous les genres de connoissances, pour toutes les ressources nécessaires à l'éducation la plus libérale & la plus étendue, soit dans les arts, soit dans les sciences, dessin, peinture, musique, langues mortes & étrangeres vivantes, mathématiques, &c.

Les détails de l'ordre & de la discipline embrassent tout ce que l'on peut désirer, & font l'admiration de tous ceux qui en ont été les témoins.

M. de Calonne, enchanté de cet établissement & de son organisation, avoit voulu y mettre son fils; ce qui n'a pas peu contribué à lui donner de la consistance & de la vogue.

Aujourd'hui le Comte de Pawlet propose une extension à cette école: il crée vingt-quatre nouvelles places sous le nom d'*Eleves d'encouragement*; elles sont destinées à de jeunes gens de toute naissance & de tout âge, qui, ayant déjà acquis dans un genre quelconque des talens, annonces d'un grand mérite, peuvent manquer des moyens suffisans pour atteindre à la perfection qu'ils semblent promettre.

Le plus merveilleux, c'est ce que le Comte de Pawlet, au rapport de ceux qui le connoissent, est un assez médiocre sujet lui-même, qui n'a que de l'intrigue & de l'imagination: du reste, un joueur, passant sa vie dans les tripots & les brelans.

29 Novembre 1787. Les *Remontrances de Bourdeaux*, arrêtées à Libourne, toutes les chambres assemblées le 31 Octobre, sont en effet imprimées & répondent à la haute opinion qu'on en avoit donnée: elles sont pleines de raison & d'éloquence en même tems; elles sont écrites avec beaucoup de pureté, de noblesse & d'énergie: elles commencent par une peinture rapide de l'état déplorable du Royaume & de la Magistrature à la mort de Louis XV; de la nouvelle vie qu'ils avoient repris au commencement du regne de Louis XVI; enfin de la décadence du crédit & de l'abyme qui s'est ouvert tout à coup dans les Finances; des remedes imaginés dont le principal consiste dans l'établissement des Assemblées Provinciales, leur objet annoncé, préconisé par le Ministre, est d'asservir en quelque sorte la nation au gouvernement; mais leur objet véritable, secret, unique est d'accroître les Impôts & de se passer de la Loi de l'enregistrement. De-là l'obligation des Cours de s'opposer à de pareilles créations, jusqu'à ce qu'elles en aient bien connu & arrêté l'objet; de-là les vexations qu'a éprouvées & qu'éprouve encore le Parlement de Bourdeaux, ou plutôt la Guienne entiere, dont l'interruption de la séance précédente avoit accumulé déjà les procès dans les Greffes & les accusés dans les Prisons. Ces Remontrances finissent par demander de nouveau l'assemblée des Etats Généraux, comme le seul remede aux maux de la France.

29 *Novembre* 1787. Le morceau le plus remarquable des *Supplications* du 23 est celui-ci, nécessaire à rapporter d'ailleurs pour l'intelligence de la réponse du Roi.

„ Et quel enlevement, Sire ? L'Honneur
„ en frémit, & l'Humanité en gémit, comme
„ la Justice.

„ Des mains viles se sont portées sur la per-
„ sonne de l'un de vos Magistrats: (M. *Fret-*
„ *teau*). sa maison étoit assiégée; des suppôts
„ de la Police écartoient sa famille: il a fallu
„ descendre auprès d'eux à la priere, pour
„ qu'il vît sa femme, ses enfans & ses sœurs
„ dans ces derniers momens. On l'a forcé de
„ partir sans aucun serviteur; & ce Magistrat
„ qui se croyoit lundi dernier sous la sauve-
„ garde personnelle de V. M. est parti en
„ effet pour une prison éloignée, seul, au
„ milieu de trois hommes dévoués au pouvoir
„ arbitraire.

„ Le second des Magistrats enlevés par vos

„ ordres, (l'Abbé *Sabatthier*) quoique traité
„ chez lui moins durement que le premier,
„ n'en a pas moins été contraint de partir
„ avec la fievre & menacé d'une maladie in-
„ flammatoire, pour un lieu où la vie est un
„ supplice continuel. Un rocher est sa de-
„ meure, les flots de la mer battent sa pri-
„ son, l'air en est mal sain, les secours sont
„ éloignés, & V. M., sans le vouloir, sans
„ le savoir, en signant l'ordre de son enle-
„ vement a peut-être signé celui de sa mort."

Réponse du Roi.

„ Le jour de ma séance au milieu de
„ vous, mon Garde des Sceaux vous a dit
„ par mes ordres:"

Que plus je me montrois bon, quand je pou-
vois me livrer aux seuls mouvemens de mon
cœur; plus j'étois ferme, quand je pouvois
entrevoir que l'on abuse de ma bonté.

„ Je pourrois finir là ma réponse à vos sup-
„ plications; mais je veux bien y ajouter que
„ si je ne blâme pas l'intérêt que vous me té-
„ moignez sur la détention de deux Magistrats
„ de mon Parlement, je n'approuve pas que
„ vous en exagériez les circonstances & les
„ suites; & que vous sembliez l'attribuer à
„ des motifs, que le libre cours que j'ai laissé
„ aux opinions ne vous permet pas même de
„ présumer.

„ Je ne dois compte à personne des motifs
„ de mes résolutions; ne cherchez pas plus

„ longtems à lier la cause particuliere de ceux
„ que j'ai punis avec l'intérêt de mes autres
„ Sujets & des Loix.

„ Mes Sujets savent tous que ma bonté
„ veille perpétuellement sur leur bonheur, &
„ ils en reconnoissent les effets jusques dans
„ les actes de ma justice.

„ Chacun est intéressé à la conservation de
„ l'ordre public, & l'ordre public tient essen-
„ tiellement au maintien de mon autorité.

„ Si ceux qui ont été chargés de l'exécu-
„ tion de mes ordres se sont conduits d'une
„ maniere contraire à mes intentions, je les
„ punirai.

„ Si le lieu de la détention des deux Magi-
„ strats peut être nuisible à leur santé, je
„ les ferai transférer ailleurs.

„ Le sentiment d'humanité est inséparable
„ dans mon cœur de l'exercice de ma Ju-
„ stice.

„ Quant à l'éloignement de M. le Duc d'Or-
„ léans, je n'ai rien à ajouter à ce que j'ai
„ déjà dit à mon Parlement."

Sur cette réponse le Parlement a arrêté d'itératives supplications.

29 *Novembre* 1787. M. *Mercier*, par la
bonhommie qu'il a eue d'imprimer ses pieces
avant de les faire jouer, en peut moins imposer qu'un autre à la représentation & ses succès en sont plus certains. On ne sait si c'est
de son aveu, mais son drame intitulé *Natalie*,

joué mardi aux Italiens, quoique de quatre actes dont il est partagé dans l'impression, réduit à trois, n'a point réussi & il a été accueilli de murmures assez constans depuis le commencement jusques à la fin.

30 *Novembre.* Les Pairs, toujours foibles & pusillanimes, n'osant plus venir au palais depuis les défenses qu'ils en ont reçues du Roi, se sont assemblés chez M. le Duc *de Luynes* & y ont arrêté de faire des représentations au Roi sur l'Exil de M. le Duc d'Orléans. Voilà tout ce qu'on en dit.

30 *Novembre* 1787. Tout le détail de l'échange du Comté de Sancerre paroît imprimé en deux volumes in 8º. On assure que M. de Calonne y est prouvé frippon jusques à la démonstration. Malheureusement un pareil ouvrage doit être fort ennuyeux.

30 *Novembre.* Les Conseillers d'Etat & Maîtres des Requêtes, après avoir conféré entre eux sur le Reglement concernant le Conseil, les Bureaux & leurs honoraires, en ont porté des plaintes au Garde des Sceaux, qui les a assuré n'en avoir eu aucune connoissance préalable. On veut que ce soit un projet ancien déterré par le principal Ministre & adopté avec empressement, communiqué à M. le Contrôleur Général qui n'y a point trouvé d'obstacle, mais a représenté pourtant qu'il seroit bon de consulter M. *d'Ormesson.* Celui-ci a répondu qu'il ne doutoit pas du zele de Messieurs du Conseil à entrer dans

les vues d'économie de S. M., que ces Messieurs servoient par honneur, & non par intérêt.

Les Conseillers d'Etat & les Maîtres des Requêtes surtout savent très mauvais gré à M. d'Ormesson d'avoir fait ainsi les honneurs des membres du Conseil: ils prétendent qu'étant puissamment riche, il en parloit fort à son aise; mais qu'il auroit dû songer que ses confreres ne le sont pas tous; que les Charges de Maître des Requêtes sont cheres; qu'elles entraînent des frais, & qu'il faut en être dédommagé par quelque chose.

Comme le Garde des Sceaux n'est point d'intelligence avec le principal Ministre; c'est un nouvel nuage qui s'éleve sur la tête de celui-ci, & il a de la sorte presque tout le Conseil à dos.

30 *Novembre* 1787. L'on a dit que le Parlement de Bourdeaux avoit improuvé la conduite du Parlement de Paris à Troyes, c'est-à-dire, l'Enregistrement qu'il y a fait de la prorogation des Vingtiemes. Voici ce qu'on trouve à ce sujet dans les Remontrances de cette Cour; le Paragraphe, sans désigner personne, est en effet une critique indirecte de la complaisance du Parlement de Paris:

,, Si par une condescendance condamnable,
,, il (le Parlement de Bourdeaux) avoit la
,, foiblesse de changer de conduite, il méri-
,, teroit les reproches que *Jean de Montluc*,
,, opinant

„ opinant dans le Conseil, faisoit, en pré-
„ sence de Charles IX, aux Députés d'un Par-
„ lement: *il advient souvent*, disoit-il, *que ces*
„ *Messieurs, après avoir usé de ces mots si sé-*
„ *vères & si rigoureux*: la Cour ne peut, ni
„ ne doit, selon leur conscience, entériner
„ ce qui lui a été mandé; *peu de tems après,*
„ *comme s'ils avoient oublié le devoir de leurs*
„ *consciences, passent outre & accordent ce*
„ *qu'ils avoient refusé avec opiniâtreté: je*
„ *demanderois volontiers ce que deviennent*
„ *alors leurs consciences? S'ils changent, ils*
„ *donnent à mal penser, à beaucoup de gens de*
„ *leurs consciences.*"

1 *Décembre* 1787. Extrait d'une Lettre de Rouen du 27 Novembre 1787. Notre Parlement avoit en effet voulu d'abord s'opposer aux Assemblées Provinciales dont il désiroit enregistrer les Reglemens avec l'Edit de Création; mais sur ce que l'on lui a répondu que ceci n'étoit qu'un essai, que dans trois ans les Assemblées Provinciales auroient leur organisation, & que le Législateur devoit s'être assuré des bons effets d'un Reglement public avant de lui donner, sans nécessité, la sanction des Loix; il s'est rassuré & a cru devoir se rendre à ces considérations. Aussi vous voyez que M. le Garde des Sceaux, dans son discours à la séance du Roi au Parlement de Paris le 19 Novembre, se prévaut beaucoup de cet acquiescement tacite, pour blâmer la

Tome XXXVI. L

conduite du Parlement de Bourdeaux qui, *par une méfiance offensante*, dit-il, *calomnie les intentions de S. M. en méconnoissant ses bienfaits*.....

1 *Décembre* 1787. Veut-on savoir ce qu'il faut penser des Assemblées Provinciales, telles qu'elles sont établies en ce moment ? Voici ce qu'en dit le Parlement de Bourdeaux, dans les fameuses Remontrances du 30 Octobre, où il a grand intérêt de parler avec beaucoup de circonspection, de ne point altérer la vérité & de ne point se mettre dans le cas d'être démenti. Il ne fait que confirmer ce qu'on a rapporté de leur mauvaise organisation. Voici le paragraphe littéral :

,, Les événemens ont justifié ce que la
,, prudence des Notables avoit prévu ; les
,, Commissaires départis ont pris sur les As-
,, semblées Provinciales une autorité qui dé-
,, courage & les Présidens & les membres de
,, plusieurs de ces Assemblées. Les Regle-
,, mens qui ont été envoyés, souffrent pres-
,, que généralement des difficultés ; & le Par-
,, lement de Grenoble, si zélé pour la gloire
,, du Souverain & les intérêts de la Na-
,, tion, s'est vu forcé d'en arrêter l'Exécu-
,, tion, quoiqu'il en eût enregistré l'Etablis-
,, sement."

En conséquence le Parlement de Bourdeaux estime qu'un pareil établissement doit être l'objet de l'assemblée des Etats Généraux, & que c'est à la Nation elle-même à former les Assemblées Provinciales, à les réunir dans un même esprit, dans un intérêt commun; à donner à leur mouvement cet ensemble, cette harmonie absolument nécessaire à leur conservation, à la gloire de l'Etat & à l'utilité publique.

1 *Décembre* 1787. On augure que l'Exil du Duc d'Orléans ne sera pas long & l'on pense qu'il seroit peut-être déja fini sans les instances du Parlement, auxquelles le Roi ne veut pas avoir l'air de céder. Ce qui fait présumer que S. M. n'est pas fort offensée, c'est sa réponse au Duc de Bourbon & au Prince de Condé, qui ont de leur côté fait leurs supplications communes & personnelles: sans rien refuser ni accorder, elle leur a dit avec sa bénignité ordinaire: *je suis bon parent.*

On ne sait si c'est dans cet espoir, mais il passe pour constant que M. le Duc d'Orléans a fait inviter le Parlement de ne pas s'occuper de lui: invitation à laquelle il ne pouvoit accéder décemment.

Ce qu'il y a de sûr, c'est que la Maison d'Orléans ne paroît pas fort affligée de l'événement. Madame la Duchesse & ses enfans ont été le joindre.

2 *Décembre.* C'est par une Lettre du Roi même que les Princes du Sang ont été engagés à ne pas se trouver aux assemblées du

Parlement: quant aux Pairs, c'eſt par une Lettre du Miniſtre au nom de S. M. qu'ils ont reçu ſemblable invitation.

2 *Décembre* 1787. Les ſuppôts du Miniſtere ne manquent pas de répandre le bruit que l'Emprunt va à merveille ; que dans les trois premiers jours les Soumiſſions ſe ſont élevées à plus de 40 millions; ils prétendent que le défaut d'hypotheque n'effraye point, ou plutôt qu'on la trouve très bonne ſur les retranchemens & économies dont une partie eſt déja effectuée ; que les rembourſemens annoncés ne ſouffrant aucun délai, à plus forte raiſon les arrérages de toutes les rentes viageres & perpétuelles n'en ſouffriront point.

2 *Décembre*. Les travaux du Conſeil de la Guerre ſe continuent ſans interruption ; mais le réſultat devant former l'enſemble d'une nouvelle Conſtitution Militaire, il ne paroîtra pas avant le commencement de l'année prochaine.

On renvoye à cette époque la promotion des Colonels-Brigadiers au grade de Maréchal de Camp: encore ajoute-t-on que leur nomination ne ſera faite que pour prendre rang dans la premiere promotion des Officiers généraux de ce grade.

Il a été adreſſé une lettre circulaire à tous les Colonels pour ne pas nommer aux emplois de Sous-Lieutenans de remplacement dans leurs Régimens.

2 *Décembre* 1787. Il y a environ dix-huit mois que le Maréchal Duc de Duras, premier Gentilhomme de la chambre, à l'inftigation des comédiens & furtout de Madame Veftris qui le fubjugue toujours, a fait fonder par le Roi une *École de Déclamation* pour le théâtre françois, dont les Profeffeurs font les Sieurs *Molé*, *Dugazon* & *Fleuri*. Les Sujets qui y font admis ne font éleves d'aucun des Profeffeurs en particulier, mais reçoivent des leçons également de tous les trois.

Suivant le Reglement on ne devroit y admettre aucun fujet qu'avec des précautions très fages, & l'on n'y devroit point garder ceux qui, après un examen fuffifant, ne montrent pas des difpofitions dont on puiffe attendre du fuccès. Mais on fait à quoi fervent en France les reglemens, même dans les corps les mieux difciplinés; à plus forte raifon on conçoit combien ils peuvent dégénerer dans un tripot comme la comédie françoife.

Quoiqu'il en foit, il vient de débuter, il y a quelques jours, le premier éleve connu de cette Ecole, le Sieur *Talma*: il a eu du fuccès dans le tragique & dans le comique: il joint aux dons naturels une figure agréable, une voix fonore & fenfible, une prononciation pure & diftincte: il fent & fait fentir l'harmonie des vers; fon maintien eft fimple, fes mouvemens font naturels; furtout il eft toujours de bon goût & n'a aucune manière, il n'imite aucun acteur & joue d'après son sentiment & ses moyens. Il fait honneur à cette Ecole & prévient très favorablement pour une institution qui peut être aussi utile.

Au reste, le Sieur Talma n'est pas sans défauts; il en a de grands, mais inévitables dans un débutant & dont on conçoit qu'il s'en corrigera avec le tems, de l'étude & de la réflexion.

3 *Décembre* 1787. Les prôneurs du Ministere, dans ce moment de fermentation cherchent à le calmer par les annonces les plus imposantes: ils disent que les Etats de Bourgogne & ensuite les Assemblées Provinciales de Tours, d'Orléans & des trois Evêchés ont consenti un abonnement pour l'augmentation des Vingtiemes: mais ils exaltent beaucoup la modération du gouvernement, qui s'est contenté de le fixer à un taux au dessous de celui de l'Edit. Du reste, suivant eux, c'est toujours un accroissement de revenus qui corrobore l'hypotheque du nouvel Emprunt.

3 *Décembre*. On fait que les appointemens de principal Ministre sont de deux cens mille francs. M. l'Archevêque de Toulouse n'en a point voulu; il s'est contenté d'une abbaye de 180,000 livres de rente; & l'on admire cette modération. Ceux qui ne sont pas si bonnes gens, trouvent que ce Prélat a parfaitement

bien calculé ; car les appointemens auroient pu cesser avec la place, au lieu que le bénéfice lui restera.

Du reste, il est fort question de le faire Cardinal, & l'on parle de deux Chapeaux que le Pape doit donner dans le prochain Consistoire de ce mois ; l'un pour M. de Toulouse, l'autre pour le Grand-Aumônier. On ajoute qu'un troisieme est destiné à l'Archevêque de Rheims.

Cette multitude de Chapeaux est bien contraire au projet annoncé de n'avoir plus de Cardinaux en France. Mais ici les Systêmes changent avec les Personnes ; il est tout naturel qu'ayant un principal Ministre Ecclésiastique, les faveurs de Rome, méprisées nagueres, acquierent sous celui-ci un nouveau lustre, puisque ce sont les seules dont il soit susceptible.

3 *Décembre* 1787. Le Parlement de Rouen, dont la Cour se loue dans le discours du Garde-des Sceaux à la séance du 19 Novembre, l'a en effet infiniment flattée en enregistrant la prorogation des Vingtiemes à l'exemple de celui de Paris ; il a bien fait des Remontrances, mais étrangeres à cet objet.

3 *Décembre.* Extrait d'une Lettre de Douvres du 20 Novembre.... Jamais on n'avoit vu débarquer dans ce Port un *Détachement* de danseurs aussi nombreux que celui qui vient de nous arriver de France : quand cette *troupe légere* & frétillante, qui avoit pour son chef

le *vieux Général Noverre*, aborda au rivage, l'ardeur avec laquelle on la vit s'élancer de la chaloupe à terre, inspira une terreur panique générale. Les habitans qui se trouverent sur la jettée au moment de la descente, encore alarmés des bruits de guerre répandus depuis un mois, se disposoient à courir aux armes. Quand ils virent que toute la troupe, contente d'être débarrassée du mal de mer, s'amusoit à faire, en riant, des cabrioles, des battemens & des coupés, qui leur montrerent leur erreur, & les rassurerent bientôt contre les suites de cette invasion; les Douvriens enchantés de la gaieté de ces François si lestes ne pouvoient se rassasier de les voir & les suivirent jusques dans leur auberge. Les porte-faix & les gens de port surtout s'attendoient à leur générosité, & leur demanderent pour boire ; mais elle recommença ses entrechats & les paya en gambades.

4 *Décembre* 1787. Dans l'assemblée de la Compagnie des Indes dont on n'a rendu compte qu'en partie, un Actionnaire trouvant plus commode de ne pas répondre aux objections du détracteur avança, pour s'en dispenser, que le Mémoire dont on s'occupoit, n'étoit qu'un écrit *clandestin* : on le releva fortement sur cette qualification peu convenable pour un écrit signé par les Députés du Commerce des principales Villes du Royaume; rédigé d'ailleurs par un auteur connu

connu, très versé dans la science de l'économie publique, par un membre de l'Academie françoise, qui avouoit son ouvrage & avoit été autrefois l'homme du Gouvernement, lorsqu'il avoit jugé à propos de détruire l'ancienne Compagnie des Indes, ayant une consistance bien plus imposante que celle de l'embryon moderne.

On passa donc outre & l'on nomma des Commissaires choisis parmi les Actionnaires, pour concerter la réponse avec les Administrateurs de la Compagnie.

Comme il n'a été accordé qu'un délai d'un mois à cette Compagnie pour fournir sa réponse, elle ne doit pas tarder à la publier.

Au surplus, elle compte sans doute toujours sur la faveur du gouvernement, puisqu'elle prépare ses armemens & les cargaisons pour la premiere expédition dans l'Inde & la Chine.

4 *Décembre* 1787. On assure que M. le Duc d'Orléans ne tardera pas à jouir de l'indulgence prévue du Monarque & à l'éprouver bon parent comme il s'est annoncé. On veut que l'on fasse des préparatifs pour le recevoir au Rinci, séjour enchanté qui le rapproche de Paris; où d'ailleurs S. A. S. sera à portée de suivre les travaux qu'elle y fait faire & dont elle se plaît singuliérement à s'occuper.

4 *Décembre*. Les Remontrances du Parle-

ment de Rouen annoncées, sont relatives au bien de la Province. Il y représente au Roi l'abus dangereux des concessions, échanges, engagemens, toujours à son détriment. Ces arrangemens autorisés par des Arrêts du Conseil, surpris à sa religion, enrichissent des particuliers en crédit qui se prévalent du nom de S. M. & se mettent en son lieu & place pour exercer leurs vexations.

Ces Remontrances sont écrites avec un ton noble & insinuant: le style en est pur, & dégagé de ce vain luxe de mots imposans, sous lesquels on cherche souvent à cacher l'insuffisance d'une logique foible. Elles sont l'ouvrage de M. *Vatrimenil*, jeune Membre de la Compagnie, qui annonce autant de talent que de zele & de prudence.

4 *Décembre* 1787. Il s'éleve contre le Curé de St. Roch actuel une affaire criminelle très fâcheuse pour lui. On avoit bien su que M. *Marduel*, son oncle & son prédécesseur, avoit longtems refusé de résigner sa cure à ce neveu, & l'on présumoit qu'il avoit de fortes raisons pour ne pas vouloir se reposer dans un âge aussi avancé, en favorisant un proche parent. Quoiqu'il en soit, le neveu sembloit avoir vaincu la repugnance de son oncle & la résignation s'est effectuée.

Un nouveau prétendant attaque aujourd'hui tout à coup cette résignation comme supposée; il accuse le Curé actuel de l'avoir fabriquée, de concert avec les Notaires qui l'ont signée, & d'avoir tenu la mort de son oncle cachée pendant six jours, pour se donner le tems d'exécuter toutes ses mesures.

Il faut voir ce que deviendra une affaire si grave & si calomnieuse, dont on assure que les tribunaux sont déjà saisis.

5 Décembre 1787. La Lettre dont on a parlé, adressée à l'Archevêque de Toulouse au sujet des Etats rendus à la Provence suivant leur ancienne forme, est du Parlement d'Aix & l'on l'attribue même à M. *de Castillon*. On a affecté de l'insérer dans les papiers publics : après avoir loué les lumieres, le courage & l'intégrité du Prélat, on lui dit qu'il commence comme Sully avoit fini : on ne peut croire qu'un personnage, tel que le Procureur général du Parlement de Provence, qui s'étoit distingué par son zele, son patriotisme, sa fermeté, son austérité dans l'assemblée des Notables, ait eu la bassesse de descendre tout à coup à des louanges aussi rampantes & aussi outrées. Mais que dire de la Compagnie entiere qui les a adoptées?

5 Décembre. Voici le tems du renouvellement des Clubs & où les Commissaires de ces compagnies vont être embarrassés pour faire face aux engagemens, si les abonnemens ne se renouvellent pas. Ils conçoivent une lueur d'espérance depuis que le Club des Echecs a obtenu la permission de se rassembler sous une

nouvelle forme. Le concierge, nommé Carlier, a annoncé à tous les membres, par un billet circulaire, qu'on le trouveroit toujours chez lui. Rien de plus plaisant que ce petit moyen du Ministere pour n'avoir pas l'air de revenir contre un coup d'autorité qui a beaucoup fait crier tous les oisifs de ces Sociétés : au reste, celle-ci est la moins nombreuse de toutes & avoit un objet déterminé qui ne pouvoit alarmer le Gouvernement. Les joueurs d'échecs sont ordinairement lents, froids, taciturnes & peu à craindre dans les fermentations politiques.

5 *Décembre* 1787. M. *Boucher d'Argis*, Conseiller au Châtelet, vient de renouveller un projet dont nous avons parlé autrefois & déja légérement esquissé à Orléans, si notre mémoire est bonne. Il le conçoit plus en grand & d'une maniere infiniment plus utile. Il propose une *Assocation de bienfaisance*, dont le but sera de protéger & de défendre tous les pauvres qui auront à exercer des droits reconnus pour légitimes, ou à repousser des prétentions injustes, ainsi que d'accorder à ceux qui obtiendront des jugemens absolutoires, des indemnités qui seront calculées sur les ressources de l'association, &, autant qu'il sera possible, sur leurs pertes. Il faut voir dans le *Prospectus* même que l'auteur en a publié, les précautions qu'il prend, tant pour éviter les abus & les surprises en pareil genre, que pour

bien conftater la bonté des caufes & la juftefle de l'affiette des fonds.

Cette idée feule, quand elle ne s'exécuteroit pas, ne peut que faire infiniment honneur à fon auteur; mais le concours de Soufcripteurs qui fe préfentent pour le feconder, ne laiffe aucun lieu de douter qu'elle ne fe réalife & ne fe confolide promptement.

6 *Décembre* 1787. Les enthoufiaftes de *Sacchini*, non contens des hommages exceffifs qui lui ont été rendus jufques à préfent, doivent faire célébrer dans le courant de ce mois un fervice en mémoire de ce grand Compofiteur. L'églife des petits Peres fera le théâtre des honneurs funéraires qu'ils veulent lui rendre, & comme il n'a point laiffé de meffe de *Requiem*, on exécutera celle du célebre *Durante*, fon maître: chef-d'œuvre dont on a eu de la peine à fe procurer une copie, parce qu'il eft expreffement défendu au Confervatoire de Naples d'en donner à perfonne. Elle fera exécutée par les artiftes les plus diftingués de cette capitale.

6 *Décembre*. M. le *Breton*, ce jeune artifte, dont on a loué l'effai dans la mufique *des Promeffes de Mariage*, vient d'obtenir un fecond fuccès aux Italiens; dans une piece jouée hier à leur théâtre fous le titre de *l'Amant à l'épreuve*, comédie nouvelle en deux actes & en profe, mêlée d'ariettes, dont le fond trop commun, quoique femé de

quelques détails agréables, n'auroit certainement pas fait trouver grace devant le public à l'auteur des paroles, s'il n'eût été soutenu par son *Partener*. Cet auteur est M. Moline.

7 *Décembre*. L'ouvrage annoncé a pour titre *Observations de la Ville de Saint Mihiel, en Lorraine, sur l'Echange du Comté de Sancerre; en Réponse à la Requête de M. de Calonne*. Il est divisé en effet en deux volumes, dont le second ne contient que des pieces justificatives.

Quant au premier, c'est un écrit rempli de sagesse, de modération, d'égards même pour un ancien Ministre du Roi; mais qui n'en est que plus foudroyant. La surprise faite au Roi par M. *d'Espagnac* & la collusion coupable qui existoit entre l'Echangiste & l'ancien Contrôleur général y sont démontrées jusques à l'évidence. M. *de Moncrif*, le Commissaire de la Chambre des Comptes envoyé pour faire la visite des Domaines à échanger, est aussi fortement inculpé, & l'on ne voit pas qu'il puisse s'excuser de n'avoir pas rempli les formalités nécessaires auxquelles on le sommoit de satisfaire.

Cette réclamation que Mrs. de Calonne & d'Espagnac voudroient travestir en *libelle diffamatoire*, ou en production ténébreuse d'une *aveugle méchanceté*, malheureusement pour eux est autorisée par 137 signatures d'habitans des trois ordres de la ville de St. Mihiel à la suite d'une Délibération datée du 18 Novembre dernier.

Du reste, cette petite ville commence par établir l'intérêt sensible qu'elle a dans cette affaire, & elle convient que c'est elle qui fit parvenir dans le tems au bureau des Notables toutes les connoissances qu'elle avoit acquises tant sur le Comté de Sancerre, que sur les domaines contr'échangés & qui servirent de base aux dénonciations célèbres qui ont imprimé une sorte de flétrissure sur cet échange désastreux.

On apprend dans ce Mémoire que l'affaire est actuellement pendante au Conseil; que Mrs. d'Espagnac & de Calonne ont fourni leurs Mémoires & que le procès doit se juger incessamment.

Cet écrit est divisé en deux parties : la premiere contient la description du Comté de Sancerre & des Domaines contr'échangés : la seconde, les réponses aux allégations de M. de Calonne & de M. d'Espagnac. Quelque bien fait qu'il soit, comme il consiste principalement en calculs, on auroit peine à le lire sans le grand intérêt qu'il présente & le personnage important qu'il attaque.

7 *Décembre* 1787. Le Chevalier *Gluck* dont on avoit prématuré la mort, il y a quelque tems, même quelques années, mais qui en effet étoit depuis lors perdu pour son art, vient de mourir très physiquement le 17 No-

-vembre d'une nouvelle attaque d'apoplexie. Il étoit dans la 73ᵉ année: il laiſſe une fortune de 200,000 florins.

7 *Décembre* 1787. M. le Duc d'Orléans avant-hier près de la Ferté-Milon ayant voulu paſſer ſur un pont malgré la riviere débordée, ſon cheval s'eſt embourbé, a péri & le Prince a eu beaucoup de peine à ſe ſauver à la nage: ſon Jokei qui le ſuivoit, alloit à ſon ſecours, malgré le Prince qui lui crioit de ne pas avancer: le même accident lui eſt arrivé: S. A. touchée du zele de cet enfant, s'eſt de nouveau remiſe à l'eau pour l'en tirer; elle a réuſſi & s'eſt contentée de lui dire en riant: *une autre fois tu ne te feras pas couper les cheveux ſi courts, tu as vu la peine que j'ai eu à les prendre & à les tenir.* Quoiqu'il en ſoit de cette plaiſanterie, Paris eſt déja inondé de vers à la louange du Duc d'Orléans: voici ceux qui nous ont paru les moins fades, les plus appropriés aux circonſtances & les mieux faits. Ils ſont adreſſés au Prince:

  Les divers élémens contre toi conjurés
Tour à tour, à l'envi, t'ont déclaré la guerre;
  Par le feu tes lambris ont été dévorés:
L'air en te repouſſant du brillant atmoſphere
    A penſé te faire périr:
    L'onde aujourd'hui veut t'engloutir.
    Il ne te reſte que la terre,
De ton être à regret ſupportant le fardeau:
Qu'ai-je dit? ô blaſphême! ô prodige nouveau,

Rival de *Léopold* tu suis ce rare exemple
　　D'héroïsme & d'humanité.
La terre maintenant & t'aime & te contemple;
　　Parmi ses demi-Dieux tu vas être compté;
Qu'elle soit à jamais ton asyle & ton temple!

8 Décembre 1787. M. l'abbé *Galliani*, dont on se rappele le séjour en France & qui y a laissé, il y a environ vingt ans, un monument de la gaieté de son esprit & de son talent littéraire dans ses Dialogues sur les bleds, est mort à Naples le 31 Octobre.

8 Décembre. Le Gouvernement a tellement à cœur de faire passer l'Edit au sujet des Protestans, que le Parlement reculant de s'occuper du fond sous prétexte que la Délibération ayant été commencée avec les Princes & Pairs ne pourroit être continuée sans eux; il a fléchi encore en ce point; il a été écrit aux Princes & Pairs une espece de lettre d'excuse, où S. M. leur déclare qu'elle n'a jamais voulu les priver de leur droit; qu'elle n'avoit entendu que leur faire une simple invitation de s'abstenir d'aller au palais: ensorte qu'ils s'y sont rendus hier. Il n'y avoit cependant de Princes du Sang que le Prince de Condé & le Duc de Bourbon.

Il a d'abord été question du Prince exilé & des deux Magistrats détenus. Arrêté d'itératives Supplications qui, rédigées sur le champ, seroient portées au Roi le plutôt possible.

Heureusement pour la Cour que ses partisans l'ont emporté & que, malgré la douleur de la compagnie qui sembloit ne devoir pas lui laisser le tems de s'occuper d'autre chose, on a délibéré sur l'Edit. Le titre, qui ne caractérise en rien les Protestans & embrasse généralement tous ceux qui ne sont pas de la religion Catholique, a donné lieu à un long dire de la part de M. *d'Epremesnil*; il a observé que c'étoit ouvrir la porte à toutes les sectes. Le Duc *de Mortemart*, qui commence à se distinguer dans les assemblées, a vivement relevé l'orateur à ce sujet: il a regardé comme un trait de sagesse & de politique profonde de la part du Gouvernement, d'avoir généralisé le titre, puisqu'il n'étoit pas question de donner un état civil aux Protestans comme Protestans, mais comme citoyens, comme hommes; qualité qui, en effet, concernoit les suivans de toute religion quelconque. M. le Duc *de Luynes* a secondé puissamment le Pair. On a fait ensuite d'autres objections plus solides, qui ont décidé à renvoyer l'examen de l'Edit à des Commissaires.

La Séance très longue a été remise au vendredi 14.

8 *Décembre* 1787. *La Société Olympique* vient d'être rétablie aussi, comme ne s'occupant que de maçonnerie.

8 *Décembre*. Toutes les prohibitions, toutes les recherches, toutes les entraves qui s'ac-

croissent de jour en jour pour contenir l'avidité des Libraires & la démangeaison d'écrire des Auteurs, n'empêchent pas les pamphlets les plus misérables de pulluler en aussi grande abondance que jamais: on doit mettre de ce nombre *Lettres surprises à M. de Calonne*; écrit vague, sans faits, sans anecdotes, sans intérêt. On se doute bien que ces Lettres sont absolument fictives; ce qui démontre encore mieux l'ineptie de l'auteur qui, ayant le champ libre, pouvoit ouvrir carriere à son imagination, ou profiter du moins de tout ce qu'il auroit recueilli sur son sujet.

8 *Décembre* 1787. Le Sieur *Hoffmann*, pere, Bailli de Benfeld, & le Sieur *Hoffmann*, fils, se prétendant inventeurs de l'Imprimerie Polytype, en vertu de leur découverte, par Arrêt du Conseil du 5 Décembre 1785 avoient obtenu la création d'une 37e. Imprimerie en leur faveur dans la ville de Paris & le Privilege d'exercer cet art pendant quinze ans, à la charge de ne se servir que de leur procédé & de se conformer aux Reglemens de la Librairie. On les a accusés non seulement d'avoir presque toujours des caracteres mobiles ordinaires, mais d'avoir profité du secret prétendu de leur art pour se soustraire aux inspections d'usage & imprimer plusieurs libelles: en conséquence leur Imprimerie a été interdite déja plusieurs fois & tout recemment ayant mis le scellé sur leurs effets & papiers,

on a trouvé des preuves du délit : de-là un Arrêt du Conseil du 1 Novembre rendu du propre mouvement du Roi, qui les déclare déchus de leur privilege, supprime leur imprimerie, &c.

L'Arrêt étant revêtu de toutes ses formalités & enregistré à la Chambre Syndicale le 30 Novembre, doit être incessamment rendu public.

8 *Décembre* 1787. Extrait d'une Lettre de Melun du 4 Décembre 1787... Vous êtes curieux de savoir ceux qui se sont le plus distingués dans l'Assemblée Provinciale tenue ici au mois d'Août dernier...

M. le Duc *du Châtelet*, comme Président, a fait un discours rempli de choses propres à la convenance, au lieu & à la place qu'il occupoit : on y a reconnu cet esprit d'ordre & de raison ferme qui l'ont toujours distingué.

M. *Berthier*, Intendant de la Généralité de Paris, a parlé en hypocrite ; il a recommandé à l'assemblée les pauvres Taillables, l'Agriculture & ses utiles coopérateurs dans les travaux qu'il a entrepris ; il ne s'est pas mal flatté lui-même en s'attribuant le rétablissement de la Société d'Agriculture, l'institution des Comices agricoles, les Secours donnés aux pauvres par ses soins, les encouragemens, les distinctions honorables aux plus riches Cultivateurs, enfin les lumieres & l'émulation qu'il a portées dans l'agriculture.

Sa grande mal-adresse a été de rappeler son père : *pour lequel, a-t-il dit, je me flatte qu'on conserve de l'estime.*

Au nom du Bureau de reglement, le Vicomte *de Noailles* a développé d'une maniere claire e régime des Assemblées Provinciales & a étendu ses vues aussi loin que l'on pouvoit les pousser pour le maintien de ce régime, pour tous les cas que la Loi n'avoit pas prévus, pour la conservation des droits de tous les ordres.

M. le Comte *de Crillon*, Procureur Syndic pour la Noblesse, a parlé au nom du Bureau chargé des Instructions pour la Commission intermédiaire & a dit de très bonnes choses.

Enfin l'Abbé *de Tressan*, le fils de l'Académicien, a lu des Réflexions relatives aux travaux de ladite Commission, qui ont été fort goûtées par l'assemblée.

9 *Décembre* 1787. M. le Premier Président s'est transporté hier à Versailles pour offrir au Roi les itératives Supplications : il avoit heureusement avec lui deux Présidens à mortier, suivant la demande ordinaire de S. M. Il a pris une colique à M. *d'Aligre*; il a fallu qu'il allât se soulager. M. *d'Ormesson* l'a suppléé. Le Roi de fort mauvaise humeur a pris les Supplications & lui a dit de s'en retourner; qu'il feroit savoir sa réponse.

9 *Décembre.* M. le Marquis *du Crest*, qui depuis quelque tems fait beaucoup parler de

lui, semble disposé à rentrer dans l'obscurité dont il n'auroit jamais dû sortir. Il vient de donner la démission de sa place de Chancelier, de Garde des Sceaux, Chef du Conseil, & Surintendant des Maison, Domaines, Finances & Bâtimens de M. le Duc d'Orléans. Cet événement fournit encore matiere à beaucoup de propos. Il est difficile de croire que cette démission soit volontaire. On veut que M. le Comte d'Artois ait conseillé au Prince de renvoyer ce serviteur, comme désagréable au Roi & comme un obstacle à sa réconciliation; d'autres assurent qu'il est criblé de dettes & que ne sachant comment résister à ses créanciers, il a été forcé de se soustraire à leur poursuite, en se refugiant en Angleterre, où il est.

Quoi qu'il en soit, il se répand une *Copie imprimée de la Lettre de M. le Marquis du Crest à Monseigneur le Duc d'Orléans*; suivant laquelle sa démission seroit volontaire & prescrite uniquement par l'honneur & son attachement à S. A. Il ne dissimule pas les bruits publics de toute espece; il a compromis Monseigneur par des démarches imprudentes; Monseigneur ne pourra abréger le tems de son exil, qu'en lui demandant la démission de sa place; on lui suppose une correspondance criminelle, par le moyen du Comte de Kersalaun, avec lequel il n'a jamais eu de liaison & dont les papiers de ce prisonnier visités n'ont offert aucune trace;

il a tenu chez lui des conférences secrettes avec les deux Magistrats qui partagent aujourd'hui la disgrace du Prince, quoiqu'il ne connoisse pas même de vue M. *Fretteau*. Ces reproches, tout injustes qu'ils soient, le déterminent à se sacrifier, afin de céder sa place à quelque autre personne plus agréable au Ministere: il ne l'a pas mal remplie; en deux ans il a augmenté les revenus de Monseigneur d'un tiers en sus, & fondé un nouveau plan d'administration & de comptabilité, propre à remplir les vues d'ordre & d'économie dont S. A. est occupée: il se retire satisfait & va remplir à Londres la mission dont son maître l'avoit chargé avant de recevoir sa démission.

Voilà le fond de cette Lettre, soutenue sur le ton de présomption qu'on lui connoît; au reste, sans date & dont l'authenticité n'est pas parfaitement constatée.

9 *Décembre* 1787. Madame la Baronne *de Stahl*, épouse de l'Ambassadeur Extraordinaire du Roi de Suede en cette cour, ci-devant Mlle Necker, ayant trouvé dans une maison le Marquis *de Champcenets*, frere de celui connu dans la république des lettres, le prit pour celui-ci & le lutina beaucoup sur le mauvais genre de ses plaisanteries. La méprise ne s'éclaircit qu'après nombre de sarcasmes, qui donnerent de l'humeur au Marquis & il n'eut rien de plus pressé que d'en faire des reproches à son frere le poëte, qui pour s'en venger fit

passer à la Baronne l'Epigramme suivante, pour l'intelligence de laquelle il faut savoir que Madame de Stahl est fort laide, qu'elle a de grandes prétentions à l'esprit & n'en est pas infiniment pourvue; du moins c'est ce que lui reproche le satyrique :

Armande a pour esprit l'horreur de la Satyre,
  Armande a pour vertu le mépris des Appas.
Elle craint le railleur que sans cesse elle inspire;
  Elle évite l'amant qui ne la cherche pas.
Puisqu'elle n'a pas l'art de cacher son visage,
  Et qu'elle a la fureur de montrer son esprit;
Il faut la défier de cesser d'être sage,
  Et d'entendre ce qu'elle dit.

9 *Décembre* 1787. On répand un mot assez juste sur le changement subit opéré dans le public en faveur du Duc d'Orléans : on dit que contre les regles de l'optique, il s'étoit aggrandi en s'éloignant.

10 *Décembre*. S'il faut en croire des Officiers généraux très instruits, nous avons en France 36000 Officiers de tous grades & 13000 seulement sont en activité de service; ce qui porte à 23000 le nombre de ceux participant aux graces du Roi sans être d'aucune utilité réelle. Le Conseil de guerre s'occupe beaucoup de cet objet & de la destination qu'on donnera à tant de militaires à charge à l'Etat.

10 *Décembre*. Le Roi a accordé des Lettres patentes à une Compagnie qui offre de

faire

faire conſtruire à ſes dépens un pont de fer, en face de l'arſenal & du jardin du Roi, avec le droit de lever un péage ſur ce pont pendant un tems limité. Malheureuſement c'eſt le Sieur de Beaumarchais qui eſt à la tête de cette compagnie.

10 *Décembre* 1787. On a imprimé *Mémoire préſenté au Roi par les Pairs du Royaume*: c'eſt le 24 Novembre qu'il fut arrêté. Il eſt foible, plat & plein de contradictions; il n'eſt ſouſcrit que de dix-ſept Pairs dont un ſeul Eccléſiaſtique, l'Evêque Comte de Beauvais.

S. M. leur répondit: ,, qu'elle leur conſerveroit tous leurs droits, & que ſi elle les avoit ſuſpendus dans les circonſtances actuelles, c'étoit pour leur avantage, & ſeulement dans la vue qu'ils ne ſe trouvaſſent pas entraînés dans la chaleur des débats parlementaires." Du reſte, comme l'on voit, pas le mot dans cette réponſe ſur le ſecond chef, objet du Mémoire, l'Exil du Duc d'Orléans & la détention des deux Magiſtrats.

Depuis le Roi ayant pris en conſidération ce Mémoire, a permis aux Pairs, ainſi qu'on l'a rapporté, de tenir leur ſéance au Parlement le 7 Décembre.

10 *Décembre.* La diſgrace de M. du Creſt fait ſans doute revenir ſur la ſcene ſa ſœur, Madame de Genlis. On a compoſé une parodie du *Songe d'Athalie*, par M. *Grimaud de la Reyniere*, Avocat au Parlement. Cette

Tome XXXVI. M

facétie, de moins de 80 vers, est enflée d'une *Epitre dédicatoire à M. le Marquis du Crest*, datée du 28 Novembre 1787, d'une *préface*, du texte, de Racine, & de Notes.

On voit par les lettres initiales que l'intention de l'auteur ou des auteurs, (car on nomme Mrs. *de Champcenets* & *de Rivarol*) seroit de faire présumer que le pamphlet proviendroit de M. *de la Reyniere*, comme ayant à venger sa mere de l'ingratitude de Madame *de Genlis*. Du reste, on ne sait pas trop à quoi tout cela revient.

Les Acolytes de la Comtesse sont un Abbé *Gauchet* & M. *Gaillard*. On attribue au premier l'ouvrage de cette Dame en faveur de la Religion, & l'autre l'a prôné dans le Journal des Savans.

Les Notes sont très virulentes; outre différentes autres personnes telles que Mrs. *de la Harpe, Garat, Condorcet*, &c. M. le Comte *de Buffon* y est aussi fort mal traité. Tout cela n'est qu'une vraie rapsodie, dont la méchanceté fait tout le mérite; & si c'en est un, l'ouvrage en a beaucoup.

10 *Décembre* 1787. Il s'imprime depuis quelques années à Nuremberg un ouvrage périodique sous le titre de *Journal pour l'histoire des arts & pour la littérature universelle*. On présume que ce sont encore des Ex-Jésuites qui dirigent ce Journal, car la Société y est perpétuellement exaltée.

10 *Décembre* 1787. Il a paru dans le tems une *Lettre à un ami sur ce qui s'est passé à la dernière assemblée des Notables*, dont l'auteur ne se laissant pas éblouir facilement par les beaux discours, par les préambules séduisans, par une liberté prétendue, critique surtout l'exportation des bleds permise de la façon la plus illimitée, comme désastreuse & mortelle pour les pauvres; & il motive ses craintes d'une façon assez spécieuse.

Cette Lettre a donné lieu à un *Supplément aux Remontrances du Parlement de Paris, en réponse à la Lettre d'un ami, du 24 Août 1787*. L'auteur de ce Supplément en approuvant les craintes de son ami, critique aussi la prestation de la Corvée convertie en une redevance pécuniaire, uniquement à la charge du Peuple, puisque la Noblesse & le Clergé en seront exempts: puis il en vient aux nouveaux Edits & principalement à celui du Timbre. Il compte sur la résistance des Parlemens & prend occasion de-là pour disserter sur l'enregistrement & répéter ce qui a été dit mille fois à ce sujet; il finit par désirer la liberté de la presse & l'assemblée générale de la Nation.

10 *Décembre*. *Le bon Mariage, Nouvelle*, par M. l'abbé d'Espagnac, *pour servir à l'Histoire des Finances de 1787*: méchanceté niaise & platte.

10 *Décembre.* Le vœu de la Nation s'étant manifesté dans l'assemblée des Notables pour la liberté du commerce de l'Inde, les Députés des principales villes du commerce du Royaume se sont réunis à ce sujet & ont présenté un court Mémoire au Contrôleur général. Leur réclamation sembloit d'autant mieux placée que M. de Calonne, le Protecteur de la nouvelle Compagnie, n'étoit plus à la tête des finances.

Ils remirent ce Mémoire le 10 Juin à tous les Ministres; la Réponse de la Compagnie ne leur fut rendue que le 4 Août, & comme l'époque des préparatifs des Expéditions pour l'Inde s'approchoit à grands pas, les défenseurs de la liberté se hâterent de repliquer briévement. On a recueilli toutes ces pieces sous le titre de *Mémoires relatifs à la discussion du Privilege de la nouvelle Compagnie des Indes.* Ce Recueil contient :

1°. Le Mémoire des Députés des principales villes de commerce du Royaume, en 15 paragraphes.

2°. Les Observations des Administrateurs de la Compagnie des Indes sur ces 15 paragraphes.

3°. La Replique aux Observations des Administrateurs de la Compagnie des Indes. Cette Replique signée seulement des Députés de Marseille, Rouen, Lyon, Montpellier,

Dunkerque, Bordeaux, Toulouse, la Rochelle, Nantes, l'Orient, le Havre, est attribuée à l'abbé Morellet.

La grande assertion, l'assertion décisive & péremptoire en faveur de la liberté, si elle étoit vraie, juste & bien établie; c'est qu'en quinze années depuis la destruction de l'ancienne Compagnie, le commerce libre, au milieu d'obstacles de toute espece & de quatre ans de guerre, a fait plus d'Expéditions pour l'Inde que n'en a fait celle-là dans le tems de sa plus grande prospérité ; c'est qu'il a élevé ses importations jusqu'à près de 33 millions, lorsqu'elle n'a jamais pu élever les siennes seulement jusques à 23.

Au soutien de cette assertion on présente deux tableaux, l'un d'un total de 340 navires armés durant cet intervalle par le commerce libre dans les ports de l'Orient, de St. Malo, de Marseille, de Bordeaux, de Nantes, de la Rochelle, de Rochefort, du Havre, de Honfleur, de Brest, de Vannes, & aux Indes; donnant année moyenne 21 navires & 9309 tonneaux.

L'autre, des navires armés dans les quatre dernieres années de Paix, lorsque le commerce libre commençoit à avoir pris son assiette dans l'Inde & à fleurir, portés au nombre de 118 & par conséquent de 29 année commune, & 14297 tonneaux.

Les plaintes des habitans de Pondichery,

consignées récemment dans un Mémoire présenté au Gouverneur général des Etablissemens François dans l'Inde, & remis aux Ministres du Roi, sont aussi d'une grande force & méritent une puissante considération.

Enfin l'Avocat de la liberté prétend que la révocation du Privilege exclusif de la nouvelle Compagnie des Indes ne blessera pas plus la justice que l'intérêt des finances & de la politique.

10 Décembre 1787. C'est jeudi prochain 13 du mois que l'Académie françoise, après avoir invité tous ses membres de se rendre à l'assemblée, doit procéder à l'élection du Successeur de M. *de Paulmy*, &, tous les concurrens s'étant retirés, il n'est aucun doute que M. *d'Aguesseau* ne soit nommé.

10 Décembre. On sait aujourd'hui quel a été le traitement pécuniaire des Magistrats appellés à l'assemblée des Notables.

Ceux de Paris ont eu 4000 livres.

Ceux de Province jusques à cent lieues de distance, ont touché 6000 livres.

Ceux au de-là 8000 livres.

Ces payemens ne se sont effectués que depuis peu à l'égard des plus éloignés qui, ayant quelque délicatesse de devenir à charge à l'État sans lui avoir été utiles, vouloient voir comment se comporteroient leurs confreres.

Aucun n'a pu hésiter, quand on a su que

M. d'Aligre, qui a 800,000 livres de rentes & peut-être plus, n'avoit pas eu de scrupule de recevoir ses 4000 livres.

10 *Décembre* 1787. La *Suite de la conférence du Ministre avec le Conseiller* paroît. Elle embrasse spécialement le Mémoire de M. de Calonne & le refute en gros dans ses différens chefs. Il y a peu de choses nouvelles dans les raisonnemens & les calculs ; quelques anecdotes seulement rendent cette brochure précieuse, surtout la prétendue Lettre de M. de la Chalotais, écrit supposé dont il s'est servi pour persuader à la Reine que ce Magistrat ne le regardoit point comme l'auteur de ses malheurs & étoit revenu sur son compte. Ce qui détermina S. M. à ne plus s'opposer à l'admission de M. de Calonne dans le Ministere & même à la favoriser.

10 *Décembre*. M. le Comte de Mirabeau, qui depuis longtems nous annonce un Journal, vient enfin d'en entreprendre un sous le titre d'*Analyse des papiers Anglois*. Il en paroît déja trois No. : ceux-ci commencent à la mi-Novembre. Ces essais sont engageans : quoique l'auteur ne fasse que ressasser ce qu'on rencontre dans les papiers publics, les rapprochemens qu'il fait forment un ensemble plus lumineux & plus satisfaisant revêtu d'un style mâle & énergique. D'ailleurs il les accompagne de réflexions politiques souvent judicieuses ; il est fâcheux qu'elles soient tou-

jours en faveur de la France ; on voit que fa plume eſt vendue au Miniſtere : auſſi l'ouvrage eſt-il ouvertement public à Paris, où le Comte de Mirabeau le compoſe.

10. *Décembre* 1787. Où trouver la vérité, ſi un corps comme le Parlement, en parlant au Roi d'événemens récens, intéreſſant un de ſes membres, à portée de prendre des renſeignemens des auteurs mêmes & des témoins de la ſcene, avance des faits faux : ce dont on ne peut gueres douter cependant d'après la Lettre ſuivante, précieuſe à conſerver par les détails qu'elle renferme ſur les préparatifs faits & les précautions priſes pour l'enlevement de M. *Fretteau*, comme s'il eût été queſtion de s'aſſurer de quelqu'auteur d'un grand complot, de quelque chef de bande. L'Inſpecteur *Quidor*, qui préſidoit à l'enlevement, inculpé dans les premieres Supplications du Parlement, a écrit à M. *Fretteau* & en a reçu la réponſe ſuivante, en date du 25 Novembre.

,, C'eſt au reçu de votre Lettre, Monſieur,
,, & ſans aucun délai, que je déclare, con-
,, formément à l'exacte vérité & dans les
,, termes précis des queſtions que vous m'a-
,, dreſſez, comme *intéreſſant votre honneur &*
,, *votre état*, que dans l'exécution de l'ordre
,, du Roi, ni vous, ni le Commiſſaire
,, *Cheſnon*, ni les deux perſonnes qui ſont
,, montées avec vous ou après vous, dans
,, mon

„ mon appartement pour me garder, ni celle
„ que vous avez placée devant moi dans
„ la voiture où vous m'aviez enlevé, *n'avez*
„ *point agi avec une dureté barbare ni poussé*
„ *l'atrocité jusqu'à porter la main sur moi.*
„ Vous m'avez même tû en marchant que
„ vous eussiez établi une garde chez mon
„ portier, que vous eussiez des armes sur
„ vous, & que vous eussiez disposé de la
„ garde au bout de ma rue : vous étiez, par
„ votre nombre seul, maître de ma personne,
„ avant que je susse tous ces faits. Vous
„ pouvez, Monsieur, montrer ma réponse &
„ compter sur ma persévérance à l'attester."

11 *Décembre* 1787. Hier, les Chambres assemblées pour entendre la réponse du Roi, qui n'est autre chose que S. M. feroit savoir ses intentions, la séance a été remise au vendredi 14, & cependant arrêté que le Premier Président continueroit à interposer ses bons offices auprès du Roi pour obtenir cette réponse.

11 *Décembre.* Les partisans de la musique Italienne dont le goût a été réveillé par les bouffons appellés d'Angleterre pour amuser la Reine, voudroient bien voir se fixer à Paris une pareille troupe : ils ont imaginé plusieurs projets ; le plus naturel seroit de les incorporer dans la troupe des comédiens Italiens qui n'en ont plus que le titre, & de substituer les opéra buffa aux pieces fran-

çoises, qui semblent toujours transplantées à ce théâtre. On assure que le Ministere n'est pas éloigné de cette idée.

11 *Décembre* 1787. C'est Madame la Maréchale *de Noailles*, qui envoye & colporte le prétendu discours d'un Ministre dans le Conseil contre les Protestans; ouvrage, à ce qu'on assure, de l'abbé *Beauregard*, de l'abbé *l'Enfant* & de l'abbé *Bergier*. Mais c'est surtout à l'Ex-Jésuite qu'on l'attribue. Quoiqu'il en soit, la vieille Maréchale ayant fait remplir le carosse du Maréchal qui alloit à Paris, d'une quantité d'exemplaires de cet ouvrage, les gens du maître ne purent s'empêcher de lui en rendre compte. Il dit que c'étoit bon, qu'il falloit obéir à sa femme. Mais quand il fut aux barrieres, il arrêta & ayant fait donner l'éveil au Commis, il fut saisi & visité. Il a jugé que cette petite espiéglerie seroit le meilleur moyen de prévenir desormais pareille supercherie.

11 *Décembre*. Les *secondes Supplications du Parlement* sont imprimées; les Magistrats s'y disculpent des reproches contenus dans la réponse du Roi aux premieres, & refutent les principes erronnés qu'elle manifeste: ils y réclament ou le jugement ou la liberté de M. le Duc d'Orléans & des deux Magistrats emprisonnés. On se rappele à cette occasion des représentations de la Commission intermédiaire de Bretagne, au sujet de M. *de*

la Chalotais, & il faut avouer que ces Supplications n'en approchent pas.

Du reste, on y trouve la confirmation de ce qu'on a dit en rapportant la Lettre de M. *Fretteau* & le Parlement convient d'*une exagération pardonnable dans le premier moment de la douleur & de l'effroi*.

12 *Décembre* 1787. Il court un Arrêté fictif du Parlement de Bordeaux en date du 24 Novembre, suivant lequel il auroit pris le parti de retourner à son siége véritable, pour y administrer la Justice. Cet Arrêté, qui est une espece de brûlot où, en supposant certaines démarches & assertions du Parlement de Guienne, on semble vouloir augmenter son zele & l'enhardir à faire des actes de résistance encore plus vigoureux, est imprimé & en a imposé un moment aux gens crédules. Mais, indépendamment du fond, quoiqu'il soit assez bien calqué sur les précédens Arrêtés de cette Cour, on y reconnoît des vices de forme qui trahissent la fausseté pour ceux qui discutent & comparent. Quoiqu'il en soit, il est prohibé sévérement & l'on fait des recherches de l'auteur qu'on dit même arrêté.

12 *Décembre*. On s'est hâté d'envoyer aux Membres du Parlement *Réponse à la Lettre d'un Magistrat*; elle n'est pas aussi bonne quant au style, mais meilleure en raisonnement. On y fait voir surtout la nécessité de donner une existence à tant de François au

milieu de nous; de renverser un mur de séparation qui a divisé si longtems les mêmes familles; enfin de faire cesser ces procès scandaleux, où la Loi se trouve toujours en contradiction avec la nature & dont la décision, toujours arbitraire, dépendoit uniquement de la tolérance plus ou moins grande des Juges.

12 *Décembre* 1787. Ce n'est que depuis peu qu'on s'est procuré la *Lettre du Comte de Buffon à Madame la Marquise de Sillery* (ci-devant Comtesse *de Genlis*) relativement à son ouvrage intitulé *la Religion considérée comme l'unique base du bonheur & de la véritable philosophie.* Elle est datée du Jardin du Roi, le 21 Mars 1787.

„ Ma noble fille, je viens de lire votre
„ nouvel ouvrage avec tout l'empressement
„ de l'amitié & cette curiosité qui se renou-
„ velle à chaque article d'un livre fait de
„ main de maître: Prédicateur aussi persuasif
„ qu'éloquent, lorsque vous présentez la re-
„ ligion & toutes les vertus avec le style
„ de Fenelon & la majesté des livres inspirés
„ par Dieu même, vous êtes un ange de
„ lumiere; & lorsque vous descendez aux
„ choses du monde, vous êtes la premiere
„ des femmes & la plus aimable des philo-
„ sophes. J'ai lu avec attendrissement les
„ éloges dont vous me comblez, & j'ac-
„ cepte avec bien de la reconnoissance cette

,, place que vous avez créée pour moi feul.
,, Mais j'en rends l'hommage tout entier à
,, cette amitié qui fait ma gloire & le des-
,, efpoir de mes rivaux.

,, Lorsque vous avez peint certains pré-
,, tendus philofophes, vous n'avez pas
,, échappé un feul des traits qui les caracté-
,, rifent; vous avez joint la fineffe des cou-
,, leurs à la vigueur du pinceau, & vous avez
,, mis dans l'ombre tout ce qui devoit y être.

,, Voilà, mon adorable & noble fille, ce
,, que je penfe de votre ouvrage. Je vous
,, en félicite avec cette fincérité & cette
,, tendre & refpectueufe affection que je vous
,, ai vouées pour la vie."

On voit par la lecture de cette lettre, quel ridicule la publicité verfoit fur l'un & l'autre, & pourquoi tous deux ont concouru à s'y oppofer, mais furtout M. de Buffon.

13 *Décembre* 1787. On ne peut mieux juftifier ce qu'on a dit de la Lettre du Parlement d'Aix à l'Archevêque de Touloufe, qu'en la rapportant dans fon texte même; elle eft datée du 6 Octobre:

,, Monfeigneur,

,, Le fentiment que nous devons au
,, bien de l'Etat, & à la gloire du Roi le
,, plus digne de nos refpects & de notre
,, amour, nous porte dès le premier inftant
,, qui nous rappele à nos fonctions &

„ par un mouvement unanime, à vous féliciter
„ du choix qui vous éleve au principal Mi-
„ niſtere, où votre grande réputation vous ap-
„ pelloit; choix presque en même tems ap-
„ plaudi & juſtifié par le ſervice immortel que
„ vous venez de rendre au Roi & à la
„ Nation.

„ *Ce début de votre Miniſtere eut honoré la*
„ *fin de ceux des d'Amboiſe & des Sully.* Il
„ annonce que votre ame préférera toujours
„ leur gloire pure & ſolide, toute fondée ſur
„ le bonheur des Peuples, à celle d'autres Mi-
„ niſtres, plus brillante en apparence, mais
„ inhumaine & achetée par de trop grands
„ malheurs.

„ L'hommage que nous vous offrons comme
„ Magiſtrats du Royaume, nous le renouvel-
„ lons encore au nom de la Nation Proven-
„ çale, à qui vous avez fait rendre ſon exi-
„ ſtence, en procurant le retour de ſes Etats,
„ objet de notre vœu perpétuel & de nos re-
„ montrances perſévérantes.

„ Si nous les avions interrompus dans ces
„ derniers tems, c'eſt l'effet de notre con-
„ fiance intime aux ſoins que vous donnez au
„ même objet, & dont les plus grandes affai-
„ res de l'Etat n'ont pu vous diſtraire; c'eſt
„ pour laiſſer à votre juſtice & à votre bien-
„ faiſance le mérite de prévenir nos dé-
„ marches.

„ Il nous reſte à déſirer que vos forces éga-

„ lent toujours vos lumieres & le courage qui
„ vous immole au falut de l'Etat.

„ Vous avez faifi les grands moyens de l'af-
„ furer, le refpect pour les droits de la Na-
„ tion, & la fidélité aux préceptes de l'anti-
„ que économie, qui du tems de nos peres
„ fut le tréfor des Rois.

„ Soyez longtems le coopérateur des grands
„ deffeins que le Monarque a conçu de renou-
„ veller la face de l'Empire François.

„ Nous confignons cette Lettre dans le Ré-
„ giftre dépofitaire de nos fentimens & de nos
„ démarches, pour être un monument dura-
„ ble de notre empreffement à acquitter notre
„ part de la dette publique, qu'impofent à
„ notre Patrie & au Royaume entier les bien-
„ faits dont l'un & l'autre font redevables à
„ la fageffe de vos confeils.

„ Nous fommes avec refpect,
„ Monfeigneur,
„ Vos très humbles & très
„ obéiffans Serviteurs les Gens
„ tenant la Cour de Parlement
„ de Provence, &c."

La réponfe du principal Miniftre n'eft qu'un pur compliment, dont le protocole eft qu'il appelle le Parlement, *Meffieurs*, fans vedette, & finit par des fentimens finceres & refpectueux avec lefquels il a l'honneur d'être, &c.

13 *Décembre* 1787. L'auteur de la Lettre à un Magiftrat, profitant du délai que le Par-

tement a pris pour l'enregistrement de la nouvelle Loi concernant les Proteſtans, s'eſt hâté d'en écrire une ſeconde, où il ne fait que répéter ce qu'il a dit: il voudroit qu'on laiſſât les Religionnaires dans l'état d'incertitude où ils ſont; il prétend qu'il n'en réſulte aucun mal pour eux, ſinon que peu à peu ils prennent le parti de rentrer au bercail.

Toute cette Lettre eſt une pure déclamation de rhéteur aſſez bien écrite, mais ſans diſcuſſion, ſans ſolidité, ſans raiſonnement réel.

13 *Décembre*. *Le coup manqué*, ou *le retour de Troyes*, eſt certainement une des meilleures brochures qui ayent encore paru ſur les affaires préſentes. Quoiqu'ancienne, puiſqu'elle eſt datée du 20 Septembre dernier, elle a eu peine à percer, parce que les deux partis qu'elle fronde tour à tour, avoient un égal intérêt de l'empêcher de paroître & de l'étouffer.

Ce pamphlet contient des réflexions ſommaires ſur le dernier Arrêté du Parlement de Paris, en date du 19 Septembre: elles ſont précédées d'un récit hiſtorique de ce qui s'eſt paſſé depuis l'aſſemblée des Notables. Du réſumé des faits, l'auteur fait enſuite ſortir les ſyſtêmes oppoſés de la Cour & du Parlement. Enfin, après avoir comparé les derniers réſultats de leur conduite reſpective, & les ſacrifices faits en définitif, de part & d'autre, il en tire les conſéquences naturelles & néceſſaires d'où dérive fa conclufion, que, dans cette efpece de Traité de Paix, tout le defavantage eft pour le Parlement, & par conféquent pour la Nation. Il triomphe furtout en pulvérifant les fix motifs énoncés dans l'Arrêté qui ont déterminé la Cour des Pairs à fe contredire auffi formellement. De-là la juftefle de fon épigraphe: *parturient montes, nascetur ridiculus mus.*

14 *Décembre* 1787. Dans *un petit mot de réponfe à M. de Calonne fur fa requête au Roi, par M. Carra,* on trouve une anecdote précieufe; c'eft que cet écrivain s'avoue pour l'auteur du Mémoire qualifié d'*infernal* & attribué par M. de Calonne à l'Archevêque de Touloufe, & pour preuve ce Mémoire eft imprimé à la fuite. Il eft foudroyant pour le Contrôleur général; il contient des détails fur la manutention de ce Miniftère, & fur le gafpillage des finances, avec noms, furnoms, qualités, circonftances & dépendances qui le rendent extrêmement curieux, mais refutent invinciblement l'aveu fimulé de M. Carra: il peut avoir été la main qui a rédigé, colporté ce Mémoire, mais il n'a pu être compofé que d'après des renfeignemens donnés par quelqu'un à portée de fouiller dans les Archives les plus intimes du Miniftere. Aujourd'hui donc que M. Carra eft connu pour écrivain de M. de Brienne, il eft encore mieux confirmé que ce n'eft pas fans raifon

que M. de Calonne attribue au Prélat ce Mémoire, ce coup de Jarnac, s'il en fût jamais un.

14 *Décembre* 1787. Le Principal Ministre pour s'assurer une augmentation de fonds plus prompte & plus légale, moins contestée du moins, puisqu'elle seroit volontaire, a imaginé de proposer par accroissement un abonnement pour les Vingtiemes aux différentes assemblées provinciales; quelques-unes ont accordé, mais plusieurs ont refusé, entr'autres celle de Tours, à qui l'on demandoit 1,600,000 livres de plus, & celle de l'Isle de France, pour 500,000 livres.

On parle aussi d'un Enregistrement du Parlement de Metz, qui contrarie beaucoup les vues de M. de Brienne.

14 *Décembre*. M. le Marquis *de Chatellux* vient d'épouser une Irlandoise, fille de condition, sans fortune, dont le pere est au service de l'Empereur, & l'anecdote de ce mariage est bonne à savoir pour les Demoiselles de cette espece, qui auroient pareil coup de main à faire.

Mlle. *Plunquet* (c'est son nom,) jeune & jolie, étoit cet été aux eaux de Spa, lorsque Madame la Duchesse d'Orléans y est allée. Cette Princesse, toute bonne, la distingua parmi les autres femmes & son état de détresse fut un motif de plus pour qu'elle se l'attachât & la comblât de ses bontés. Le

Marquis de Chatellux venu aux Eaux à la même époque, fut admis à faire sa cour à Madame la Duchesse d'Orléans; il vit Mlle. Plunquet, en fut enchanté & affecta de lui dire des choses obligeantes, d'autant mieux que c'étoit le moyen de se rendre plus agréable à son Altesse. Mais la saison des eaux s'avançoit. Mlle. Plunquet sentoit que si elle laissoit passer cette occasion de frapper au cœur de M. de Chatellux, elle ne la retrouveroit pas: ayant bien étudié le Caractere du Marquis & reconnu son amour-propre excessif du côté de ses talens littéraires, elle mit en œuvre un stratagême qu'elle jugea le plus propre à réussir.

Un matin que tout le monde en prenant les eaux se rassemble, promene & cause, Mlle. Plunquet s'écarta & seule au pied d'un arbre se mit à lire: le Marquis de Chatellux l'apperçoit dans cette attitude & profondément occupée: il est curieux de savoir ce qu'elle lit; il approche à pas de loup, & quelle surprise flatteuse pour lui! La belle lisoit son Voyage de l'Amérique Septentrionale! Dès-lors la passion du Marquis a été portée à son comble; il a demandé la main de la Demoiselle & l'hymen s'est contracté sous les auspices de Madame la Duchesse d'Orléans, qui vient de présenter à la cour la nouvelle Marquise de Chatellux & de l'attacher à son service.

14 *Décembre* 1787. Il paroît que la *seconde suite de la conférence du Ministre avec le Conseiller*, a été composée avant l'Edit d'Emprunt porté au Parlement le 19 Novembre. En effet elle est datée du 14 Octobre. Son objet est de disposer les Magistrats & le public en général à cet Emprunt. Mais il justifie en même tems ce qu'on a dit que M. d'Eprémesnil avoit été trompé non seulement sur la quotité de l'Emprunt, mais sur la condition de l'assemblée des Etats généraux. Suivant l'auteur de la brochure qu'on croit avoir écrit sous l'influence de ce Magistrat, puisqu'on y retrouve les différens principes & systêmes qu'il a établis dans ses discours au Parlement, les Etats-Généraux doivent être convoqués dès le mois d'Octobre 1788, ou dans le courant de 1789; parce que cette convocation est le seul moyen de suppléer aux motifs de défiance des Etrangers.

Du reste, l'auteur s'appuye beaucoup sur une brochure qui a précédé la sienne dans le commencement & dont le titre seul caractérise parfaitement le contenu: c'est le *Jurisconsulte National, ou Principes sur la nécessité du consentement de la Nation, pour accorder ou proroger l'Impôt.*

14 *Décembre*. L'infatigable abbé Boudeau, après avoir poursuivi à outrance Mrs. Necker & de Calonne, vient de terminer ses pamphlets en ce genre par sa *Sixieme & der-*

nière partie des idées d'un Citoyen. Mais il va rentrer dans la carriere sous une nouvelle forme: à force de remuer il a obtenu de l'Archevêque de Toulouse la liberté de régénerer ce qu'il appelle un recueil patriotique, ses *Ephémérides du Citoyen*, commencées au mois de Novembre 1765. Il leur donne maintenant le titre de *Nouvelles Ephémérides Economiques*.

14 *Décembre 1787. Fragment d'une correspondance*. C'est encore un excellent ouvrage, mais qui n'est que sommaire. Il est divisé en trois lettres. Dans la premiere, l'auteur peint fidellement l'état actuel de la France, il fait le récit déplorable de nos maux: dans la seconde il en indique les causes & dans la troisieme il propose les remedes. Une singularité qui ne plaira pas à tout le monde, c'est qu'il regarde l'espece d'explosion subite que la philosophie a faite en Europe dans l'espace de 30 ans, comme une des sources des maux de la France, & il veut obvier par de bonnes loix & une surveillance attentive sur les mœurs aux inconvéniens de la nouvelle philosophie.

15 *Décembre*. M. *Brissot de Varville* continue son ouvrage intitulé *Point de Banqueroute*: dans une seconde Lettre à un Créancier de l'Etat, il traite des conséquences de la révocation des deux Impôts relativement à la dette nationale. Il pense différemment

de l'auteur du *Coup Manqué* ; il regarde la derniere révolution comme ayant sanctionné les droits de la Nation, comme ayant déterminé les bases de l'Impôt ; il trouve que les principes défendus par les Parlemens, tacitement reconnus par l'Administration, éloignent à jamais toute idée de Banqueroute Nationale ; il prétend qu'il n'y aura plus d'Impôt mis, ni même d'Emprunt fait, qui est un Impôt indirect, sans le consentement de la Nation, sans l'assemblée des Etats Généraux. Il a la meilleure idée du Ministere actuel, surtout d'après l'Arrêt du Conseil qui suspend la continuation des magnifiques travaux de la muraille élevée autour de Paris ; d'après le renvoi de ce fameux *Cabarrus* dont il trace un portrait effroyable, & qu'à l'exemple du Comte de Mirabeau, il qualifie des épithetes les plus odieuses, dans lequel il voyoit un second *Law*, plus funeste encore au Royaume que le premier : il ne conçoit pas par quel vertige on avoit pu l'appeller pendant quelque tems à la direction du Trésor Royal.

Dans une *troisieme Lettre*, M. de *Varville* imagine les moyens de maintenir le crédit de la Nation au milieu des troubles actuels de l'Europe. Comme il n'est plus soutenu ici par les grands principes du droit naturel & de la constitution françoise, il n'est pas aussi heureux dans ses rêveries & avance des assertions que tous les politiques n'avoueront pas: il veut auſſi faire ſa cour au gouvernement, en l'excuſant, après avoir excité les Patriotes Hollandois à s'élever contre le Pouvoir Stadhouderien, à le reſtreindre, à l'anéantir, d'avoir abandonné ces malheureux dans la criſe.

Dans la *quatrieme Lettre* ſur la Dette Nationale conſidérée relativement à la Guerre de la Turquie, le politique s'égare encore plus & pour ſe tirer d'affaire il conſeille la paix; il ne voit d'autre parti à prendre que la paix, mais il faut qu'on y laiſſe la France.

Ici finiſſent les Lettres: cette derniere eſt datée du 22 Octobre 1787.

Dans un *Poſtſcriptum* il eſt queſtion du Mémoire de M. de Calonne, & l'auteur ſe permet ſur cet objet quelques réflexions juſtes & patriotiques rentrant dans tout ce qu'on en a déja dit.

15 *Décembre* 1787. Il paſſe pour éclairci que les nouveaux murs élevés autour de Paris, quoique non achevés, coûtent déja 25 millions. On veut qu'il n'y ait jamais eu de devis en regle ſur cet objet & que ſeulement ayant été accordé un ſols pour livre des dépenſes au Sieur *le Doux*, il ait eu intérêt de les accroître le plus poſſible; qu'en un mot toute cette imagination ait été concertée uniquement entre M. *Lavoiſier*, Fermier général, qui d'abord n'avoit en vue qu'une certaine

portion de muraille; M. *de Colonia*, Maître des Requêtes ayant le Département des Fermes; & le Sieur *le Doux*, leur Architecte. On ajoute que c'est ce le Doux seul qui, envisageant dans cette opération un lucre immense, leur a persuadé qu'une muraille qui cerneroit tout Paris seroit un superbe monument.

15 *Décembre* 1787. Une éréfipelle à la tête survenue au Roi mercredi & qui a augmenté depuis & causé la fievre, a obligé S. M. de garder le lit & de contremander le Conseil des Dépêches qui devoit avoir lieu aujourd'hui: celui d'État n'aura pas lieu demain non plus; les présentations sont encore mieux différées & toutes les autres cérémonies d'usage.

Le principal Ministre, au moyen de cet événement, n'est point parti pour Versailles, ainsi qu'on l'avoit annoncé; il a profité de ce répit pour consolider sa convalescence encore très foible: il lui reste une extinction de voix, qui permet à peine de l'entendre.

Malgré cette longue absence de la cour, il est tranquille; il reçoit tous les jours une Lettre de la Reine, ce qui le console de la froideur du Roi: on assure qu'il n'a pas envoyé une seule fois savoir de ses nouvelles, depuis que ce Prélat est à Paris.

15 *Décembre*. Les chambres assemblées hier pour entendre la réponse du Roi, il n'y en a point eu. Le Premier Président a dit que

que S. M. avoit remis à donner sa réponse mardi. En conséquence la séance est continuée au mercredi 18.

Comme Messieurs étoient de fort mauvaise humeur de tous ces délais, il y a vraisemblablement eu des voix pour arrêter de ne s'occuper d'aucune affaire publique, jusqu'à ce qu'on eût eu satisfaction sur le compte du Prince exilé & des deux Membres prisonniers.

Quelque brouillon a imaginé de convertir cet avis isolé en un Arrêté qu'il a fait imprimer & que plusieurs papiers étrangers mal instruits ne manqueront, sans doute, pas d'adopter; mais il est aussi fictif que celui de Bordeaux du 24 Novembre. Au surplus, les gens disposés à voir favorablement les choses, augurent bien de ces délais; ils esperent que le Roi ne differe sa réponse qu'afin de la donner satisfaisante; que cela tient à l'absence du principal Ministre dont le Roi attend le retour pour se concilier avec lui là-dessus; ils le présument d'autant mieux que si S. M. étoit disposée à des procédés violens, elle n'auroit besoin que de suivre l'impulsion du Garde des Sceaux & du Baron de Breteuil, qui trouvent tous deux M. de Brienne trop doux & lui reprochent par sa molesse de maintenir la résistance & de fomenter la fermentation.

Une anecdote relative au Duc d'Orléans vient à l'appui des gens qui comptent sur l'esprit doux & conciliant du principal Miniſtre. Ce Prince, bien loin d'avoir refuſé de profiter des bontés du Roi, qui lui permettoit de s'approcher de ſa perſonne, & d'avoir répondu, ainſi qu'on l'a débité entre toutes les fauſſes nouvelles dont nous ſommes inondés, *qu'il attendoit avant d'être inſtruit des griefs que S. M. avoit à lui reprocher, pour éviter déſormais de s'en rendre coupable;* au contraire a écrit lui-même une Lettre au Roi. Il marquoit dans cette Lettre que la retraite de ſon Chancelier, la maladie de ſon Contrôleur général des Finances, les travaux qu'il avoit entrepris dans ſon Palais à Paris, & ſurtout la mauvaiſe ſanté de Madame la Ducheſſe d'Orléans qui s'obſtinoit à partager ſon exil, la ſienne qui n'étoit pas trop bonne, étoient des motifs puiſſans qui le déterminoient à ſupplier S. M. de lui permettre de revenir à Paris. Le Roi lui a fait dire verbalement par l'entremiſe du Comte de Montmorin, que S. M. ne lui répondoit point, pour s'éviter à elle-même le chagrin de le refuſer; mais qu'il patientât, & que dès que les circonſtances le permettroient, elle lui feroit une réponſe plus ſatisfaiſante.

15 Décembre 1787. Une piece nouvelle jouée hier aux Italiens les a un peu dédommagés de tant d'autres bafouées depuis quelque tems: elle a eu beaucoup de ſuccès & les mérite par une intrigue piquante & gaie; elle a pour titre *les Etourdis, ou le Mort*

suppofé. Cette comédie eſt en trois actes & en vers. Elle eſt écrite avec efprit & facilité. Il y a fans doute des défauts, des invraifemblances, des fcenes inutiles & languiſſantes; mais, en général, elle annonce un joli talent & confirme la bonne opinion que l'auteur avoit déja fait concevoir de lui à ce théâtre: malgré fon triomphe, il n'a point voulu être nommé; c'eſt un jeune Avocat, nommé *Andrieux*, qui craint que trop de publicité ne lui faſſe tort & ne l'empêche d'être mis fur le tableau, ou d'y reſter.

16 *Décembre* 1787. On veut que M. *de Bievre* fe foit réveillé au fujet de M. le Duc d'Orléans qui a penſé fe noyer, & ait enfanté un nouveau calambour: *je l'avois toujours prédit*, s'eſt-il écrié, *que ce Prince reviendroit fur l'eau*. Mot aſſez heureux en ce qu'il a rapport auſſi à la réhabilitation de ce Prince dans l'opinion publique.

16 *Décembre.* Pour contrebalancer dans le public l'impreſſion qu'auroient pu faire les différens écrits répandus contre la Tolérance en faveur des Proteſtans & leur rentrée dans le Royaume; on vient d'imprimer le Mémoire de M. *de Malesherbes* à leur fujet, Mémoire lu au Conſeil & qui n'a pas peu contribué à la déciſion priſe à ce fujet.

17 *Décembre.* M. Carra, fpécialement employé par l'Archevêque de Toulouſe pour répondre au Mémoire de M. de Calonne,

& qui n'a fait encore qu'escarmoucher contre cet Ex-Ministre dans son *petit mot à l'oreille*, a formé un plan plus vaste ; on lui a fourni beaucoup de matériaux &, sous l'influence du Prélat, il va les mettre en œuvre. Il paroît que c'est la seule maniere dont on veut punir M. de Calonne. Le Chef de la Justice actuel est intéressé à ne pas le pousser à bout en permettant qu'on lui fasse son procès. Comme il s'est passé beaucoup de choses entre eux à l'occasion du procès de Mrs. *le Maître & Augeard* ; qu'il a été le principe de la coalition entre ces deux personnages & de l'élevation de M. *de Lamoignon* aux Sceaux, par l'entremise de M. de Calonne ; il craindroit que celui-ci, en lui reprochant son ingratitude, ne révélât beaucoup d'anecdotes que tous deux sont intéressés à laisser dans le secret.

Mais M. de Lamoignon est trop adroit pour laisser le gros du public se douter de son motif ; il prétend qu'il a les bras liés par les gens en crédit à la cour, par des Puissances même qui craindroient à leur tour les révélations de M. de Calonne, & tel est le génie du courtisan que celui-ci, en paroissant servir les autres, ne se sert que lui-même.

17 *Décembre* 1787. On présume, & l'on la raison de croire, que le projet de joindre la Sambre à l'Escaut, cette derniere riviere à la Deule & celle-ci à la Lys, aura lieu ; de

maniere que tous les Pays-bas François pourront communiquer par des canaux jusques au Pays de Liege, en traversant les Pays-bas Autrichiens & ceux d'entre la Sambre & la Meuse, & former en même tems une liaison de commerce entre ces trois Puissances, qui concourra au bien-être de chacun de leurs sujets.

17 *Décembre* 1787. On confirme tout ce qu'on a dit sur le montant des dépenses que coûtent les nouveaux murs de cette capitale & sur la maniere dont ils ont été commencés ; on ne pourroit le croire si ce n'étoit attesté par des gens intéressés à approfondir l'anecdote & dignes de foi.

Il paroît un nouvel Arrêt du Conseil du 25 Nov. qui ordonne momentanément la suspension des travaux de la clôture de Paris ; prescrit les opérations à faire avant qu'ils soient continués & commet les Sieurs *Hazon*, Intendant général des bâtimens du Roi, & *Brebion*, Contrôleur général desdits bâtimens, pour partager avec les Sieurs *Antoine* & *Raimond* la direction desdits travaux, & la suite de toutes les opérations relatives à la clôture de Paris.

18 *Décembre*. L'enregistrement du Parlement de Metz, qui déplaît fort à la cour, mérite d'être rapporté dans tout son contenu. Il porte prorogation des deux Vingtiemes, à charge

1°. Que, conformément aux termes dudit Édit qui embrasse l'universalité des biens du

Royaume, même les Domaines étant entre les mains du Roi, les deux Vingtiemes & quatre Sols pour Livre du premier, seront perçus sur tous les biens appartenans, soit aux Laïcs, soit aux Ecclésiastiques; sans que le Clergé, sous quelque prétexte que ce soit de Privilege, lequel ne seroit pas nommément désigné dans ledit Edit, puisse à l'avenir se prétendre exempt de ladite imposition : qu'en conséquence tous les Bénéficiers & autres possesseurs de biens ecclésiastiques, ou réputés tels, seront tenus de faire des déclarations séparées des biens qu'ils possedent dans les différens Dioceses du ressort de la Cour : sur lesquelles déclarations dûement justifiées ils seront imposés chacun séparément dans les rôles des Vingtiemes; sans préjudice néanmoins des formes anciennes du Clergé, en ce qui concerne seulement la répartition à faire entre les différens Membres : auquel cas le Préposé à la recette de chaque bureau diocésain pourra recevoir les quotes particulieres des contribuables, à la charge d'en verser le montant en deniers comptans, entre les mains du Préposé à la recette des Vingtiemes.

2°. Que s'il entroit dans les vues de S. M. d'abonner les Vingtiemes de la Province, la proposition ne pourra être faite ou acceptée directement que par le Parlement, qui, à défaut d'Etats Généraux, a seul caractere pour consacrer un abonnement au nom de la Province, & que l'abonnement n'aura lieu néanmoins qu'en vertu de Lettres-patentes duement vérifiées en la forme ordinaire: lesquelles modifications feront publiées à la fuite dudit Edit; & dans le cas où elles n'auroient pas leur pleine & entière exécution, la Cour révoque dès à préfent ladite vérification, qui fera pour-lors cenfée comme non avenue, &c.

18 Décembre. La Cour a fait publier aujourd'hui & même hier avec affectation dans les rues la Réponfe aux Remontrances du Parlement de Bordeaux. Elle eft datée du 29 Novembre; elle eft fort longue: on y divife les Remontrances en trois parties.

On regarde la premiere comme un tableau de la fituation des Finances du Royaume, une difcuffion des caufes & des moyens qui ont amené l'affemblée des Notables.

La feconde concerne les Affemblées Provinciales, leur origine, leur convocation, leur objet, leur infuffifance pour fuppléer aux Etats Généraux.

Enfin la derniere eft une réclamation de cette Cour contre fa tranflation à Libourne.

Quant au premier point, le Roi regarde le Parlement comme ne pouvant parler de femblable matiere, fans faire de grands écarts, faute de bafe certaine: en conféquence il lui prefcrit de ne plus s'en occuper.

Quant à l'autre, on ne fe donne point la peine de rien dire de nouveau, ni au fond, ni dans la forme; on répete tout uniment les différens paragraphes concernant les Assemblées Provinciales, qui font déjà un grand épisode du discours du Garde des Sceaux à la séance du 19 Novembre.

Enfin l'on prétend que la translation est très réguliere; qu'il y en a eu plusieurs de cette espece, sur lesquelles le Parlement n'a point chicané; que si les Peuples souffrent de l'interruption de la justice, c'est aux Magistrats qu'ils doivent s'en prendre, attendu qu'ils ont tout ce qu'il faut pour exercer leurs fonctions. On fait ici une distinction au sujet des Lettres closes qui n'ont été employées que contre les individus: quant au Corps entier, il a été transféré par des Lettres patentes bien en regle.

Au reste, c'est par sa soumission seule que le Parlement peut espérer son rappel.

18 *Décembre* 1787. Depuis près d'un an que M. le Comte *de Montmorin* est au Ministere des affaires étrangeres, on commence à s'appercevoir que cet emploi est au dessus de ses forces. Dans cet espace de tems, il nous a aliéné le Roi de Prusse, dont son prédécesseur avoit eu bien de la peine à se rapprocher; il nous a fait perdre tout le fruit de dix ans de ménagemens & de navigations avec la Hollande, faute d'avoir montré la vigueur nécessaire en pareille circonstance; en sorte que notre Traité avec cette République est à la veille d'être anéanti : enfin il a laissé

prendre

prendre au Ministere Anglois près du Divan la prépondérance dont la France jouissoit depuis si longtems. Toutes ces fautes sont d'autant plus grandes dans le moment actuel, qu'elles nous privent aussi de nos Alliés naturels, & font prendre à notre Politique un cours bizarre, dont les plus habiles ne sauroient démêler le résultat.

19 *Décembre* 1787. Il a paru depuis quelque tems ici, *Lettre sur l'invasion des Provinces-Unies, à M. le Comte de Mirabeau, & sa Réponse* : on les a données comme publiées par la Commission que les Patriotes Hollandois ont établie à Bruxelles. La premiere est datée du 28 Octobre & la seconde du 1 Novembre. On voit que l'une n'a pas attendu l'autre & bien de gens pensent qu'elles ont été composées ensemble & peut-être par la même main. Quoiqu'il en soit, le Roi de Prusse regnant y est extrêmement maltraité, & plus encore dans la Réponse du Comte de Mirabeau, que dans la Lettre du Patriote. Ces jours derniers le Comte de Mirabeau se trouvant dans une maison où étoit un Seigneur Prussien, fut à lui & lui dit: *j'espere que vous ne me faites point l'injure de m'attribuer la Lettre qu'on m'impute contre votre Monarque.* — *Certes, Monsieur*, lui répondit l'étranger, *je ne puis croire qu'ayant été accueilli comme vous l'avez été à la cour de Berlin, vous vous fussiez permis non seulement*

de juger avec autant de témérité la conduite d'un Prince qui vous a comblé de faveurs & ouvert son intimité; mais encore de vous permettre des déclamations personnelles, qui seroient le comble de l'ingratitude & feroient moins de vous l'Apôtre de la Liberté, que le plus Exécrable des hommes. Le Comte rougit beaucoup & l'on changea de conversation. Au surplus, l'objet de la Lettre du Patriote est d'inviter M. de Mirabeau à composer l'histoire de la révolution actuelle de Hollande; & de prouver ainsi qu'il n'est point dévoué au Roi de Prusse & au Duc de Brunswick, comme le publient ses ennemis.

Dans sa Réponse, M. de Mirabeau abjure cet attachement prétendu au Roi de Prusse & au Duc de Brunswick: rien ne pourroit l'empêcher de composer un ouvrage qui marquât sous le titre de *Révolution de la Hollande, ou du Stathouder, & de l'Influence probable de l'invasion des Provinces-Unies sur le système politique de l'Europe*. Mais il croit qu'il n'est pas, ou qu'il n'est plus tems.

19 Décembre 1787. Hier les comédiens françois ont essayé de jouer *les Rivaux*, comédie nouvelle en cinq actes & en vers, imitée de l'Anglois: mais le tumulte a été si grand dès le premier acte & s'est tellement accru au second, qu'il a fallu baisser la toile au commencement du troisieme. Il est peu d'exemples d'une chûte aussi rapide.

19. *Décembre* 1787. Quoique l'Archevêque de Toulouse soit retourné à Versailles le mardi & que S. M. aille mieux; comme elle ne peut recevoir le Premier Président, auquel il est d'étiquette qu'elle donne elle-même sa réponse, il n'y en a point encore eu.

20 *Décembre*. Hier les chambres assemblées, les Princes & les Pairs y séant pour entendre la réponse du Roi, comme on le savoit d'avance, le Premier Président a annoncé qu'il n'en avoit point encore à donner. Sur quoi il a été chargé de continuer ses bons offices pour en obtenir une & la séance renvoyée au 28.

On devoit s'occuper le vendredi 21, qui est demain, de l'Edit des Protestans; mais, sous prétexte que le travail des Commissaires n'est pas fini, on allonge aussi jusqu'à ce que la cour ait parlé.

26 *Décembre*. Suivant ce qu'on écrit de Rennes, le Parlement a fait un Arrêté & adressé des Remontrances au Roi concernant l'exil de M. le Duc d'Orléans & la détention des deux Magistrats: le Ministere en a été mécontent & il a été demandé une Députation du Premier Président & de deux Présidens à Mortier: le Parlement a arrêté que vu la forme insolite dont la demande avoit été faite, il n'y avoit lieu d'obtempérer à l'ordre du Roi, sauf au Premier Président, comme Commissaire de S. M., à se retirer par devers

elle, si bon lui sembloit; & en effet suivant les Lettres de Rennes ce Chef de la Compagnie est parti le 16. Comme il est fort lié avec l'Evêque de Rennes & que celui-ci est ami de l'Archevêque de Toulouse, on ne doute pas qu'il n'y ait une coalition entr'eux pour faire sauter le Garde des Sceaux, qui ne peut tenir en place & fait sottises sur sottises: on sait d'ailleurs qu'il déplaît fort à M. de Brienne.

Au surplus, l'Arrêté & les Remontrances ont été envoyés ici & ils sont sous presse.

21 *Décembre* 1787. Les vers contre le Roi acquierent un peu plus de publicité; ils sont plus violens que tout ce qu'on a encore lu en ce genre: on prétend qu'ils ont été composés à Gennevilliers, château de plaisance de M. le Duc d'Orléans, & que c'est-là le principe de sa disgrace: mais il ne seroit pas assez puni, s'il pouvoit être complice ou témoin seulement d'une pareille horreur.

21 *Décembre.* Extrait d'une Lettre de Bordeaux du 15 Décembre... La réponse du Roi à notre Parlement est aussi bizarre dans le fond que dans la forme, & la Compagnie est actuellement occupée à en réfuter les raisonnemens. Du reste, elle est intitulée *Réponse du Roi*: c'est ensuite un tiers qui parle; on croit que c'est le Garde des Sceaux, & quand on est à la fin, on ne trouve personne.

M. le Vicomte de Fumel, qui commande en l'absence de M. de Brienne, a été envoyé par la Cour pour tâter le Parlement & l'engager à un acte de soumission; mais inutilement.

Il paroît que, malgré cette réponse, la Cour est fort embarrassée: on le juge par un acte de vigueur que s'est permis le Parlement, sans qu'elle s'y soit opposée. Les Magistrats, malgré l'injustice de leur translation & le dérangement qu'elle cause dans leur fortune, servant par honneur, n'ont pas crû devoir rien répéter; mais ils n'ont pas pensé qu'il en dût être de même des subalternes & des suppôts de la Cour. En conséquence, calcul fait, elle a rendu Arrêt qui ordonne qu'une somme de douze mille & quelques cens livres seroit prise dans les recettes du Roi pour leur servir d'indemnité. Le Receveur ayant fait des difficultés, est intervenu Arrêt exécutoire & il a fallu obéir.

21 *Décembre* 1787. Une nouvelle piece formidable contre M. de Calonne, c'est le *Mémoire justificatif pour le Sieur Michel Rivage, Essayeur de la Monnoye de Strasbourg*, en réponse aux assertions & imputations de cet Ex-Ministre, relativement au travail de la refonte de l'or.

Ce Mémoire, signé de Me. *Fournel*, Avocat, est dirigé contre les accusateurs en titre du Sr. *Rivage*, M. *Louis Beyerlé*, Conseiller au Parlement de Nanci, & *Gabriel de Beyerlé*, Officier au Service des Etats-Unis de l'Amérique Septentrionale, tous deux fils & héritiers, sous bénéfice d'inventaire, du Sr. Beyerlé, Directeur de la Monnoie de Strasbourg.

Il seroit fastidieux de suivre l'Avocat dans tout ce qu'il dit en faveur de son client, dans le récit des faits & dans les détails instructifs concernant une matiere obscure & connue de peu de personnes. Voici seulement quelques anecdotes précieuses à en extraire.

Une apparence de dix-huit millions de bénéfice fut ce qui détermina M. de Calonne à une refonte que Mrs. *Necker* & *de Fleuri*, ses prédécesseurs, avoient rejetée.

Sous prétexte qu'en 1771 l'abbé *Terrai* avoit ordonné aux Directeurs de *chatouiller le remede*, c'est-à-dire d'écorner légerement les Louis, ce qui en altéroit le titre ou la valeur; M. de Calonne autorise les Directeurs à ne prendre tous les Louis depuis la fabrication de 1726 qu'au même taux que ceux fabriqués ou plutôt altérés par les ordres de l'abbé Terrai; ce qui occasionne au Roi une perte de sept millions tournant au profit de qui il a appartenu: jusques là c'est en apparence totalement à celui des Directeurs.

Ce bénéfice se calcule sur 1300 millions d'especes d'or fabriquées dans le Royaume depuis 1726.

M. de Calonne est véhémentement suspecté

d'avoir cooperé sciemment à cette iniquité; par le peu de formalités qu'il a observées pour l'autoriser; par son attention de la souftraire à l'inspection des Juges légitimes qui sont les membres de la Cour des Monnoyes; par les efforts qu'il a faits pour étouffer le procès mû contre le Directeur de la Monnoye de Strasbourg & ses ayant cause, & pour la faire retomber sur le Sieur Rivage, qui semble prouver parfaitement son innocence.

22 *Décembre* 1787. Il nous est arrivé de chez l'Etranger: *Mémoire à consulter de Pierre Bon de Courcelles & de Vaugondry, au sujet des excès commis envers lui, par quelques membres de la Régence de l'Illustre Etat de Berne; par la Chambre suprême des appellations du Pays de Vaud; puis par le magnifique petit Conseil de la République.*

Dans ce Mémoire, après avoir raconté comment sa propriété a été attaquée, son état enlevé & son honneur impliqué injustement, à l'improviste & sans forme de procès: ses représentations, puis ses plaintes ont été rejetées: l'accès aux tribunaux & celui du Trône lui ont été refusés: comment, ayant voulu réclamer la justice du Souverain, sa réclamation lui a été soustraite; comment on a voulu l'attirer en chartre privée &, ne s'y étant pas rendu, on a prononcé contre lui la peine du pilori & un bannissement perpétuel en le calomniant & diffamant: l'auteur supplie les Jurisconsultes de toutes les Nations de répondre aux questions suivantes:

1º. Les procédés dont il se plaint, sont-ils conformes, ou contraires, à ces principes généraux de justice, par lesquels tous les Peuples se gouvernent?

2º. Est-il fondé à en poursuivre le redressement?

3º. Etant fondé, quelles sont les voies d'y pourvoir?

Du reste, dans ce Mémoire écrit simplement & sans aucune chaleur, on peut s'instruire sur la forme de procéder & de juger dans la République de Berne; mais ce qu'on y apprend encore mieux, c'est que l'injustice est de tous les lieux & que partout le foible est la proye du fort.

22 *Décembre* 1787. L'église de Digne a été successivement gouvernée par Mrs. *de Jarente* & *du Cayla*, deux Prélats dont la vie publiquement licentieuse a rempli ce Diocese de scandales: ils sont aujourd'hui remplacés par un M. *de Villedieu*, qui enchérit encore sur eux & réunit tous les vices; du moins si l'on en croit une *Lettre de M*** Conseiller au Parlement d'Aix*, datée du 1 Novembre de cette année. Il paroît que l'objet de cette espece de dénonciation seroit d'engager un pareil Evêque à descendre d'une place qu'il souille par ses déréglemens; de faire rougir le Ministre de la feuille de l'y avoir nommé &

de forcer en quelque sorte son Métropolitain, l'Archevêque d'Embrun, d'assembler un Concile National pour le dégrader, s'il s'obstine à conserver un siége qu'il deshonore journellement.

22 *Décembre* 1787. Les tomes 3 & 4 *du Recueil des Représentations, Protestations & Réclamations faites à S. M. Impériale par les Représentans & Etats des Provinces des Pays-bas Autrichiens,* sont parvenus ici. Ils n'offrent rien de curieux plus que ce qu'on a vu. Ils roulent principalement sur des matieres religieuses. On sait aujourd'hui positivement que ce Recueil se compose à Liege par des Ex-Jésuites, qui profitent de la disposition des esprits dans les Provinces Belgiques, de l'ignorance & du goût superstitieux qui y regnent, pour fomenter les troubles qui les agitent: d'un autre côté, des Politiques ambitieux qui se soucient peu du Dieu de Baal ou du Dieu d'Israël, semblent toutefois les adopter comme propres à seconder leurs vues & à faire corps contre le despotisme du Souverain.

Les cinquieme & sixieme volumes doivent être imprimés depuis, & vraisemblablement ne feront pas plus intéressans.

22 *Décembre*. On tracasse encore M. *de Juigné* sur son Rituel, & l'on distribue *Tradition de l'Eglise opposée aux opinions du nouveau Rituel de Paris, sur la Conception imma-*

cutée de la Sainte Vierge & sur son Assomption en corps & en ame.

On reproche au Prélat de donner comme une espèce de dogme de foi ces deux opinions laissées arbitraires dans l'ancien Rituel, conformément aux décisions de plusieurs Papes & du Concile de Trente.

22 Décembre 1787. On commence à crier déja contre le nouveau Conseil de la guerre; l'on prétend qu'il penche pour la discipline allemande, adoptée par les Ordonnances du Comte de Saint Germain, tombées depuis en désuétude, & que des Majors qui prennent l'esprit de ce Conseil remettent en vigueur.

On écrit de Toulon qu'un sergent ainsi maltraité par le Major d'un régiment en garnison dans ce port, n'a pu survivre à son deshonneur & s'est brûlé la cervelle; qu'un soldat non moins sensible en a fait autant.

On écrit de Metz qu'on y compte douze à treize soldats qui ont préféré la mort à l'ignominie.

On parle d'un autre régiment où le Colonel a été obligé de se rendre promptement avec un Officier aimé des Soldats, afin d'arrêter la mutinerie excitée par la dureté du Major.

Tout cela n'est propre qu'à augmenter la désertion & à rendre les recrues plus difficiles; ce qui est encore plus mal-adroit dans ce moment-ci, que dans tout autre, qu'on se plaint, qu'on avoue n'avoir point d'armée & qu'on craint de voir éclorre une guerre au printems.

Du reste, on attend l'Ordonnance qui doit supprimer les Colonels en second & leur faire place en faisant Maréchaux de camp les Colonels en pied; mais avec l'expectative seulement, pour ne pas trop augmenter le nombre de ces Officiers Généraux qu'on a par centaines.

La disposition la plus sage sera celle des Majors en second, grade destiné aux jeunes gens de qualité qui aspireront à des régimens & qui, avant d'en obtenir, seront obligés de faire leur apprentissage sous les Majors en pied, censés en état de les instruire.

22 *Décembre* 1787. M. *de Bevi*, l'un des Présidens du Parlement de Dijon, ayant eu des tracasseries aux Etats avec l'Intendant & ayant parlé très-vivement sur les Droits de la Province en présence du Prince de Condé, n'est point à la Bastille, comme on l'avoit dit d'abord, mais mandé à la suite de la cour. On ne sait point encore ce que le Parlement de Bourgogne a fait à ce sujet.

En général, les Etats de cette Province ont été fort orageux cette année, & le Prince de Condé qui les gouverne ordinairement en Despote, a trouvé une résistance à laquelle il ne s'attendoit pas. Il a été surpris qu'avant de statuer sur les demandes des Commissaires du Roi, on votât pour exiger un compte de la situation des Finances de la Province, Finances dont ce Prince dispose arbitrairement; ce qui lui a fort déplu: il a été également contrarié dans la Nomination des Elus ou Députés, qu'on choisit toujours à son gré & par son impulsion.

C'est vraisemblablement dans ces diverses contestations que le *Président de Bevi*, Magistrat ferme & patriote zélé, se sera exprimé de manière à déplaire à S. A. qui en a porté plaintes au Roi.

Quant à l'Intendant, c'est un personnage inepte, fat, sans aucune expérience, dont le Gouverneur dicte toutes les démarches & qui déplaît fort au Parlement depuis qu'il s'est mis dans le cas d'être décrété par cette Cour, il y a un an.

Enfin le Gouvernement a craint tellement les suites de la fermentation élevée dans la Province, que le Prince de Condé a eu ordre d'y rester encore huit jours après la clôture des Etats.

Point de fête, point de repas; l'Intendant en ayant donné un au Prince de Condé, aucune femme des Magistrats n'a voulu y assister.

23 Décembre 1787. Quand on envoie chercher pour gouverner la Marine un Ministre à deux mille lieues, on est tenté de croire que c'est un homme rare, essentiel &

tel qu'il ne s'en trouve point autour de foi. On fe tromperoit fort en jugeant ainfi du Comte de la Luzerne qui vient d'arriver. Il n'a jamais eu aucunes connoiffances en ce genre, que celles qu'il peut avoir prifes depuis deux ans qu'il eft Gouverneur général des Ifles fous le Vent. Les anecdotes qu'on débite de fa jeuneffe n'annonçoient alors qu'un fat, un étourdi: depuis il a fait un ouvrage & traduit la Retraite des dix mille de *Xenophon*, qu'on lui attribue & dont bien des gens révoquent en doute qu'il foit réellement l'auteur. Il a du moins le goût des Sciennes & des Lettres; il s'eft conduit à la tête de la Colonie en honnête homme & a montré une févérité louable. Malheureufement il paroît qu'il fe laiffoit diriger par l'Intendant M. *de Marbois*, ci-devant attaché à fon frere le Chevalier de la Luzerne, Miniftre Plénipotentiaire près des Etats Unis de l'Amérique Septentrionale, & dont celui-ci s'étoit détaché pour fervir de Mentor à ce nouveau Gouverneur de Saint Domingue.

M. le Comte de la Luzerne eft neveu de M. de Malesherbes; il eft frere de l'Evêque de Langres, intime ami du principal Miniftre: voilà les vrais titres à fa nomination. On l'a repréfenté au Roi comme un Miniftre fouple dont on feroit ce qu'on voudroit dans fon département; qui fe prêteroit à toutes les réformes, bonifications, changemens qu'on désireroit faire & surtout au Conseil de la Marine, qu'on veut créer à l'instar de celui de la Guerre. On ne doute pas qu'on ne s'en occupe en ce moment & qu'il ne soit bientôt formé.

23 *Décembre* 1787. On dit aujourd'hui que le Garde des Sceaux s'appercevant de sa gaucherie envers le Parlement de Bretagne, s'est hâté de lui faire expédier des Lettres patentes en regle, par lesquelles S. M. demande la grande Députation. Quoiqu'il en soit, les Objets *de très humbles & très respectueuses Remontrances, ordonnées être adressées au Seigneur Roi, par Arrêt du Parlement de Bretagne du 4 Décembre 1787 & arrêtés le 6 aux chambres assemblées*, paroissent imprimés. Ils sont suivis d'une *Lettre au Roi*. Celle-ci n'est que de pur cérémonial, & comme le résumé des Remontrances.

Il y a 14 objets ou paragraphes, dont quelques-uns très forts. On en parlera plus au long.

23 *Décembre*. M. *Collignon*, Commissaire des guerres ayant le Département de St. Omer, a déclaré ces jours-ci qu'il avoit ordre de partir pour cette ville, grande, assez bien bâtie & peu peuplée, afin d'y préparer les logemens pour les Protestans & Patriotes Hollandois qui voudront venir en France. D'une part, ils seront à portée de Bethune, où se forme le Régiment *Royal Liégeois*, Régiment

d'Infanterie étrangere de nouvelle création, dont plusieurs Compagnies destinées aux Hollandois. De l'autre, cette ville sera le centre des négociations & rapports avec la Commission des Patriotes de la même Nation établie à Bruxelles, qui n'est pas à une grande distance.

On veut du reste que les Prélats à Paris profitant des derniers instans se soient assemblés chez M. l'Archevêque & l'aient chargé de supplier le Roi de retirer l'Edit concernant les Protestans, jusques après l'assemblée prochaine du Clergé, afin de lui laisser le tems de porter ses doléances au Roi.

D'un autre côté, il paroît constant que le projet d'Edit ayant été communiqué à la Sorbonne, cette Faculté a déclaré que, dès qu'il n'intéressoit point le dogme, qu'il ne concernoit que l'état civil des Protestans, elle n'avoit rien à examiner & ne pouvoit que s'en rapporter à la sagesse du Roi.

23 Décembre 1787. M. *Dupaty* persistant dans sa défense des trois Roués, a voulu plaider lui-même en leur faveur au Parlement de Rouen, & cette Cour les a déclarés parfaitement innocens; ils ont été élargis sur le champ & conduits en triomphe. On assure que le Président dès le soir même a soupé avec eux & leur a donné pour convives plusieurs Magistrats, gens de qualité & quelques petites-maîtresses de Rouen. Ils sont rendus à Paris

dans ce moment & vont sans doute devenir l'objet de la curiosité & de l'attendrissement publics.

Les Magistrats du Parlement de Paris ne sont pas fort contens de cet événement: quelques-uns persistent à croire que ce sont des voleurs nocturnes contre lesquels il ne s'est pas trouvé assez de preuves.

24 Décembre 1787. La nouvelle Compagnie des Indes sentant la nécessité de répondre aux clameurs qui s'élevent de toutes parts contre elle, & en même tems connoissant la difficulté de le faire, pour gagner du tems répand toujours provisoirement : *Idées préliminaires sur le Privilege exclusif de la Compagnie des Indes.*

Dans un *Avertissement* qui précede, la Compagnie motive son retard sur ce qu'elle n'a eu que le 6 Décembre la communication que le Gouvernement lui avoit promise des pieces & états sur lesquels on s'est appuyé pour attaquer son privilege exclusif. Ces papiers ont été remis à trois Jurisconsultes célébres dont elle a fait choix, non seulement pour diriger sa défense, mais pour éclaircir eux-mêmes tous les faits, & en garantir en quelque sorte l'exactitude: délicatesse qu'elle reproche à l'Abbé *Morellet* de n'avoir pas eue, puisqu'il n'a pris pour base que des Mémoires infideles; ensorte que ses calculs, ſes aſſertions & ſes clameurs portent à faux: c'eſt ce qu'il s'agit d'éclaircir.

En attendant ces idées préliminaires qui ſont plutôt un hiſtorique des faits qu'une réponſe, n'offrent rien de bien ſatisfaiſant & de bien concluant, non ſeulement en faveur de la nouvelle Compagnie, mais en faveur même de toutes les Compagnies en général.

24 *Décembre* 1787. M. *Piccini*, pour honorer la mémoire du Chevalier *Gluck* & conſerver à jamais ſon eſprit, ou plutôt ſon génie, propoſe de fonder un concert annuel qui aura lieu le jour de ſa mort & dans lequel on n'exécutera que ſa muſique. Il ſoumet, du reſte, ſon idée à celle du public & à la déciſion de la Reine, protectrice du grand homme qui a recréé la muſique en France. Si ſon projet réuſſit, M. Piccini s'offre à célébrer ſon illuſtre rival par les derniers efforts de ſon talent qui s'éteint.

Il paroît que ce projet, on ne ſait pourquoi, n'a pas été agréé, malgré le grand nombre des enthouſiaſtes de Gluck, & l'on ne voit point qu'il s'offre encore aucun ſouſcripteur. Seroit-ce la jalouſie des rivaux du défunt qui s'y oppoſeroit, ou riroit-on de la bizarrerie & de l'extravagance de la ſouſcription, ainſi que de ſon objet? Enfin Sa Majeſté l'auroit-elle déſapprouvé?

24 *Décembre*. On écrit de Londres que

l'opéra s'étant r'ouvert le 8 de ce mois dans cette ville, a surtout excellé par la danse, aujourd'hui sous la direction de M. *Noverre* dont le Sieur *Gallini*, Directeur de ce spectacle, a très utilement employé les rares talens. Le Sieur *Vestris* a continué de réunir tous les suffrages. Les D^{lles}. *Coulon* & *Hellisberg* ont partagé l'opinion des amateurs; ils ont admiré successivement la force de l'une, les graces de l'autre & la *légereté* de toutes les deux. Mlle. *Coulon*, qui paroissoit sur la scene angloise pour la premiere fois, avoit été alarmée par les contes qu'elle avoit entendu sur la sévérité & l'exigence des Spectateurs de cette Nation; mais cette sévérité s'est tournée en enthousiasme & elle a été applaudie à tout rompre. Les Sieurs *Didelot* & *Chevalier* n'ont pas été moins bien reçus.

25 *Décembre* 1787. Les *Remontrances du Parlement de Rouen*, arrêtées le 8 Août 1787, dont on a déjà dit un mot méritent qu'on y revienne. Elles portent sur les concessions des terres prétendues vaines & vagues, illégalement ordonnées, & exécutées en vertu d'Arrêts du Conseil, des 25 Juin 1785 & 10 Septembre 1786, & de nouveau confirmées, avec évocation, par deux autres Arrêts du Conseil, du 7 Juin dernier.

On juge par ce seul énoncé que le fond de la contestation est à peu près le même que celui sur lequel le Parlement de Bordeaux a obtenu, il y a deux ans, un triomphe si complet. On ne peut concevoir par quel entêtement aveugle le Ministere s'obstine à compromettre ainsi l'autorité, à l'énerver, à l'avilir.

Par Arrêt du 28 Mars dernier, le Parlement de Normandie, après avoir posé les principes les plus incontestables sur le fait des Domaines, avoit ordonné l'exécution des Loix sur cette matiere. Le Ministere a regardé cette démarche comme attentatoire à l'autorité & tendant à rendre illusoires les dispositions des Loix.

De-là les deux Arrêts du Conseil du 7 Juin, que le Parlement est obligé de discuter & de pulvériser. Il prouve :

1°. Que le premier n'est fondé que sur des principes diamétralement opposés aux loix mêmes qu'il invoque, sur des motifs légers & inconcluans & sur des imputations dures & imméritées.

2°. Que l'exécution qu'a reçue cet Arrêt, tend à renverser la subordination qui lie les jurisdictions inférieures aux tribunaux supérieurs.

3°. Que le second Arrêt du Conseil, du même jour, implique contradiction & choque ouvertement les privileges les plus avoués de la Province de Normandie.

On conçoit qu'une critique ainsi détaillée

des motifs, des dispositions & des résultats des deux Arrêts du Conseil, nécessaire pour l'intérêt des propres droits du Roi, pour la tranquillité des sujets & la justification des principes du Parlement, ne peut avoir lieu, sans rejaillir indirectement sur le Législateur.

25 *Décembre* 1787. Il y a des Lettres patentes en date du 10 Décembre qui cassent les modifications de l'Enregistrement de la prorogation du second Vingtieme par le Parlement de Metz en date du 19 Novembre.

1°. En ce que ces modifications sont illusoires, puisqu'elles ne font que renouveller des dispositions sur l'égalité & l'universalité des contributions déja comprises dans l'Edit; ce qui sembleroit affecter uniquement un esprit de réforme & de critique indécent envers un acte de Législation.

2°. En ce qu'elles déclarent d'abonnement auquel consentiroient les Assemblées Provinciales, comme ne pouvant avoir lieu que par les Etats réels de la Province ou par un enregistrement légal au Parlement destiné à les suppléer, quoiqu' imparfaitement; tandis que les assemblées n'ont d'autre objet que la répartition & l'assiette de l'Impôt, qui se faisoient auparavant par le Commissaire départi au nom du Monarque & sans aucune réclamation.

3°. En ce que le Parlement, dans le cas contraire d'un abonnement par la Province sans vérification en la Cour, déclare le présent enregistrement comme nul & non avenu, & s'arroge ainsi un pouvoir qu'il n'a & ne sauroit avoir.

En conséquence lesdites modifications sont déclarées empiétant sur les droits de la couronne, attentatoires à l'autorité & contraires au respect dû à Sa Majesté.

25 Décembre 1787. Un plaisant vient de mettre en action la mort de Voltaire, sous le titre de *Voltaire triomphant, ou les Prêtres déçus*. Dans ce drame en un acte & en prose, les acteurs sont *Voltaire*; le Marquis *de Villette*; *la Harpe*; *la Fortune*, Secrétaire de Voltaire; le Curé de St. Sulpice; l'Abbé *Gautier*, Supérieur de la Maison des incurables; la *Pillule*, garçon apoticaire. La Scene est à Paris dans l'hôtel du Marquis de Villette. Cette facétie est un résumé de ce qui s'est passé lors de cet événement, qui causa tant de scandale dans le tems & parmi les dévots & parmi les philosophes. L'intrigue consiste dans la substitution du Secrétaire qui s'alite & se confesse à la place de son maître : de-là l'enchantement de l'abbé Gauthier & du Curé qui, voulant compléter leur victoire par l'administration solemnelle du Viatique, sont reçus du vrai Voltaire avec blasphêmes exécrables qu'on certifia être sortis de sa bouche en ses derniers instans; ce que

déconcerte ces Messieurs & les couvre de honte & de ridicule.

Quoiqu'il n'y ait pas beaucoup d'invention dans cette facétie, elle est amusante & se lit avec plaisir. On ne doute pas que quelque club philosophique ne l'ait déja jouée, ou ne la joue incessamment. Il y a des choses fortes contre la religion.

25 *Décembre* 1787. On veut que M. *Carra* soit l'auteur du pamphlet intitulé *l'An 1787: Précis de l'Administration de la Bibliotheque du Roi sous Monsieur le Noir.* Plusieurs circonstances favorisent cette révélation: 1°. Il est attaché à la Bibliotheque & les faits contenus dans cette diatribe sont trop particuliers pour ne pas caractériser un homme très instruit de la manutention intérieure de la Bibliotheque: 2°. Il est anti-Calonne & actuellement occupé à écrire contre cet Ex-Ministre. Il ne seroit pas étonnant qu'il eût voué la même haine à M. le Noir, l'ami & le bras droit du Controleur général: 3°. Le Pamphlet est assez dans le style emphatique de M. *Carra*, dans sa maniere diffuse & bavarde: 4°. Enfin il annonce devoir s'occuper incessamment d'un autre ouvrage relatif aux mêmes personnes, Mrs. de Calonne & le Noir, & il a depuis mis son nom au bas de la brochure intitulée *le petit mot à l'oreille de M. de Calonne.*

Au surplus, de quelque main que vienne l'écrit, il est imprégné du fiel le plus dégoûtant. C'est une méchanceté atroce dont l'auteur, déterminé de faire des crimes de tout à M. le Noir, empoisonne les reglemens les plus innocens. Un pareil libelle ne mérite aucune confiance, & ne peut qu'indigner les lecteurs honnêtes entre les mains desquels il tombera.

Ce qui prouve le noir dessein de l'auteur, c'est le ridicule qu'il cherche à jeter sur le plan de M. *Boulé* d'une nouvelle Bibliotheque du Roi, modele que les hommes de l'art, les connoisseurs, les amateurs ont admiré dans le tems.

25 Décembre 1787. Hier le bruit de la mort de Madame *Louise* aux Carmelites de Saint Denis s'est répandu & confirmé avec rapidité. Cette Princesse a été frappée presque subitement dans la nuit du samedi au dimanche : elle sera enterrée dans le couvent.

L'Edit en faveur des Calvinistes perd en Madame Louise un grand adversaire. Son zele ardent & actif ne lui avoit pas permis de rester neutre dans une pareille occasion & elle excitoit vivement ses Sœurs, les Evêques & tout le parti des Dévots à faire corps pour empêcher un retour aussi funeste à la Religion.

25 Décembre. Le Parlement de Bretagne

dans fes Remontrances dont l'objet capital est l'exil de M. le Duc d'Orléans & l'enlevement des deux Magistrats du Parlement de Paris, représente d'abord que ces actes du pouvoir arbitraire, réprouvés par la Loi, ne peuvent produire d'autres effets que la terreur & l'effroi. Il fait ce dilemme: peut-on les présumer coupables? ils ne sont point accusés; ils n'ont point été entendus; ils n'ont point été jugés; peut-on les croire innocens? Ils sont punis au nom du Roi; & personne n'ignore combien il aime la justice, combien il desire d'être juste.

Remontant à la source de la querelle, le Parlement reproche au Ministere, après avoir promis de fixer l'opinion publique sur le *Déficit* annoncé par la représentation des états exacts de recette & de dépense, & par ceux des économies, retranchemens & bonifications arrêtés, afin de connoître l'étendue du besoin, avant de terminer celle du remede; il lui reproche d'avoir suivi une marche contraire: il fait un résumé de la conduite de la Cour & de celle du Parlement de Paris dont la résistance sage a fait retirer deux Impôts désastreux & reconnus en peu de tems non nécessaires: il établit qu'un Emprunt n'étant qu'un Impôt déguisé; il falloit également, avant de faire l'Emprunt, comme avant d'établir l'Impôt, épuiser tous les moyens d'économie, le prouver à la Nation & surtout empêcher

pêcher le retour du mal par une punition éclatante des coupables.

Enfin le Parlement établit en termes clairs & précis comme une Loi fondamentale que le Roi ne peut pas changer, qui ne peut être abolie ni recevoir d'atteinte par le non usage, quelque long qu'il ait été, *que les François ne peuvent être assujetis à aucun Impôt sans leur consentement*. C'est cette assertion crue jusqu'ici, déguisée, enveloppée, adoucie par les autres Parlemens, qui a singulierement scandalisé Versailles: *durus est hic sermo*.

26 *Décembre* 1787. M. l'Archevêque de Paris, d'après l'assemblée des Prélats tenue effectivement chez lui au nombre de quinze, est allé à Versailles porter au Roi les supplications provisoires du Clergé: il a harangué S. M. en présence de l'Archevêque de Toulouse; il paroît que le Roi est resté ferme: quant au principal Ministre, il a déclaré à ce Prélat n'avoir aucune part à cette besogne.

26 *Décembre*. Par un Arrêt du Parlement de Grenoble du 15 Décembre, il confirme ce que la Chambre des Vacations avoit ordonné concernant les Assemblées Provinciales, & ne veut les reconnoître que lorsque les Reglemens auront été duement enregistrés.

27 *Décembre*. Le Parlement de Rouen s'étant assemblé le 17 pour procéder à la vérification de l'Edit concernant la prorogation du second Vingtieme, a nommé des Com-

missaires pour l'examiner : il en a été rendu compte le 20 & l'on a arrêté des Remontrances : suivant ce qu'on écrit, il y a une coalition entre les trois nouvelles Assemblées Provinciales & le Parlement, pour empêcher cet enregistrement, pour obtenir du moins que l'Impôt ne soit consenti que par les Etats de la Normandie qu'elle réclame depuis longtems, ou pour que, si quelque abonnement a lieu, il soit fait par le Parlement, qui tirera meilleur parti de la Cour que ces Assemblées particulieres.

27 *Décembre* 1787. On parle d'un Président du Parlement de Metz à la suite de la Cour, comme celui du Parlement de Dijon.

27 *Décembre.* Une piece nouvelle jouée hier aux Italiens & qui est tombée tout de suite, a donné lieu à un tumulte sans exemple encore dans les fastes du théâtre en France. Le sujet de cette piece qui a pour titre *le Prisonnier Anglois*, est tiré, dit-on, des *Causes Célébres*. L'auteur des paroles est un M. *Desfontaines*; le poëme est en trois actes & en prose mêlée d'ariettes, dont la musique est du Sieur *Gretry*. Celle-ci n'a point paru indigne de son auteur & a soutenu même le poëme jusques à la fin du troisieme acte : il restoit peu de chose pour que la piece mourût tranquillement ; lorsque les clameurs, les huées, les sifflets prenant une nouvelle force, les acteurs, sans demander

l'agrément du public, se sont retirés : il n'étoit gueres que sept heures & demie. Le Parterre a crié qu'on lui donnât une autre piece : les comédiens accoutumés à ces clabauderies n'en tenoient pas grand compte ; quelqu'un dans les foyers leur fit sentir qu'ils étoient dans leur tort de toute façon, en ce qu'au cas d'une chute, ce qui étoit fréquent, suivant leurs reglemens, ils devoient avoir toujours une piece prête pour lui être substituée, & d'ailleurs en ce que c'étoit manquer au public en le laissant s'égosiller sans se montrer & sans recevoir ses ordres. Au bout de vingt minutes le Sieur *Tomassin* a donc paru & a dit au Parterre que les comédiens ne demandoient pas mieux que de faire ce qu'il desiroit, mais qu'il n'y avoit plus d'orkestre : nouveau tort d'avoir laissé partir les musiciens en pareille circonstance ; néanmoins on lui a crié que l'on vouloit bien se contenter d'une piece sans ariettes, d'une simple comédie & qu'ils jouassent *le mort supposé*. Il s'est retiré avec soumission & semblant disposé à obéir. Cependant l'orkestre s'est retrouvé, a joué des symphonies : au bout d'une demi-heure le public se lassant, le tumulte recommençant, le même *Tomassin* est revenu dire, qu'on ne pourroit représenter *le mort supposé*, parce qu'il manquoit deux acteurs : qu'on alloit y suppléer par la *Servante Maîtresse*. On a répondu qu'on ne vouloit point de cette piece.

Les comédiens se sont obstinés à la donner & les acteurs sont entrés en scene. Ils avoient choisi Mlle. *Renaud*, actrice agréable au public, jeune, intéressante, honnête & dont la voix de Syrene auroit été bien propre à calmer le Parterre: mais on s'est obstiné à ne pas la laisser chanter, ni parler, afin de ne pas céder aux comédiens; on applaudissoit seulement d'un côté pour faire voir à Mlle. Renaud que ce n'étoit point elle qui déplaisoit, tandis que le vacarme continuant de l'autre, indiquoit à sa troupe le mécontentement général. Mlle. Renaud très-sensible, en vain a pleuré, s'est trouvée mal: le public a été inflexible & les acteurs ont dû se retirer, malgré 50 hommes de garde qu'on avoit fait entrer de plus dans le Parterre & qui avoient arrêté deux ou trois personnes, donné des bourrades à quelques autres, &c.

Parmi les acteurs en scene étoit un nommé *Chenard*, homme dur, grossier, insolent; il a profité de la présence de la soldatesque pour, en s'en allant, narguer le Parterre & lui faire les cornes. Cette insulte a révolté toute la salle, l'orkestre, l'amphithéâtre, les loges s'en sont mêlés: on appelloit *Chenard* à grands cris & le baccanal recommençant, l'on a donné ordre aux soldats de faire sortir du parterre tous ceux qui y étoient. Cet acte de violence exécuté à l'instant a révolté davantage: il ne restoit plus que les soldats dans le parterre ; mais tout le reste de la salle avoit pris fait & cause pour lui, & même le grand nombre du parterre étoit monté en haut & se reproduisoit au paradis, dans l'amphithéâtre, dans les loges. En ce moment, Mad. Gontier, comme une des Doyennes des actrices, s'est lancée sur le théâtre, s'y est jettée à genoux, les mains jointes & sembloit demander grace pour ses camarades : comme elle étoit seule on lui a crié que cela ne la regardoit pas, que c'étoit Chenard que l'on vouloit. Chenard avoit disparu. Tout le monde restoit en place & le tumulte ne cessoit point : au bout de quelque tems le Sieur Rosiere est intervenu ; on lui a crié à genoux. Il s'est redressé davantage, comme ce n'étoit qu'une voix isolée, on l'a laissé parler ; il a dit que la comédie étoit extrêmement affligée d'avoir déplu au public, qu'elle étoit disposée à faire tout ce qui lui seroit agréable : alors quelqu'un s'est écrié : ,, nous ,, voulons bien vous faire grace personnelle-,, ment ; mais pour mémoire de votre offense ,, envers le public & pour expiation, on vous ,, ordonne de donner aux pauvres tout l'ar-,, gent de cette représentation." A l'instant un applaudissement universel lui a confirmé que c'étoit le vœu unanime. Il s'est retiré pour aller porter cet arrêt à ses camarades. On a attendu, il tardoit à revenir ; le bruit a recommencé, il a reparu & a témoigné la soumission de ses camarades ; mais a ajouté qu'n'étant pas les maîtres, il falloit qu'ils fussent autorisés par leurs supérieurs. On lui a répondu que le Public étoit leur maître suprême & qu'il falloit se soumettre à cet arrêt. Il s'est retiré encore. On a laissé le tems au Sanhedrin comique de délibérer. L'heure s'écouloit toujours, il se faisoit tard ; on a crié *Réponse*. Après beaucoup de tapage, Rosiere a reparu & a répété que ses camarades aussi soumis que lui au Public pensoient de même ; mais ne pouvoient rien faire sans autorisation. On a répété ce qu'on avoit déja dit, en ajoutant que c'étoit un arrêt sans appel qui n'admettoit point de remise. Il est parti encore ; alors on a fait tomber la toile. Nouveau vacarme ; on a crié qu'on relevât la toile ; comme personne ne se mettoit en devoir de le faire, de jeunes gens de l'orkestre ont franchi celui des musiciens, ont escaladé le théâtre, & à coups d'épée ou de couteau ont brisé la toile & les attaches, & l'ont fait relever. Tous ces incidens se sont prolongés jusques à onze heures du soir. Alors le Sieur Rosiere ne paroissant plus & la négocation se trouvant rompue, on a annoncé que la guerre des sifflets recommenceroit le lendemain & l'on est sorti gaiement.

Dans l'intervalle on avoit redemandé les *Prisonniers François*, par allusion à la piece, intitulée le *Prisonnier Anglois*. Le Sergent a répondu qu'il n'y en avoit point; fur ce qu'on a infifté, il a certifié de nouveau la même chofe. On s'eft contenté de ce défaveu.

M. le Duc *de Fronfac*, Gentilhomme de la Chambre & M. *Defentelles*, Commiffaire du Roi ayant le Département des Spectacles, ont été témoins de toute cette fcene & fe font conduits indignement, ou plutôt n'ont point joué leur rôle: ils ont laiffé les comédiens agir à leur gré, fans leur donner aucune injonction & ont autorifé ainfi indirectement tout le défordre.

28 *Décembre* 1787. Depuis quelques jours le bruit s'étoit fortement renouvellé de l'élévation de M. *Foulon* au Miniftere des Finances. Il paroît que M. *Lambert* en a eu peur & afin de fe confolider dans fa place, furtout relativement à la partie du tréfor royal qu'il n'entend pas, il a déterminé le principal Miniftre à augmenter encore ce Département d'un nouveau Comité, dont les Membres ont été nommés dimanche. Ce font Mrs. *Magon de la Balue, le Normand & Gojard*. Leurs fonctions doivent être de former le bilan de l'Etat, de fixer au jufte la fituation du Tréfor Royal & de veiller à la diftribution des Fonds; enfin de faire à trois, ce que Mr. *Necker* faifoit feul dans le principe, conjointement avec M. *Tabureau*. Mais comme celui-ci ne tarda pas à être fupplanté, & que M. *Lam-*

bert craindroit le même fort, il a préféré de répartir à plusieurs cette besogne. Quant à lui, il conservera le contentieux, partie qu'il est à portée de bien faire, comme Magistrat.

28 *Décembre* 1787. Il s'est trouvé un Chevalier assez hardi pour prendre la défense de M. de Calonne, toutefois anonymement & sans lever la visiere de son casque. Sa diatribe a pour titre *ma pensée à M. Carra sur son petit mot à M. de Calonne*: au reste, il injurie mieux le premier, qu'il ne justifie le second. C'est un torrent d'invectives contre M. Carra, qu'il insinue être le prête-nom de l'Evêque de Verdun, & c'est tout.

28 *Décembre*. On s'attend enfin aujourd'hui à une réponse du Roi relativement au Prince exilé & aux Magistrats détenus. On assure que les Princes du Sang ont fait depuis peu de nouvelles démarches au sujet du Duc d'Orléans, & qu'elles ont été infructueuses.

29 *Décembre*. La *Lettre d'un Jurisconsulte d'une petite ville, à M. de Calonne, ancien Contrôleur général des Finances*, est un pamphlet où, tout en riant, l'auteur dit d'excellentes vérités au Ministre réfugié. Le fond n'est point neuf, mais la tournure est agréable. Le ton leste de cette plaisanterie ne sent point du tout la province.

29 *Décembre*. Les *Clubs* qui s'attendoient à être entierement rétablis avant la fin de l'année, voyant l'obstination du Ministre au Dé-

partement de Paris de les tenir fermés, ont affecté de donner la plus grande publicité à une Lettre intitulée *Remontrances très humbles des Clubs du palais royal à M. le Baron de Breteuil.*

,, Une petite Lettre de M. *de Crosne* qui
,, nous assure que vous assurez que l'inten-
,, tion du Roi est qu'on ne lise plus la gazette
,, autour d'une table ronde, suffit donc pour
,, renverser la table & disperser les lecteurs.
,, Cette petite Lettre, mon cher Baron, est
,, une grande Sottise, car elle nous avertit que
,, dans les Sallons, comme dans les Chau-
,, mieres, les Barons, les Paysans ne sont
,, plus rien, & qu'il n'y a de Libre en France
,, que le Roi & son Conseil. Comment vous
,, & (*) *Rulhieres* (car c'est la même chose)
,, n'avez-vous pas senti que cette petite
,, Lettre étoit une démonstration de la néces-
,, sité d'une constitution qui nous affranchisse
,, du despotisme oriental ? Si vous serviez
,, bien le Roi & la Nation, mon cher Baron,
,, ainsi que vos confreres, qu'auriez-vous à
,, craindre de la réunion de quelques honnêtes
,, gens qui aimeroient mieux s'entretenir de
,, vos talens & de vos vertus, que de vos

(*) M. *de Rulhieres* est un homme de Lettres, aujourd'hui membre de l'Académie Françoise, qui est fort consulté par le Baron *de Breteuil* sur certaines démarches.

„ déplorables opérations ? Mais si vous pré-
„ tendez toujours, Monsieur le Visir, nous
„ gouverner avec des phrases de l'Alcoran,
„ ce n'est point assez d'interdire les Clubs; il
„ faut, sans différer, mettre à la Bastille tous
„ les François qui savent lire; brûler les livres
„ & les imprimeries & procéder entre vous
„ à un nouveau partage de terres. Vous
„ en serez les propriétaires, & nous les la-
„ boureurs. Heureusement, mon cher Ba-
„ ron, la petite Lettre de M. *de Crosne* nous
„ éclaire encore plus que tous les Arrêtés
„ des Parlemens. En nous laissant un simu-
„ lacre de liberté, on auroit retardé les ef-
„ forts qui nous en prouveront la réalité :
„ vous les rendrez persévérans & unanimes.
„ Les déprédations, l'impudence de M. *de*
„ *Calonne* ont arraché à la Nation un premier
„ cri d'indignation : devenez oppresseur au-
„ jourd'hui & nous serons libres demain."

29 *Décembre* 1787. Hier le Premier Président a rendu compte de l'entretien qu'il
avoit eu avec le Roi, à l'égard des Supplications. La réponse est: „ J'ai lu avec atten-
„ tion les Réprésentations de mon Parle-
„ ment. Je n'ai rien de plus à lui dire que
„ ce que vous avez déja entendu. Mon Par-
„ lement ne doit pas solliciter de ma justice
„ ce qu'il ne doit attendre que de ma
„ bonté."

Il a dit que S. M. lui avoit ensuite demandé

où en étoit son Edit des *Non-Catholiques?* Sur quoi il avoit répondu qu'il étoit entre les mains des Commissaires chargés de son examen; & qu'elle avoit repliqué: *je veux qu'il soit enregistré.*"

Sur la réponse saugrenue qu'on a fait faire par le Roi, la fermentation a été grande dans l'assemblée : une voix s'est élevée pour interrompre tout service jusques à ce qu'on eût eu satisfaction.

Un de Messieurs qu'on croit être M. *Duport de Prélaville*, a fait une motion concernant les Lettres de Cachet; motion annoncée dès la translation à Troyes & différée jusques à présent : son objet est de les déclarer nulles, illégales, contraires au Droit Public, au Droit Naturel. L'Abbé *le Coigneux* l'a fortement secondé. M. le Prince *de Condé* a paru d'abord très zélé Parlementaire; il s'est élevé contre l'étrange réponse du Roi; il a dit qu'on ne sauroit réclamer avec trop de chaleur les accusés ; mais pour mettre parfaitement la Cour dans son tort, il étoit d'avis de procéder à l'enregistrement de l'Edit des *Non-Catholiques*. Cette conclusion a fait connoître que Son Altesse étoit soufflée par la Cour & l'a rendue plus suspecte que jamais.

Le Président *d'Ormesson* a été de l'avis de remettre la Délibération à huitaine; afin de donner le tems aux Ministres de réfléchir &

de satisfaire la Compagnie. Cet avis a été adopté.

29 *Décembre* 1787. Avant-hier les Gentilshommes de la chambre ne voulant point que les acteurs reçuſſent la loi du Public, ce qu'ils regardent comme contraire à leur suprématie; d'accord avec ceux-ci & la police, les ont autoriſés à ne diſtribuer que 300 billets de parterre, dont un tiers a été donné à des amis, à des ſuppôts, à des gagiſtes de la comédie Italienne. En outre la garde avoit été doublée, triplée, quadruplée. Malgré toutes ces précautions, on n'a pu empêcher le tumulte conſidérable. Mais le parterre, à l'inſtigation vraiſemblablement du parti des Comédiens, perdant de vue l'objet principal qui étoit de les mulcter d'une amende, en les forçant de donner aux pauvres la totalité du prix de la repréſentation de la veille, a inſiſté eſſentiellement ſur des excuſes de la part du Sieur *Chesnard*, qui les a faites, ou plutôt a nié avoir voulu manquer en rien au public: on lui crioit de ſe mettre à genoux; mais il n'en a rien fait. Le réſultat a été d'arrêter un jeune homme, pour lequel on a en vain réclamé.

Du reſte, on a laiſſé le Parterre s'amuſer entre les deux pieces & comme on y étoit à l'aiſe, les jeunes gens y ont joué à toutes ſortes de jeux: ainſi a dégénéré en farce puérile une assemblée qui auroit dû être très sérieuse, & le public a eu la lâcheté de laisser triompher les comédiens par la détention du jeune homme.

Il est vrai que le Sieur *Raymond* a été mis en prison. Il étoit présent, lorsque le public demanda la veille *le mort supposé*: il a un rôle dans cette piéce, & au lieu de rester pour le remplir, il s'étoit en allé en disant hautement: *qu'il ne vouloit pas lutter contre le taureau*: c'est ainsi qu'il qualifioit le Parterre & voilà toute la satisfaction donnée au Public.

29 *Décembre* 1787. On écrit de Cherbourg que M. le Comte *de la Luzerne*, qui a débarqué dans ce Port, y a passé deux jours à en visiter tous les détails; qu'on y travaille à force aux cônes & qu'il y a des ordres pour accélérer cette besogne, dans le dessein d'éviter les contrariétés que l'on craint de la part des Anglois.

30 *Décembre*. Le Premier Président du Parlement de Bretagne est arrivé seul depuis quelques jours à Versailles, où il a ordre de rester sans venir à Paris; mais il écrit qu'en effet M. le Garde des Sceaux sentant l'irrégularité de sa lettre, avoit envoyé un ordre du Roi même, revêtu des formes légales nécessaires, par lequel S. M. mande aussi les deux plus anciens Présidens. Ce Magistrat écrit encore, qu'il ne voit pas d'autre motif de ce *Veniat*, que leur Arrêté du 6 Décembre au sujet du Prince

exilé & des prisonniers détenus; que la Cour semble vouloir les garder pour ôtages, tels que le Président du Parlement de Dijon, le Président du Parlement de Metz.

30 *Décembre* 1787. M. le Maréchal Duc *de Richelieu* a donné des inquiétudes par des défaillances; il en a rappellé encore & a dit au Duc *de Fronsac*, qu'il sait bien attendre le moment de sa mort avec impatience : *ce ne sera pas encore pour cette fois, je compte aller jusques à cent ans; ma foi, ce terme passé, je n'ai plus de secret, cela ira comme cela pourra.*

Plus recemment ce Seigneur en a fait une à la Duchesse *de Fronsac* dans un autre genre: en le félicitant sur son bon état, elle lui dit : *je vous trouve un visage charmant.* — *Ah! Madame,* réplique-t-il, *vous me prenez pour un miroir.* Repartie qui prouve qu'il a encore des reminiscences très heureuses, s'il paroît quelquefois en enfance, ainsi qu'on le prétend.

30 *Décembre.* On attend incessamment l'Arrêté du Parlement de Rouen dont on a parlé: il doit paroître imprimé demain; il est très fort.

30 *Décembre.* Le Sieur *de Beaumarchais*, pour entretenir un peu le public sur son compte, a fait répandre ces jours-ci par ses affidés la copie manuscrite d'une *Epître au Chevalier de Conti, Capitaine des chasses de*

Monseigneur le Prince de Condé, datée de la Thébaïde de la Commanderie ce 27 Septembre 1787. Cette piéce qui n'est qu'une flagornerie pour le Prince & pour ceux qui l'entourent, & par conséquent n'est gueres dans le genre de l'auteur, est cependant marquée à son coin par la causticité qui y perce quelquefois, par le ton avantageux avec lequel il parle de lui-même & surtout par une versification lâche, dure, raboteuse, où il se trouve des choses heureuses, quelques vers agréables & bien tournés; en un mot, beaucoup d'esprit & point de goût.

31 *Décembre* 1787. On écrit de Bordeaux que le Comte *de Fumel* s'est transporté à Libourne avec de nouvelles Lettres de jussion pour y faire enregistrer l'Edit concernant les Assemblées Provinciales; mais que le Parlement s'y est refusé malgré les menaces foudroyantes contenues dans le préambule; qu'il s'attend à être dispersé ou transferé en corps de Cour dans une autre ville.

31 *Décembre.* Ce qui a déterminé le parti de la temporisation dans l'assemblée du 28, c'est qu'on a su que M le Duc d'Orléans avoit obtenu la liberté de revenir au Rinci qu'il sollicitoit depuis longtems & à laquelle il s'attendoit. Les partisans de la Cour ont fait envisager ce rapprochement comme d'un augure favorable.

31 *Décembre.* Le Comte *de Mirabeau*,

outre son ouvrage périodique en regle, l'analyse des papiers Anglois dont il n'a fait que donner jusques ici des essais, promet de livrer incessamment au public son important ouvrage intitulé : *de la Monarchie Prussienne sous Frédéric le Grand, avec un Appendix, contenant des recherches sur les contrées les plus considérables de l'Alemagne.*

31 *Décembre* 1787. L'exécution du projet de l'Yvette est absolument décidée, & il vient de sortir à ce sujet un Arrêt du Conseil définitif en date du 3 Novembre.

31 *Décembre.* Le zele de Madame la Maréchale *de Noailles* pour empêcher l'Edit des *Non-Catholiques* de passer est si excessif, que non seulement elle a fait composer le gros ouvrage qu'elle a colporté ensuite, & qu'on donne en dernier lieu à un Abbé *Pey*, Chanoise de l'Eglise de Paris; mais qu'elle est allée en offrir un exemplaire à chaque Membre du Parlement, & a écrit à ceux qu'elle savoit les plus décidés à l'Enregistrement, tels que M. *Robert de St. Vincent*, de vouloir bien lui faire part de leurs objections & qu'elle se chargeoit de les faire résoudre.

Sans doute Madame la Marquise *de Sillery* (ci-devant Madame *de Genlis*) déja fameuse par son livre en faveur de la Religion contre les Philosophes, a, de son côté mis autant de fanatisme; car on vient d'accoupler ces

deux

deux Dames dans un quatrain très piquant:

Noailles & *Sillery*, ces meres de l'Eglife,
Voudroient gagner le Parlement:
Soit qu'on les voye ou qu'on les life,
Par malheur on devient auffitôt Proteftant.

Suite du Journal des Séances du Parlement fur les affaires publiques, depuis fon retour à Paris.

1 Octobre. M. le Premier Préfident & le Préfident de *St. Fargeau* fiegent & reçoivent différens complimens.

M. le Préfident de St. Fargeau, inftallé, refte feul le même jour & eft complimenté.

3 Octobre. Premiere audience. Complimens.

12. Complimens encore.

17. Le Préfident de la Chambre des Vacations chargé de demander au Premier Préfident ce qui a réfulté de fes bons offices au fujet du rappel du Parlement de Bordeaux à fon vrai fiége. Même jour dénonciation par un de Meffieurs de *l'agiotage* relativement aux Actions de la nouvelle Compagnie des Indes. Arrêté que cette dénonciation fera communiquée aux gens du Roi.

22 Octobre. Requête en plainte contre l'agiotage; Arrêt donnant acte de la plainte, permis d'informer.

Tome XXXVI. P

Information par-devant M. *Chupin*, Conseiller de Grand' Chambre.

22 *Octobre*. Réponse du Roi concernant le Parlement de Bordeaux. Délibération continuée au premier jour.

22. Nommé des Commissaires pour aviser à ce qu'on doit faire.

25. Députation arrêtée. Les Gens du Roi envoyés près du Roi.

30. Réponse par les Gens du Roi: S. M. recevra la Députation dimanche 4 Novembre à Versailles, à sept heures du soir, par M. le Président seul.

31 *Octobre*. Plainte par une femme contre ceux qui ont indûment, illégalement enlevé son mari & l'ont enfermé à Bicêtre.

La requête communiquée aux Gens du Roi, qui vérifieront les faits & en rendront compte.

M. *de Mauperché*, Doyen des Substituts, se transporte à Bicêtre avec un Huissier de la Cour. Ils constatent que les faits de la plainte sont faux.

4 *Novembre*. Réponse du Roi: *je ferai savoir mes intentions*.

9. Arrêt qui défend les attroupemens, feux, pétards &c.

12 *Novembre*. Rentrée du Parlement: messe rouge par M. l'Evêque de Nevers. Discours de remerciment par le Premier Président; réponse du Prélat.

M. le Premier Président annonce à Messieurs que par une Lettre de l'Archevêque de Toulouse il est instruit que l'Edit pour un Emprunt ne tardera pas à être envoyé, & que le Roi desire qu'il y soit délibéré avant le 26.

13 *Novembre* 1787. Les Présidens de chaque Chambre avertissent Messieurs par billet de ne point s'écarter, l'Edit d'Emprunt devant venir incessamment.

15 *Novembre*. Un billet du Premier Président mis par les buvetiers à toutes les portes, annonce à tous Messieurs qu'il y aura assemblée des chambres lundi 19 ou mardi 20.

18. M. le Premier Président mandé à Versailles apprend que le Roi viendra le lendemain tenir une Séance Royale.

Les buvetiers vont toute la nuit & Messieurs se trouvent avertis.

19. L'Assemblée se forme sur les huit heures du matin; le Roi arrive à neuf, avec les deux Princes ses freres. Il y avoit à l'assemblée plusieurs Princes du Sang & beaucoup de Ducs & Pairs.

Les Gens du Roi entrent & apportent un Edit concernant un Emprunt de 420 millions, en 26 articles; ils apportent aussi un Edit concernant l'état civil des Protestans: ils donnent leurs Conclusions sur l'un, comme sur l'autre.

Le Roi ouvre la Séance.

Le Garde des Sceaux prononce un long

discours pour faire connoître l'objet des Edits.

L'abbé *Tandeau* lit son rapport de l'Edit d'Emprunt; rapport qui, à ce qu'on prétend, lui avoit été donné tout mâché: il conclut à l'Enregistrement.

Les opinions commencent avant onze heures & finissent à cinq heures & demie: il y avoit huit avis.

Le Roi, sans compter les voix, prononce l'Enregistrement & se retire avec ses deux freres; après avoir également prononcé la continuation de l'assemblée sur l'Edit des Protestans hors de sa présence.

S. M. est suivie par le *Garde des Sceaux* & par M. Lambert, Contrôleur général, qui avoit assisté à l'assemblée en robe de palais, comme Conseiller Honoraire.

Les Princes & Pairs restent; l'assemblée a continué jusqu'à sept heures & demie, après avoir fait l'Arrêté.

20 *Novembre* 1787. Assemblée des chambres: la délibération continuée au lendemain. A six heures du soir M. le Duc d'Orléans a été exilé à Villers-Coterets. La Lettre de Cachet lui a été portée par M. le Baron de Breteuil; elle contenoit l'ordre d'aller coucher au Rinci, pour se rendre le lendemain à Villers-Coterets.

On rapporte que M. le Duc d'Orléans étant monté en carosse pour aller à sa destination, le Baron de Breteuil lui avoit ajouté que le Roi lui avoit prescrit de suivre Son Altesse, & en conséquence sembloit vouloir entrer dans le carosse: sur quoi le Prince lui avoit dit avec humeur; *eh bien, montez derriere.*

Le Baron de Breteuil alors est monté dans son propre carosse & a suivi le Prince comme il a pu.

Dans la même soirée, le Premier Président ayant été instruit que le Roi demandoit pour le lendemain midi la grande députation de son Parlement, les buvetiers ont couru toute la nuit pour avertir Messieurs.

21 *Novembre.* Un Exempt de Police & un Commissaire se sont transportés chez Messieurs *Sabathier* & *Fretteau* pour les arrêter & les conduire; savoir, M. *Fretteau* au château de Dourlens. Il est parti sur le champ, accompagné de *Quidor*, Exempt de Police: — M. *Sabathier* au mont Saint Michel. Comme il avoit la fievre, il n'est parti que jeudi 22, à dix heures du soir.

A sept heures du matin assemblée des Chambres; Députés nommés sur le récit fait par M. le Premier Président; Arrêté qui le charge de redemander les trois Membres de la Cour des Pairs.

Députation reçue à Versailles; réponse du Roi; le Premier Président par suite de l'arrêté du matin a fait un discours au Roi. Réponse du Roi.

Lettre du Roi aux Princes & Pairs, qui leur défend de se trouver à l'assemblée.

22 *Novembre*. Assemblée des Chambres. Arrêté que pendant la séance le Parlement enverroit un Secrétaire de la Cour (*Ysabeau de Montval*) complimenter la Duchesse d'Orléans. Elle étoit partie pour Villers-Coterets.

23 *Novembre*. Lecture de la rédaction des Supplications. Les Gens du Roi envoyés dans le jour à Versailles. Continuation de la Dénonciation relative à la publication d'un imprimé intitulé *Edit*, & portant enfin *Enregistrement en Parlement* : remis au 28.

24 *Novembre*. Assemblée des Chambres à 10 heures. Les Gens du Roi rendent compte que le Roi recevra les Supplications à Versailles le lundi 26, à sept heures du soir, par le Premier Président & deux de Messieurs les Présidens.

26 *Novembre*. Le Roi reçoit les Supplications & y répond.

27. A dix heures assemblée des chambres : lecture de la réponse du Roi.

Déclaration. Arrêté de nouvelles supplications & cependant dans l'après-midi deux Commissaires de la Cour se transporteront chez Madame *Fretteau*, pour l'entendre elle & sa maison sur certains faits à l'égard desquels on étoit peu d'accord.

28. Après les Mercuriales, assemblée des

Chambres. Sur tous les objets remis au vendredi 7 Décembre, avec les Princes & Pairs.

Le Greffier d'une Cour s'est présenté pour complimenter le Parlement, qui a fait une réponse de forme.

30 *Novembre.* Les Gens du Roi mandés aux Chambres assemblées, on leur a dit de prendre communication au Greffe du récit d'un de Messieurs & de l'imprimé (l'Edit d'Emprunt) déposé au Greffe, pour en rendre compte au premier jour.

1 *Décembre.* Les Gens du Roi mandés ont été chargés de se retirer par devers le Roi, à l'effet de savoir le lieu, le jour & l'heure où il lui plairoit recevoir les itératives Supplications du Parlement.

7 *Décembre.* Le Roi leve les défenses & les Princes & Pairs viennent à l'assemblée; savoir, M. le Prince de Condé & le Duc de Bourbon, & quinze à seize Ducs.

Les Gens du Roi entrés ont dit que le Roi recevroit les itératives Supplications samedi 8 à Versailles : sur quoi arrêté que l'assemblée sera continuée au lundi 10 Décembre, avec les Princes & Pairs, au nom desquels les Supplications sont arrêtées. M. l'abbé *Tandeau* a rapporté l'Edit concernant l'état civil des Protestants. L'assemblée a fini à cinq heures du soir.

10. Assemblée des chambres avec les Princes & Pairs. Rapport de la réponse du Roi.

Remis à délibérer au vendredi 14 & arrêté que cependant le Premier Président ne cessera d'employer ses bons offices auprès du Roi.

14. Assemblée avec les Princes & Pairs. Enregistrement des Lettres d'érection du Duché de Coigny en Duché Pairie.

Le Premier Président a rendu compte du succès de ses bons offices. Le Roi fera réponse mardi 18.

L'assemblée continuée au mercredi 19 avec les Princes & Pairs.

18. Le Premier Président a été informé que le Roi étant indisposé, il ne verroit pas S. M.

19. Le Premier Président a dit qu'il n'y avoit pas de réponse, vu l'indisposition du Roi.

La Délibération continuée au 28.

27. Réponse du Roi.

28. Assemblée avec Princes & Pairs. Lecture de la réponse du Roi, remis au vendredi 4 Janvier 1788.

28. Assemblée avec Princes & Pairs. Lecture de la réponse du Roi remise au vendredi 4 Janvier 1788.

PREMIERE LETTRE SUR LES PEINTURES, SCULPTURES ET GRAVURES EXPOSÉES AU SALLON DU LOUVRE, *le 25 Août* 1787.

Vous ne vous feriez jamais imaginé, Monsieur, que la fermentation qui regne depuis quelque tems en France & surtout dans la capitale; fermentation que le Gouvernement s'efforce de calmer, de réprimer du moins par toutes sortes de moyens, pût influer en rien sur le Sallon: je commencerai par vous rendre compte à cet égard de deux anecdotes qui vous convaincront du contraire: elles vous intéresseront plus que la discussion froide d'un tableau, & fourniront autant à vos réflexions qu'aucune des scenes que j'aurai bientôt à vous décrire.

Avant d'aller au Sallon j'avois, suivant mon usage, noté sur le livret les articles que je jugeois les plus dignes d'examen: de ce nombre étoit le Portrait de M. le Comte *de Lally-Tollendal*, par M. *Robin*. J'étois empressé de connoître la physionomie de ce héros de piété filiale: on avoit encore irrité ma curiosité en m'apprenant que c'étoit un tableau historique, dont lui-même avoit fourni le sujet au Peintre. Il y étoit représenté en déshabillé du matin, debout, frémissant de tout son corps, l'indignation sur le visage, la fureur dans les yeux : d'une main il déchiroit un crêpe dont étoit enveloppé un buste où l'on reconnoissoit parfaitement le feu Comte *de Lally* ; de l'autre il tenoit une plume avec ces éloquens Mémoires dignes de la Tribune d'Athenes, ou de celle de Rome, & l'on y lisoit ces mots que sa bouche entr'ouverte sembloit articuler avec l'énergie qu'inspire la conviction de la vérité : *je défends mon pere innocent, assassiné par le glaive des Loix.*

Quelle fut ma surprise en entrant au Sallon d'apprendre que ce tableau n'y étoit plus ; qu'il y avoit eu ordre de le retirer pour ne point déplaire au Parlement, dont on avoit cassé l'Arrêt, dont on en cassoit tous les jours, & dont tout récemment on venoit d'en casser un de ce genre d'une maniere encore plus humiliante (*). On avoit craint, par le souvenir d'une telle catastrophe, d'affoiblir le respect dû aux oracles de cette Cour, de la degrader, de l'avilir aux yeux du Peuple ; & dans ce moment même on proscrivoit ses membres, on les envoyoit en exil, on suspendoit leurs fonctions, on les traitoit comme des rebelles. Pour me dédommager du plaisir dont j'étois frustré, je cherchai le tableau de

(*) Celui qui condamnoit *Bradier*, *Lardoise* & *Simarre* à être roués, dont le Parlement avoit fait brûler le Mémoire qui défendoit ces innocens, & décrété les auteurs.

la Reine que beaucoup d'amateurs avoient vu chez Madame *le Brun*, & qu'ils prônoient singulierement... Je ne trouvai que la place: j'en demandai la raison à M. *Amédée Vanloo*, l'ordonnateur du Sallon. Il me dit que le tableau n'étoit pas achevé: d'autres Peintres plus véridiques m'assurerent qu'il étoit très fini, mais qu'on n'avoit osé l'exposer, les premiers jours, de peur des outrages d'une populace effrénée. (*) Quoi! m'écriai-je, la Reine, cette Souveraine enchanteresse, naguères l'idole des François, qui ne se montroit point au Spectacle, dans les rues, dans son palais, sans ces applaudissemens tumultueux, indices de la satisfaction générale? quoi! la Reine se seroit aliéné les cœurs à ce point!... Au point, me répond-t-on; que son auguste époux lui a conseillé de ne point venir

(*) C'est ici le lieu de placer une anecdote relative au sujet. Il est d'usage de donner un Concert dans le Jardin des Tuilleries la veille de la St. Louis en l'honneur de la fête du Roi. C'étoit précisément à l'époque de la plus grande fermentation de cette Capitale. Les Clercs & autres suppôts du Palais avoient comploté d'attendre en force les musiciens à mesure qu'ils arriveroient, & de les obliger de se transporter sur le Pont neuf devant la Statue de Henri IV pour y exécuter le Concert. On avoit été instruit du complot, & afin d'y remédier, on avoit garni de patrouilles le jardin & posé un corps de garde considérable à la Statue.

à Paris, où sa propre personne ne seroit peut-être pas respectée. Je ne poussai pas plus loin mes exclamations, parce que ce n'étoit pas le lieu d'en faire de pareilles; mais je reconnus dans ces inconséquences le vrai caractère du Despotisme, qui d'une part frappoit les coups d'autorité les plus violens sur les Magistrats, défenseurs de la Nation, bravoit la Nation même & fouloit aux pieds ses droits les plus sacrés; & de l'autre manifestoit une foiblesse misérable, une pusillanimité puérile.

Abymé dans mes réflexions, je ne m'étois nullement apperçu d'un mouvement extraordinaire qui s'étoit passé dans le Sallon, &, tout à coup se présenta, comme par un coup de baguette, devant moi le Portrait de la Reine que je cherchois. On s'étoit déterminé à l'exposer enfin pour faire cesser des soupçons vraiment offensans, des bruits plus dangereux que les injures imaginaires qu'on redoutoit. A l'instant il fut entouré de la foule. Mais ce tableau étant d'une grandeur qui exige un certain point de vue éloigné, je ne fus que mieux en état de le considérer à l'aise.

La Reine y est représentée en pied, de grandeur naturelle, mais assise; elle tient sur ses genoux le Duc de Normandie: à sa droite est Madame Royale penchée légerement sur elle & la caressant; à sa gauche & à une certaine distance se voit le Dauphin: d'une main il entr'ouvre les rideaux d'une barcelonette vuide, qu'on suppose d'abord être celle du plus jeune Prince. Cette composition est simple, facile, bien grouppée; mais il en résulte une critique très juste & qui n'échappe à aucun observateur un peu réfléchissant; c'est que les airs de tête ne répondent en rien à la situation: la Reine, soucieuse, distraite, semble plutôt éprouver de l'affliction, que la joie expansive d'une mere qui se complaît au milieu de ses enfans. L'air sérieux de sa fille fait supposer que déja dans un âge susceptible de participer aux chagrins de sa mere, elle cherche à la consoler par sa tendresse affectueuse. Le Duc de Normandie, loin d'avoir l'expression d'un enfant, en pareille position qu'exprime Virgile par ce vers si ingénu:

Incipe, parve puer, risu cognoscere matrem!

ne montre aucune gaîté; on le juge triste, sinon par réflexion, au moins par sympathie. Enfin le geste du Dauphin est un hors d'œuvre, qui l'isole de cette scene intéressante. Elle le devient bien davantage & tout s'explique au contraire par une supposition peut-être plus ingénieuse que vraie, c'est que le tableau a été commandé au moment où la Reine venoit de perdre la Princesse nouvellement née, (*)

(*) Madame *Sophie Helene Béatrix* de France, née le 9 Juillet 1786, & morte cette année.

dont il s'agissoit de perpétuer le souvenir. Son absence ou plutôt sa mort est caractérisée par le vuide du berceau que montre à regret le Dauphin, lié par-là naturellement à l'action: l'atteinte de la douleur généralement répandue sur toutes ces physionomies n'est plus un contre-sens & elle se gradue convenablement suivant les personnages.

D'autres amateurs d'anecdotes plus instruits assurent que le tableau imaginé du vivant de la jeune Princesse, elle étoit représentée endormie dans le berceau, & le Dauphin, le doigt sur la bouche, sembloit craindre qu'on ne troublât son sommeil; mais que le motif de cet épisode n'existant plus, l'artiste, en supprimant l'enfant, avoit conservé la couchette & changé seulement l'action du bras gauche dans M. le Dauphin.

Cette troisieme explication ne sert qu'à rendre plus sensible le défaut reproché ci-dessus, surtout de la part de la Reine, qui auroit dû non seulement faire briller la joie dans ses regards, mais les porter vers la jeune Princesse, par sa foiblesse attirant plus particulierement ses soins maternels. Malheureusement pour Madame *le Brun*, il s'ensuit que la seule bonne idée est purement romanesque: en effet, si son invention eût été telle, elle n'auroit pas manqué de la développer dans le livret: au surplus, il restera toujours une équivoque fâcheuse sur cette couchette, qui lui donnera l'air d'une énigme, & la clarté essentielle dans tout l'ouvrage l'est surtout dans une composition pittoresque.

Un autre reproche que j'entends faire à Madame *le Brun*, qui n'est pas si généralement senti, mais non moins fondé, c'est d'avoir donné à la Reine un éclat, une fraîcheur, une pureté, que ne peuvent conserver les chairs d'une femme de trente ans. Sa carnation éclipse celle de Madame, un peu dans l'ombre, il est vrai ; celle du Dauphin supposé éloigné, mais celle même du Duc de Normandie, personnage saillant avec elle, & qui ne devroit être qu'un assemblage de lys & de roses.

Au surplus, Monsieur, ce défaut est un beau défaut & vous indique sur quel haut ton de couleur est monté le tableau : il est dans les vêtemens, dans les meubles, dans l'architecture d'une magnificence rare, proportionnée au sujet.

Dans le cas où Madame *le Brun* n'auroit pas eu, en composant cette grande scene de famille, l'intention détournée qu'on lui prête pour la justifier, ce qui la rendroit vraiment coupable, c'est qu'elle connoît parfaitement toute l'expression de la tendresse maternelle en semblable circonstance & qu'elle en offre une preuve dans son propre tableau, où elle s'est peinte tenant sa fille dans ses bras. La sérénité repose sur son front, la joie brille en ses yeux : elle triomphe de porter un si précieux fardeau

& rend à son enfant tous les sourires qu'elle en reçoit. Une mignardise que réprouvent également & les artistes & les amateurs & les gens de goût, dont il n'y a point d'exemple chez les anciens, c'est qu'en riant elle montre les dents; cette affectation est surtout déplacée dans une mere: elle ne compasse point de la sorte ses mouvemens & se livre sans mesure à tout l'excès de son tendre enthousiasme.

On en peut dire autant du portrait historié de Madame *du Gazon*, dans le Rôle de *Nina*, au moment où elle croit entendre *Germeuil*, son amant: devenue folle par amour & se flattant de revoir l'objet de sa tendresse, certes, tout doit se ressentir en elle de la révolution qui s'y opere, du désordre de ses sens, & autant sa douleur étoit profonde & concentrée, autant sa joie doit être vive & bruyante; on ne peut s'imaginer qu'elle se soit occupée du soin de n'entr'ouvrir que ses levres, pour faire admirer un beau ratelier. Cette coquetterie seroit plus passable de la part de Madame *Raymond*, actrice aussi de la Comédie Italienne, qui n'est dans aucun costume théâtral: habillée en bourgeoise, les mains dans son manchon, négligemment panchée dessus; on juge qu'elle ne joue d'autre rôle en ce moment que celui d'une coquine aimable, agaçant les passans, les lutinant, cherchant à les séduire & à les ramener avec elle.

Mais que penser du Sieur *Caillot*, acteur

émérité du même théâtre, déja fur le retour, chaffeur intrépide, qui s'étant fait peindre avec les divers attributs de fa paffion favorite, le fufil entre les bras, la gibeciere au côté, dans toute la rudeffe du vêtement qu'exige cet exercice, s'amufe à fourire aux fpectateurs & à déployer avec grace les trente-deux perles dont fa bouche eft ornée.

Il faut efpérer que Madame *le Brun* avertie du mauvais fuccès de cette innovation, ne fera pas tentée d'y revenir, ne fe laiffera pas aveugler par les éloges de quelques obfervateurs complaifans ou de mauvais goût. Du refte, on ne peut que louer l'efprit qu'elle met dans fes têtes ; la variété des attitudes, des mouvemens, des fonctions qu'elle donne à fes perfonnages ; la fagacité dont elle faifit les convenances de leur fexe, leur âge, leur rang, leur caractere connu : on admire la magie de fon coloris dont l'harmonie tempere l'éclat, la vérité du rendu de fes étoffes, l'art avec lequel elle foigne les plus petits détails ; on ne croit pas qu'elle puiffe rien acquérir en ce genre pendant le voyage qu'elle va faire à Rome & qui ne fert qu'à réveiller les bruits injurieux de la malignité & de l'envie. (*).

(*) M. *Menageot* eft nommé Directeur de l'Académie de France à Rome, où il va remplacer M. *la Grenée* l'aîné, & Madame *le Brun* part avec lui pour l'Italie. Voyez ce qui en a été dit

On ne peut point parler de Madame *le Brun* fans mettre à côté Madame *Guyard*, fa digne rivale & nommée premier Peintre de Mesdames: cette qualité lui étoit bien dûe pour le portrait de Madame *Adélaïde*. La Princeffe eft en pied, de grandeur naturelle & fon tableau éclipfé au premier coup d'œil par celui de la Reine, gagnant à l'examen, eft jugé n'être point inférieur, quoiqu'il n'y ait qu'une figure. Sa compofition, moins difficile pour le grouppe, n'eft pas d'une conception moins favante & le rapproche encore plus de l'hiftoire. Voici le fujet annoncé par l'artifte.

„ Au bas des portraits en médaillons du
„ feu Roi, de la feue Reine & du feu
„ Dauphin, réunis en un bas-relief imitant le
„ bronze, la Princeffe, qui eft fuppofée les
„ avoir peints elle-même, vient d'écrire ces
„ mots: *leur image eft encore le charme de*
„ *ma vie.*

„ Sur un ployant eft un rouleau de papier,
„ fur lequel eft tracé le plan du couvent
„ fondé à Verfailles par la feue Reine & dont
„ Madame *Adélaïde* eft directrice.

„ Le lieu de la fcene eft une Galerie ornée
„ de bas-reliefs, repréfentant différens traits
„ de la vie de *Louis XV*; le plus apparent
„ en rappele les derniers momens, où, ayant

dans ma Lettre du 13 Septembre 1783 fur le Sallon d'alors. On prétend qu'elle fuit fon faifeur.

,, fait retirer les Princes, à cause du danger
,, de sa maladie, Mesdames entrent malgré
,, toutes les oppositions, en disant *nous ne*
,, *sommes heureusement que des Princesses*. On
,, y apperçoit un autre bas-relief, où *Louis XV*
,, montre au Dauphin, son fils, le champ de
,, bataille de Fontenoy, & s'écrie: *voyez ce*
,, *que c'est une victoire!* "

On conçoit qu'un tel sujet exigeoit un style austere; il y regne une mélancolie douce qui, loin de repousser le spectateur, l'attire & l'intéresse. La douleur de la Princesse est parfaitement bien sentie; elle est debout devant son ouvrage; elle tient son mouchoir de la main gauche dont elle va essuyer les larmes que lui arrache la réflexion & qu'elle a retenues durant son travail; elle a dans sa droite encore le crayon dont elle s'est servi.

Les Médaillons réunis se détachent bien, de maniere à distinguer les trois figures très ressemblantes: les étoffes du vêtement de Madame *Adélaïde* sont sagement conçues, & quoique d'une grande vérité, choisies parmi les couleurs les plus tendres & les plus modestes: tout l'intérieur de l'appartement est fort riche, mais d'une décoration noble, sage & grave. On regrette de ne pouvoir détailler les deux bas-reliefs décrits ci-dessus. Ceux qui les ont vus de près, assurent qu'ils ne laissent rien à desirer dans leur genre, qu'on y distingue clairement le sujet, & qu'ils sont finis autant que le comporte une esquiſſe tracée d'un ſeul trait.

Ce tableau n'attire pas la multitude, comme celui de la Reine, mais plaît davantage aux connoiſſeurs. Au ſurplus, Madame *Guyard* prouve dans ſon tableau de Madame *Eliſabeth*, peinte juſques aux genoux, appuyée ſur une table garnie de pluſieurs attributs des ſciences, qu'elle ſait, quand elle veut, donner de l'éclat & du brillant à ſon pinceau. *La fraîcheur de la jeuneſſe y regne dans toute ſa pureté*; & ſi l'on n'y retrouve pas la gaîeté, la vivacité qui la caractériſoient auſſi, l'artiſte adroite a motivé ce ton ſévere en mettant à la main de la Princeſſe un livre qui néceſſite en ce moment un air ſérieux, un air de réflexion. Ce portrait, pour la beauté des chairs peut figurer à côté de tous ceux de Madame *le Brun*, & même, comme la touche de Madame *Guyard* eſt plus ferme, elle leur donne plus de vie & marque mieux l'élaſticité de celles du jeune âge. Du reſte, auſſi féconde, elle ne ſait pas autant varier ſes figures.

Mais je m'apperçois, Monſieur, qu'entraîné par mon début j'ai anticipé ſur ma marche ordinaire, & ne vous ai point encore parlé du premier genre de l'hiſtoire; ſi toutefois c'eſt déroger à ſa dignité que de vous entretenir de Perſonnages auguſtes faits pour y figurer, de ſcenes nobles & touchantes qui ne la dépareroient point, enfin d'Artiſtes ditingués qui ne feroient, à coup fûr, pas incapables de la traiter. Quoiqu'il en foit, je répare mon tort & je reviens fur mes pas.

Je ne compte dans le Sallon que dix tableaux de cette efpece commandés pour le Roi & j'y cherche en vain plufieurs héros de connoiffance, des François; je n'y en trouve qu'un, c'eft *Coligny*. M. *Suvée* a choifi le moment où l'Amiral en impofe à fes affaffins & il nous reproduit fur la toile le bel épifode de la *Henriade* dont il rapporte les vers; c'eft *Coligny* qui parle:

Frappez, ne craignez rien, *Coligny* vous l'ordonne;
Ma vie eft peu de chofe & je vous l'abandonne.
J'euffe aimé mieux la perdre en combattant pour vous.
Ces tigres à ces mots tombent à fes genoux:
L'un, faifi d'épouvante, abandonne fes armes;
L'autre embraffe fes pieds qu'il trempe de fes larmes:
Et de fes affaffins ce grand homme entouré,
Sembloit un Roi puiffant par fon peuple adoré.

Voilà fans doute le fujet d'une belle fcene; il porte avec lui un grand intérêt, il eft très pittoresque & fufceptible de ces contraftes qui font le charme des Arts & furtout de la Peinture. Comment M. *Suvée* l'a-t-il traité? étoit-il capable de le bien rendre?

Coligny fe préfente fur le feuil de fon appartement: il eft en camifole, la main droite fur la poitrine, le bras gauche pendant & la main ouverte: ce premier perfonnage offre beaucoup de contre-sens: son costume n'est point noble, & cependant pas assez en désordre pour faire présumer qu'il n'ait pas eu le tems de se vêtir plus décemment: en outre ce déshabillé ne dissimule en rien toute la longueur du corps, d'où résulte une figure droite & roide, toujours désagréable en peinture. Si par cette roideur, l'artiste a cru mieux caractériser la fermeté de l'ame de son héros; ses premiers mots annoncent sans doute son intrépidité; mais il mêle beaucoup d'onction & c'est par cette derniere, absolument oubliée sur sa physionomie, qu'il triomphe de ses assassins. Le geste de la main sur la poitrine n'est pas celui qu'il falloit non plus; il indique plutôt le désir d'être cru, le serment, la foi donnée, la protestation, le dévouement; c'est en découvrant sa poitrine que *Coligny* devoit se présenter, en y montrant ses cicatrices; & la majesté de cette attitude, avec une figure touchante, plus que dure, auroit infiniment mieux exprimé le discours que le poëte lui met dans la bouche. Le reste de l'action est dessiné assez naturellement. Quant aux assassins, le grouppe en est exécuté avec vérité & bien saisi d'après les images du poëte; le Peintre a même enchéri sur celui-ci. On voit un de ces barbares qui tient un flambeau & l'avance. M. *Suvée* s'est applaudi vraisemblablement d'une telle idée; il l'a regardée comme une adresse ingénieuse en ce que par ce moyen il éclairoit & faisoit ressortir davantage le principal personnage: mais d'un autre côté cette hardiesse donne lieu à une équivoque: le répentir n'est rien moins qu'empreint sur la figure du rustre, & bien des gens le voyant par un geste peu respectueux porter en quelque sorte ce flambeau sous le nez de l'Amiral, craignent qu'il ne cherche à lui brûler le visage. En général, je crois que ce sujet n'étoit gueres propre pour M. *Suvée*; il exigeoit une fierté de pinceau qui n'est pas la qualité dominante du sien. Les connoisseurs, en discutant les parties de l'art lui reprochent de n'avoir pas assez observé la régle de la perspective, de n'avoir pas étudié & rendu les effets des clairs & des ombres que le flambeau devoit répandre, au point qu'on doute d'où la lumiere vient sur certains objets, qu'on ne sait si la scene se passe ou de nuit ou de jour.

M. *Vien*, toujours rempli de son Homere, inépuisable en sujets pittoresques, nous offre aujourd'hui les *Adieux d'Hector & d'Andromaque*: le moment est celui où *Hector* sortant de la porte de Cée, pour monter sur son char, est arrêté par son épouse qui lui fait présenter par sa nourrice le jeune *Astyanax*, lequel s'effraye du panache dont le casque de son pere est ombragé.

Cette action purement mécanique, en général, qui n'exige du moins qu'un sentiment doux & dont tout le mouvement consiste dans une puérilité, étoit très assortie au talent & à l'âge de l'artiste. Aussi est-ce une de ses compositions où la critique ait moins à mordre : plan bien conçu, sagement exécuté, grouppes très distincts, rien de ce qui concerne l'art n'y est oublié; on a prétendu que la figure d'*Hector* n'étoit pas assez posée; mais c'est précisément ce qui caractérise le moment du départ : son char est attelé, son automédon en tient les rênes, son écuyer lui présente les armes, il montoit lorsqu'*Andromaque* paroît; on ne sait ce qu'elle lui désigne en tendant la main vers la ville : il semble que c'est sur *Astyanax* que devroit porter son attention & que l'amour de la patrie devroit céder ici à l'amour maternel.

Le reproche le plus fondé, c'est que la tête d'*Hector* n'a point l'air assez mâle, qu'elle ne respire en rien le héros. C'est une figure dolente qui ressemble trop à celle d'*Andromaque* & même des personnages subalternes. Pour éviter cette uniformité & mieux marquer l'action principale, l'artiste auroit pû faire sourire *Hector* de la crainte enfantine de son fils.

Je vois, Monsieur, que malgré la beauté de ce tableau, on préfere généralement trois petits sujets du même auteur remplis de graces & de naturel : une *femme Grecque ornant d'une couronne de fleurs la tête de sa fille, avant de l'envoyer au temple; Glicere cueillant des fleurs pour faire des Couronnes*; enfin *Sapho chantant*

tant ſes vers en s'accompagnant de la lyre. Les figures en ſont ſingulierement ſveltes & ne ſentent nullement une main appéſantie par la vieilleſſe.

On n'eſt pas auſſi content d'un petit ſujet de M. *de la Grenée* l'aîné, qui, ſans être de l'âge de M. *Vien*, a déja ſingulierement déchu dans le genre gracieux. *C'eſt l'amitié conſolant la vieilleſſe de la perte de la beauté & du départ des plaiſirs.* L'allégorie en eſt froide, confuſe, énigmatique : quoique les artiſtes en trouvent pluſieurs parties d'exécution eſtimables; on y déſire cette grace qui caractériſoit autrefois ce Maître & l'avoit fait appeller l'*Albane* françois. *Fuit!* Il ſe retourne du côté des grandes compoſitions, & ſi M. *Vien* n'abandonne point la Guerre de Troyes, M. *de la Grenée* ſemble vouloir épuiſer la Vie d'*Alexandre*.

Il nous en avoit retracé, il y a deux ans, la généroſité compatiſſante; il nous en reproduit la cruauté féroce. ,, *Alexandre* irrité de
,, la fermeté de *Betis*, un des Capitaines de
,, *Darius* & Gouverneur de la Province de
,, Gaza, qu'il n'avoit réduite qu'avec peine
,, ſous ſon obéiſſance, dans ſon paſſage en
,, Egypte, devint cruel envers ce généreux
,, Satrape. Ce Roi, qui ne pouvoit ſouffrir de
,, réſiſtance à ſes volontés, outré de ce que
,, Betis paroiſſoit devant lui ſans fléchir le
,, genou pour lui rendre les mêmes hon-

„ neurs qu'à Darius, & de ce qu'il restoit
„ muet à ses menaces; je vaincrai ce silence
„ obstiné, dit-il, & si je n'en puis tirer au-
„ cune parole, j'en tirerai du moins des gé-
„ missemens. Enfin sa colere se tournant en
„ rage, il le fit attacher à un char & traîner
„ ainsi autour de la ville. Betis en silence,
„ regardant Alexandre avec dédain, triom-
„ phant en lui-même de voir l'orgueil insa-
„ tiable de son ennemi humilié par son cou-
„ rage & sa fidélité pour son Roi, mourut
„ sans laisser échapper un soupir."

Voilà, sans doute, Monsieur, un sujet bien vaste qui exigeoit un champ proportionné; aussi l'artiste a-t-il pris une toile de 16 pieds de long. Il l'a divisée en trois grouppes: dans celui du milieu se présente d'abord Alexandre ordonnant les apprêts du supplice; le Char est développé dans toute son étendue, il est attelé & le conducteur a peine à retenir la fougue de ses chevaux. Leur ardeur annonce qu'on a choisi les plus propres à cette horrible expédition. Les Bourreaux ont garotté Betis: celui-ci par son regard fier & dédaigneux confond le Roi de Macédoine dont la rage ne fait que s'accroître par la sérénité de son ame. Au milieu de ses douleurs, il se montre bien supérieur au tyran. A la droite & dans un plan plus reculé se remarquent des femmes dans différentes attitudes & expressions de douleur; on les juge être l'épouse, la mere, les filles, les parentes de Betis: à la gauche est située la tente d'Alexandre: à l'entrée sont ses Généraux, ses Confidens.

Il auroit été difficile de mieux ordonner ce plan; mais l'artiste auroit pu donner plus de mouvement à sa figure principale: d'ailleurs, quelle a été ma surprise de voir sous le casque d'Alexandre un portrait de connoissance; j'ai reçu l'explication de l'énigme par un jeune voyageur de mes amis, qui m'a avoué, durant son séjour à Rome avoir servi de modele à M. *de la Grenée* pour la tête du barbare vainqueur de Darius. Cependant nous avons des médailles d'Alexandre & malgré les disputes des antiquaires à cet égard, (*) il auroit pu se dispenser de mettre une tête françoise sur le corps du héros Macédonien: encore s'est-il trompé sur ce point, puisqu'il l'a créé presque colossal, quoique tous les historiens s'accordent à lui donner une petite stature.

Le même jeune homme m'a avoué aussi qu'il avoit servi pour modele de la tête d'*Ephestion*, qui se voit le premier à l'entrée

(*) M. l'abbé *le Blond*, dans une dissertation lue à l'Académie des Belles-lettres, à la séance publique d'après la St. Martin 1786, a prétendu que *le Brun*, dans les batailles d'Alexandre, s'étoit trompé sur la tête de ce héros, pour laquelle il avoit pris une tête de Minerve; mais en même tems il en a indiqué une autre existante.

de la tente, mais dans une attitude peu noble, les jambes croisées; enfin tous les compagnons d'Alexandre ne montrent que de l'étonnement ou de la curiosité, au lieu de l'effroi & de l'horreur qu'ils devroient ressentir.

Quant au faire, M. de la Grenée en plaçant la scene en rase campagne, s'est mis à l'aise pour le développement du sujet: mais son site est triste & son ciel nébuleux: si par cet accompagnement il a voulu marquer l'indignation de la Nature entiere contre l'atrocité d'Alexandre, c'est une conception trop outrée, & la beauté du ciel & du local auroit encore mieux fait ressortir la barbarie de l'action. On ne peut que louer les chevaux, le char, les courroies, tous les accessoires du supplice. Quant aux Bourreaux, ils sont d'une grande vérité, d'une vigueur singuliere; mais on demande ce que fait l'un d'eux, qui semble mollement soulever Betis, comme si, par un rafinement de cruauté, il craignoit que la victime ne traînât trop par terre & n'expirât ainsi plus vîte.

Par une innovation qu'on semble reprocher à M. de la Grenée l'aîné, il a exposé aussi l'esquisse de ce même tableau. Mais il n'en est pas des Peintres, comme des Gens de Lettres: sans doute si ceux-ci nous offroient leurs brouillons, nous verrions bien des sottises, que souvent beaucoup de réflexion & d'art ne peut couvrir encore; au contraire, l'on est très curieux des premieres conceptions des artistes & celui-ci en fournit la preuve: Les connoisseurs en remarquant des améliorations dans son grand tableau, désireroient qu'il eût conservé plusieurs choses & surtout le feu de l'esquisse. Il me semble que la comparaison de ces premieres études avec le sujet exécuté en grand, pourroit être fort utile aux éleves & fournir un plaisir de plus aux amateurs.

La plus grande machine après celle-ci, c'est la reconnoissance d'*Oreste* & d'*Iphigénie* dans la Tauride, (*) de M. *Regnaut*. Ce sujet, qui consiste plus dans une expression de sentiment que dans l'action physique, exigeoit d'être resserré davantage; il paroît nud & se perd dans les accessoires. On a reproché à la sœur, drapée de la tête aux pieds comme une Grande-Prêtresse de la chaste *Diane*, d'être habillée aux dépens de son frere, (**) & après avoir ri de la plaisanterie, on riroit de l'ignorance de l'auteur s'il pouvoit l'avoir faite sérieusement. Qui ne sait qu'Oreste, depuis qu'il se rendit meurtrier de sa mere, tomba dans un état de démence frénétique: *Furiis agitatus Orestes?* Certes, c'étoit bien le cas de profiter de la licence des Peintres de ne vêtir

(*) Ce tableau a 13 pieds sur 10.
(**) Cette méchanceté se lit dans les feuilles de l'abbé *Aubert*.

souvent qu'à moitié leurs figures, pour marquer le nud & développer leurs connoissances & les secrets de leur art en ce genre. On auroit perdu l'un des beaux corps qu'il soit possible de voir pour la vérité de l'anatomie, la vigueur des muscles, la fierté de l'attitude, & le laqueux des chairs.

On ne peut sortir de cette famille d'*Agamemnon*. M. *Doyen* acheve le sujet commencé par M. *Vien*, il y a quatre ans (*); il nous montre *Priam suppliant Achille de lui rendre le corps d'Hector*. On doit louer l'artiste, malgré cette dégradation d'un Roi aux genoux d'un autre, d'avoir conservé une sorte de noblesse dans la figure de *Priam*. Quant au héros Grec, son expression est équivoque : le difficile étoit de réunir sur sa figure la colere & la pitié. Du reste on désireroit, pour mieux entendre l'action, de voir dans le lointain un cadavre, objet de la demande. Ce qui rend ce tableau estimable aux yeux des artistes qui s'accordent assez là-dessus, c'est d'avoir différencié la clarté que donne une lampe suspendue dans la tente d'*Achille* & celle que répand la lune au dehors.

Nous sortons de l'Illiade pour entrer dans l'Odyssée, grace à M. *de la Grenée* le jeune, qui nous montre *Ulysse arrivant dans le pa-*

(*) Voyez ma Lettre du 13 Septembre 1783.

lais de Circé. Ce tableau placé à côté de celui d'*Iphigénie* en fait encore mieux sentir le vuide : au contraire, son champ est trop resserré (*) pour une action aussi compliquée. D'une part il s'agissoit de montrer les compagnons du Roi d'Ithaque changés en pourceaux ; de mettre au centre ce Prince, à qui la séductrice offre le même poison qui avoit opéré cette métamorphose ; de le représenter tirant l'épée, épouvantant *Circé* & exigeant qu'elle lui rende ses compagnons ; enfin de faire intervenir *Mercure* mêlant des herbes salutaires au breuvage & par ce secours détruisant toute la magie de l'enchanteresse.

Vous concevez, Monsieur, qu'il n'étoit pas possible de rendre tant de choses en si peu d'espace : d'ailleurs le tableau placé trop haut doit offrir des finesses dans la figure de Circé, dans celles d'Ulysse & de Mercure, qui échappent par l'éloignement. On trouve beaucoup de grace & de séduction dans l'enchanteresse, personnage le plus saillant : mais un chapiteau Corinthien employé dans son palais choque par son anachronisme (**) les antiquaires ; & le défaut d'entente du clair-

——————

(*) Il n'est que de 10 pieds quarrés.

(**) D'environ 500 ans, puisque *Callimaque*, l'inventeur de cet ordre d'architecture, vivoit l'an du monde 3464, environ 472 ans après le Siege de Troyes.

obscur plus nécessaire ici que jamais, est aussi plus remarquable aux yeux des artistes.

Le tableau d'à côté plus sagement composé, comme tout ce qui sort des mains de M. *Brenet*, tient aussi de sa maniere seche & monotone : de plus il est froid & insignifiant. On voit un Consul Romain sur son siége, avec un jeune homme à côté de lui : deux personnages revêtus de robes éclatantes sont en sa présence ; il semble leur parler. Il faut que le peintre nous apprenne que c'est *Publius Scipion*, à qui les Ambassadeurs d'*Antiochus* ramenent son fils fait prisonnier : que *Scipion* étoit malade ; que le retour du jeune homme lui rend la santé ; qu'il témoigne sa reconnoissance envers Antiochus &, pour preuve, charge les Envoyés de ce Roi de lui conseiller de conclure la paix avec les Romains.

Le Spectateur engourdi par la contemplation de ces sujets tristes, la plupart sans mouvement & sans vie, se ranime à la vue des *Bacchanales* de M. *Callet* : c'est un tableau allégorique, caractérisant l'automne par la peinture des Fêtes de Bacchus, que les Romains célébroient dans le mois de Septembre. De mauvais plaisans prétendent ne retrouver-là que le grand Sallon, cette guinguette de toutes les coureuses de Paris & non le riant cortege des Bacchantes, leurs danses vives & l'enthousiasme religieux qui regnoit même au sein

du

du désordre de ces joyeuses orgies. En convenant qu'il manque peut-être quelque chose à l'ordonnance du tableau; que le sacrifice, premier objet de la fête, n'est pas assez indiqué : on ne peut s'empêcher d'y reconnoître de la grace, de la gaieté; attributs ordinaires d'une assemblée composée de personnes du sexe, dégénérant insensiblement en ivresse, en fureur. Quant aux couleurs crues & au ton sauvage du tableau, il faut songer que, fait pour être exécuté en tapisserie, il ne peut être harmonieux comme un morceau travaillé & fini avec le plus grand soin.

A l'opposite est un Tableau de M. *le Barbier*, encore plus rempli d'action & de mouvement; il est fâcheux que le sujet, tiré de *Pausanias*, soit peu intéressant, surtout pour des François, étonnés de voir qu'un enlevement cause tant de ravages. Il s'agit du *courage des femmes de Sparte* que le Peintre a voulu célébrer. *Aristomenes*, Général des Messeniens, résolut de surprendre & ravir quelques beautés de Sparte, pendant qu'elles célébroient la fête de Cérès; elles se défendirent si courageusement que, sans le secours de la Prêtresse *Archidamie*, le ravisseur couroit risque de perdre la vie. Ce monument en l'honneur du Sexe est exécuté d'une façon savante & hardie. Quant aux grouppes, il y a de la grace & de la vigueur dans les femmes: le dessin est pur & correct; le coloris point mauvais : on regrette feulement que les clairs, les ombres, les reflets mal diftribués ne laiffent pas affez fentir le mérite de la compofition.

M. *le Monnier*, fimple Agréé qui n'a débuté qu'en 1785, termine cette riche collection de tableaux d'hiftoire pour le Roi : il n'a point été jugé indigne de figurer parmi les grands maîtres & à cette preuve de fon mérite il faut en joindre une moins équivoque encore, c'eft que les Critiques s'acharnent beaucoup fur lui. Quant à moi, faute d'avoir bien pu faifir fon *Amour Conjugal*, mal expofé, mal en jour, & d'ailleurs fort noir, je m'abftiendrai de vous en rien dire. Le fujet n'en eft point affez connu, ni l'exécution affez tranfcendante pour regretter de ne pouvoir vous en écrire plus de détails.

Je ferois plus tenté de vous rendre compte de fa grande efquiffe d'un tableau allégorique qui doit être exécuté pour la Chambre du Commerce de Rouen. (*) Mais je fuis effrayé des détails dans lefquels il faudroit entrer. C'eft un poëme entier, & certes fon plan feul, s'il eft de M. *le Monnier*, annonce un génie vafte & hardi. Voilà, Monfieur, ma tâche remplie, quant aux tableaux d'hiftoire pour le Roi ; je dois vous rendre compte

(*) Dans la mefure de 24 pieds de large fur 13 & demi de haut.

de plusieurs autres, dont quelques-uns plus estimés que tous ceux-là; mais comme j'ai anticipé sur le genre dans le commencement de cette Lettre, de peur de la rendre trop longue & trop fatiguante, je renvoye pour la seconde ce qui me reste à vous dire de nos Peintres du grand genre.

J'ai l'honneur d'être, &c.

Paris, ce 18 Septembre 1787.

IIe. Lettre sur les Peintures, Sculptures & Gravures, exposées au Sallon du Louvre, le jour de la St. Louis 1787.

SANS doute, Monsieur, vous aurez été surpris de ne point trouver le nom de M. *David* parmi tous ceux des Peintres employés à travailler pour le Roi: gardez-vous pour cela de croire qu'il ait dégénéré de la haute opinion qu'on en avoit conçue & qu'il ait été jugé inférieur en mérite. Outre que l'intrigue & la faveur ont beaucoup de part au choix, il faut savoir que c'est le premier Peintre qui distribue les sujets. M. *David* a refusé de s'asservir à cette gêne; son génie fier & indépendant n'en a voulu traiter que de convenables à sa fougue. Au reste, si par une injustice criante on l'eût exclu d'une pareille destination, le Public l'auroit bien vengé, en lui affignant le premier rang à fon admiration. Son Tableau, depuis l'ouverture, ne ceffe d'être entouré, fouvent de critiques, il eft vrai, mais dont l'acharnement eft un éloge indirect, peut-être plus flatteur pour l'amour-propre bien entendu de l'artifte, que les extafes de la multitude ignorante & moutonniere.

Le fujet traité cette fois par M. David, dans un genre différent, n'eft pas moins attachant que celui des *Horaces*: c'eft *Socrate au moment de boire la ciguë*. Ce Philofophe eft au milieu de la fcene; on vient de lui ôter fes fers dont l'empreinte fe voit encore fur fes jambes; il fe fouleve fur le lit, où il étoit attaché: il eft en action; d'une main il prend la coupe fatale que lui préfente un Efclave en détournant la tête; de l'autre, dont l'*index* eft dirigé vers le ciel, l'artifte a caractérifé ingénieufement la nature du difcours que tient le maître, & par l'expreffion fublime qu'il lui donne, a fait difparoître la difformité de fa figure. Il a également voulu rendre par autant d'attitudes variées, le genre de la douleur de chacun de fes difciples.

Dans le lointain on voit quelques-uns des Juges qu'on fuppofe revenir à l'aréopage dont ils remontent les marches: après avoir appris à l'accufé fa condamnation, ils femblent gémir de cet étrange Arrêt de mort.

Ce tableau qui, ce qu'il ne faut pas

omettre, n'est qu'un tableau de chevalet, est parfaitement bien composé, sauf cependant un vieillard tournant le dos, s'isolant en quelque sorte de la scene, qui seroit un grand défaut s'il ne s'en rapprochoit par la douleur profonde dans laquelle il est plongé: au surplus, tout y est clair; la figure de *Socrate* est d'un maître, mais sans pédantisme, sans charlatanerie; il joint à la fermeté d'un Philosophe qui reçoit sa condamnation injuste, cette sérénité du front, ce calme de l'ame d'un innocent. Ses principaux Disciples sont désignés tous à être reconnus. On reproche à quelques-uns des attitudes équivoques, dans la maniere d'essuyer leurs larmes. Le dessin n'est pas toujours correct non plus; le bras du plus voisin de Socrate semble sortir, non de l'épaule, mais de la poitrine.

La scene éclairée de face, se développe avec les nuances convenables; mais aussi lugubre, peut-être, exigeroit-elle moins d'éclat & plus de recueillement. Au contraire, le fond trop rembruni ne laisse point percer l'œil autant qu'il faudroit & empêche les objets de se détacher. Il faut que ce défaut soit bien sensible, puisqu'il est généralement reconnu.

On regrette qu'un accident grave (*) ait empêché M. David d'achever un autre tableau commencé dans un genre opposé. C'est

(*) Il s'étoit cassé le tendon d'article.

Pâris & Hélène: quoique ce sujet soit bien rebattu, sans doute ce grand artiste s'est jugé en état d'y mettre de nouvelles beautés. Quoiqu'il en soit, le public auroit pu juger alors si M. David est plus propre à peindre les Grâces que le Sublime, a plus de dispositions à la maniere du *Correge* ou du *Guerchin*, qu'à celle de l'*Albane* ou du *Guide*. Quant à moi, je crois que les sujets fiers & même austeres lui conviennent infiniment mieux que les sujets aimables & voluptueux.

M. *Vincent*, non moins fécond à cette Exposition qu'aux précédentes, nous offre trois morceaux dont un de chevalet. Dans celui-ci tiré de la Jérusalem délivrée, *Renaud arrête Armide qui veut se tuer*. Le grouppe est posé savamment : l'attitude du Héros est facile & vigoureuse en même tems ; mais l'expression est absolument manquée : les chairs d'*Armide* sans couleur, sans élasticité & sans vie, sont d'un pinceau mol & lui donnent l'air d'une morte. L'artiste semble avoir mis toute son habileté à rendre l'armure de *Renaud*; elle est polie, comme si elle sortoit des mains de l'ouvrier & que ce guerrier l'endossât pour la premiere fois. *Le tableau d'Henry IV & de Sully*, personnages attachans pour des François, surtout dans les circonstances, est d'un si mauvais coloris, d'une composition si confuse que l'œil se fatigue à le détailler. Par-là il manque non seulement d'harmonie & d'effet, mais même d'intérêt.

L'auteur semble avoir réservé tout son talent pour *la Clémence d'Auguste*, dont l'idée lui a été suggérée par ce vers de Corneille :

Soyons amis, Cinna ; c'est moi qui t'en convie.

A cet acte de grandeur d'ame, *Livie*, femme de l'Empereur, exprime son admiration : *Emilie* tombe à ses pieds, *Cinna* est frappé d'étonnement, & *Maxime* pénétré de honte. Telle a été l'intention de l'auteur, & il l'a parfaitement bien remplie. Quelques connoisseurs auroient désiré qu'à la surprise de Cinna se joignît un sentiment de reconnoissance ; & que l'Impératrice, placée derriere Auguste, debout, tandis que l'Empereur est assis, jouît un rôle plus noble & n'eût pas l'air d'une simple suivante. A ces deux taches près, la composition du tableau est de la meilleure ordonnance. Boileau a dit :

Suivant que la pensée est claire ou plus obscure,
L'expression la suit ou moins nette ou plus pure.

Et ce tableau en est la preuve. Le plan une fois bien conçu, tout semble s'y être rangé naturellement : rien de pénible ou de recherché. Les airs de tête, les attitudes, l'agencement des draperies annoncent une facilité d'exécution, fruit d'études bien digérées. Le coloris y est infiniment meilleur & plus vrai que dans les deux tableaux précédens; en un mot, le style en est aussi harmonieux que le fond de la composition.

Voilà, Monsieur, bien des Artistes du genre de l'histoire passés en revue, quoique plusieurs n'aient pas exposé, tels que Mrs. *Menageot* & *Barthellemy* : il me reste pourtant à vous parler encore de quelques autres & surtout des débutans, mais succintement, pour vous marquer les progrès des premiers, ou vous faire connoître les derniers.

Par exemple, M. *Taillasson* ne paroît pas avoir beaucoup acquis & son morceau où il a voulu rendre la sensation que produisit le *tu Marcellus eris*, de Virgile lisant l'Enéïde devant *Auguste & Octavie sa Sœur*, n'annonce qu'un défaut de bon sens : car, outre l'impossibilité de bien caractériser ce trait, est-il naturel, Octavie s'évanouissant, que le Poëte continue de lire & l'Empereur d'écouter ? Du reste, il a certainement dégénéré pour le coloris, mieux entendu dans ses tableaux de 1785 ; le ton en est obscur & même un peu noir, ainsi que celui de toutes ses autres compositions.

M. *Peyron* ne répond pas non plus à la haute idée qu'on donnoit de lui à Rome, qu'il a soutenue par son début au Sallon & qui lui a valu la place distinguée d'Inspecteur de la Manufacture Royale des Gobelins ; récompense qui ne devroit s'accorder qu'à l'âge & aux travaux. Il s'avoue lui-même vaincu en quelque sorte par M. David, en n'osant lutter contre lui & exposer le tableau de la mort de Socrate, annoncé dans le livret. A ne juger en effet de la composition que par le détail qu'il en donne lui-même, comparée à celle de son rival, on peut croire d'avance qu'elle lui est infiniment inférieure.

Son *Curius Dentatus*, qui, après avoir été trois fois Consul, fait cuire ses légumes dans un pot de terre, & refuse les vases d'or que lui apportent les Ambassadeurs Samnites, est un sujet dont le détail, ignoble aujourd'hui, auroit dû être annobli par un sublime de pensée, bien au dessus de son talent. Quant au faire, il n'est pas sans mérite; la touche en est moëlleuse & suave, peut-être trop, pour un sujet aussi austere: peut-être auroit-il fallu un pinceau plus mâle, plus de sévérité dans le ton. Quant au coloris, il est sans harmonie & généralement gris.

Un Académicien sans Noviciat, c'est-à-dire, sans avoir passé par la Classe des Agréés, devroit, ce semble, annoncer un mérite rare & supérieur. Si M. *Perrin*, dont je veux parler, qui jouit de cette faveur, ne débute pas avec l'éclat qu'elle supposeroit, il arrive du moins au Sallon escorté de nombreux ouvrages: trois grands Tableaux d'histoire; trois Esquisses, dont deux d'une vaste ordonnance; une superbe Figure académique, forment cette collection.

La triste condition des nouveaux venus, dont les ouvrages sont les plus mal exposés, soit pour l'élévation, soit pour le jour, empêche de bien détailler le sujet & l'ensemble du tableau de M. *Perrin*, le plus estimé, quoique ce ne soit pas celui de sa réception. Au reste, le sujet en est si atroce, si dégoûtant, si scandaleux, que pour l'intérêt des mœurs des critiques religieux voudroient l'exclure tout-à-fait du Sallon. *Cyanippe*, Roi de Syracuse, ayant violé, étant ivre, sa fille *Cyanée*, une peste horrible désola Syracuse & l'oracle annonça que ce fléau ne cesseroit que par la mort du couple incestueux. *Cyanée* traîne elle-même son père à l'Autel de Bacchus, l'égorge & se poignarde ensuite.

Au défaut près du choix, ceux qui ont vu l'ouvrage dans son vrai point de vue, en font l'éloge, mais en critiquent les formes & les couleurs pauvres. De loin, la composition en paroît pleine de chaleur & d'énergie; les grouppes forment un contraste savant; on pourroit mieux le sentir & le détailler, s'il y avoit plus d'entente du clair-obscur, & si la teinte noire dont il est généralement obscurci, n'en détruisoit l'effet.

Il n'est pas jusqu'à Mrs. *Giroust* & *Monseau*, les derniers Agréés & fermant la marche des Peintres d'histoire, auxquels on ne trouve du mérite: on promet surtout au premier d'en laisser bientôt beaucoup d'autres derriere lui;

s'il foutient la pureté de fon deffin, le bon ton de fa couleur & la mefure toujours proportionnément à l'effet qu'il veut produire.

D'après cette longue énumération, Monfieur, de nos tableaux d'hiftoire & les éloges dont presque tous font accompagnés, vous jugerez avec raifon, que le grand genre a fait de fenfibles progrès; que le mauvais goût égarant depuis nombre d'années nos artiftes commence à fe diffiper; que les bons principes renaiffent & que fur les ruines de la vieille Ecole il va s'en élever une nouvelle, qui marquera chez nous le troifieme âge de la Peinture. Je n'ofe annoncer qu'il deviendra fupérieur au premier; mais à en juger par la révolution rapide qui s'eft faite, par l'émulation générale qui fait fermenter aujourd'hui les talens, par le génie qui domine dans plufieurs compofitions de nos jeunes Artiftes, on ne doit pas en défesperer: ils ont furtout un fecours qui manquoit aux anciens; c'eft l'Académie fondée à Rome: ils en ont un autre dont ils ne conviennent pas, mais certes qui ne leur eft pas moins utile; c'eft la Critique. Oui, Monfieur, tout en affectant de dédaigner cette foule de pamphlets fatyriques dont ils fe plaignent d'être inondés, de dire qu'ils ne les lifent pas, de les écarter loin d'eux; il n'en eft pas un qui ne fe les procure en fecret, qui ne les étudie, ne les médite &

à travers la foule d'erreurs dont ils sont infectés, ne démêle quelque observation juste & n'en fasse son profit. Je pourrois pousser mes raisonnemens plus loin à cet égard & prouver peut-être pourquoi, tandis que l'histoire se perfectionne, le genre se détériore & s'anéantit; mais ce n'est pas une dissertation que j'ai entreprise. Je reviens à l'historique des faits.

Le genre en effet, Monsieur, est tombé sensiblement cette année. Je ne crois que deux morceaux dignes d'attention: encore le premier appartient-il proprement à l'histoire.

Vous avez toujours présente à la mémoire la mort du Duc Léopold de Bronswick, victime de son amour pour l'humanité : ce sujet proposé longtems, par l'Académie françoise à l'émulation de nos jeunes poëtes & qui a été l'écueil de tous, n'est pas mieux traité en peinture. C'est M. *Wille*, accoutumé à saisir les anecdotes du tems, qui s'en est emparé. Mais il exigeoit un sublime d'expression au-dessus de ses forces. Le héros est dans un esquif au moment où il chavire: un des bateliers vient de tomber à l'eau & l'autre retient le Duc qui chancele déja. On voit dans le lointain des malheureux qui se noient, objets de ses tendres alarmes. Il est dans un costume militaire, le chapeau sur la tête, ganté & la canne à la main: tout cet attirail n'est point celui qu'il devroit avoir en pareille circonstance: l'effroi qu'il témoigne, est encore moins le sentiment qu'il devroit éprouver; & le matelot qui l'arrête par son justaucorps, est dans une situation si équivoque, qu'au premier coup d'œil on le prend pour un voleur qui lui demande la bourse ou la vie. Son camarade déja submergé, quoique tenant encore des jambes au bâtiment & soulevant la tête, tandis qu'on cherche son corps couvert de vagues, est d'un dessin hardi, mais strapassé: il est impossible de trouver dans la nature une telle attitude. En général, les figures & la nacelle sont trop fortes pour le champ du tableau. Les citoyens entraînés par les flots, au secours desquels il s'agit d'aller, sont bien éloignés, bien rapétissés, en bien petit nombre & ne forment point une image assez effrayante, capable de donner une idée de la résolution magnanime du Duc. Le coloris est aussi trop brillant pour la scene, & le devant n'est point assez vaporeux. Au surplus, le tableau est rempli d'effets piquans & ses défauts mêmes sont ce qui attire le plus les spectateurs: en général, M. *Ville* est le Peintre du peuple, pour lequel ce sujet seroit peut-être trop relevé, s'il étoit traité dans le style sévere & majestueux de l'histoire.

M. *Bilcoq* est auteur du second morceau, qui a pour titre l'*Instruction Villageoise*. C'est encore de ces drames familiers faits pour attirer la foule; mais comme il est plus sage, ment traité que le premier, il ne se saisit pas d'abord, ainsi que lui, de la curiosité générale; mais quand on en approche & qu'on le considere, on a peine à le quitter: „ la mere „ fait la lecture de la *Vie des Saints*, près „ d'elle sa fille aînée est appuyée sur un „ buffet; deux autres de ses sœurs regardent „ leur pere, tandis qu'il fume assis sur un „ tonneau: derriere lui, son gendre, les bras „ croisés, écoute la lecture, & un petit enfant „ de sa fille joue devant lui avec un oiseau. „ Le lieu de la scène est une grange."

Ce sujet, dont les détails sont précieux, est au fond peu réfléchi; on ne sait pourquoi l'artiste a choisi une grange, plutôt que l'intérieur d'une chambre: en outre, afin de mettre plus de vérité dans le tableau, on voit des légumes, une botte d'oignons & autres préparatifs qui annoncent l'heure du matin, où des villageois s'occupent de pourvoir à leur nourriture du corps, avant celle de l'ame.

La figure de la mere est parfaite, celle du pere amuse aussi; quant aux enfans, ils ont un caractere vague, indécis, qui ôte beaucoup de l'intérêt. On reproche à ce tableau des défauts de dessin & de coloris d'une part, tandis qu'on le trouve trop leché, trop maniéré de l'autre.

Les Palais, les Ruines, les Marines, les Paysages sont ce qui domine le plus après les Tableaux d'histoire. A la tête des artistes qui enrichiffent le Sallon de ce genre de productions, se trouve M. *le Marquis de Turpin*, honoraire, affocié libre. Jusques ici la deftination de ces honoraires avoit été, pour les gens de qualité, d'illuftrer les liftes de leur nom, de protéger les artiftes, d'en recevoir les dédicaces, de les admettre à leur table, de les répandre, de les prôner; pour les Créfus modernes, de fe former des cabinets, d'encourager les talens en les payant bien cher, de leur donner de la vogue en excitant l'ardeur des étrangers à les poffédér & à nous les ravir à force d'argent. Si quelqu'un d'eux manioit la palette, ou le burin, c'étoit dans l'intérieur de fon cabinet, & fa récompenfe étoit d'échapper à l'ennui, d'obtenir de fes créatures des éloges peu flatteurs, mais certains. Il faut donc déja louer le courage de M. le Marquis de Turpin de defcendre en lice avec les autres & de s'expofer à toute l'amertume des critiques, à tous les farcasmes des plaifans. Le goût des arts l'ayant fait voyager en Italie, l'imagination enflammée de tout ce qu'il y voyoit, il nous reproduit le fruit de fes études, une *Vue de Villa Madonna*, près de Rome; *les Portiques d'une rue de Tivoli*; *plufieurs Deffins faits d'après Nature*.

A la vue de ces effais d'un amateur, l'envie s'eft éveillée à l'inftant; on a dit *qu'éleve de M. Robert, il étoit fon fidele imitateur; mais fi fidele qu'on prendroit les ouvrages de l'éleve* pour ceux du maître, qui feroient exceſſivement négligés. (*) Le vrai eſt qu'il n'a pas, au contraire, cette liberté, cette hardieſſe de touche de M. *Robert*; que ſes ouvrages ſentent beaucoup plus le travail, ſont plus terminés & approcheroient plus en cela de ceux de M. *Macby*.

Je ne vous parlerai de M. *Vernet*, dont la réputation ne peut plus rien acquérir, que pour vous apprendre qu'il exiſte encore: Et que cette année, loin qu'il s'affoibliſſe, on le juge ſupérieur à lui-même pour l'énergie. Il eſt en outre d'une fécondité inépuiſable; il produit des Marines avec la même facilité que *la Fontaine* compoſoit des fables.

On trouve que M. *Hue* a beaucoup acquis depuis ſon voyage d'Italie; on lui remarque plus de fermeté dans le ton, plus de réſolution dans les formes, enfin une maniere plus à lui. (**) M. *de Marne* n'a pas fait les mêmes progrès: ſes tableaux plus chauds de couleur, manquent ſouvent de vérité, de correction, de deſſin & ſurtout pechent du côté de la diſtribution des lumieres trop égales. Mais on doit lui ſavoir gré de ramener dans ſes ſujets la gaieté françoiſe qui ſe perd de toutes parts.

(*) Dans le *Journal de Paris* N°. 258, on croit cet article de M. *Renoux*, Peintre.

(**) Voyez ma Lettre du 24 Septembre 1781.

parts. On est fâché que M. *César Vanloo* ne se soit pas corrigé de la sécheresse de pinceau, de la confusion d'ordonnance, du défaut de nature dans ses arbres & dans ses feuilles qu'on critiquoit avec raison.

Les sujets de M. *Nirard* ne sont pas si bien choisis cette fois; c'est du reste la même vérité, la même précision, la même grace, la même perfection.

Je me hâte d'arriver, Monsieur, à quatre Artistes nouveaux que vous ne connoissez pas. Le premier est M. *de Lespinasse*, Chevalier de l'Ordre royal & militaire de St. Louis. Il nous offre différentes vues, entre lesquelles on distingue celle de Paris, d'un détail infini, d'une précision si parfaite qu'on l'accuse d'avoir travaillé à la chambre noire; ce qui diminueroit beaucoup son mérite, le réduiroit à un pur méchanisme & à une grande patience.

Dans le second, qui est M. *de Valenciennes*, on admire un Paysagiste du genre héroïque, dont le génie cherche à y jeter de l'intérêt par des traits historiques, le rapprochant des grandes compositions; c'est *Cicéron découvrant à Syracuse le tombeau d'Archimede*: c'est *l'ancienne ville d'Agrigente*, dont les habitans exercent l'hospitalité pour laquelle ils étoient renommés; ce *sont des tombeaux, des colonnes, des statues de Dieux, des femmes qui offrent des fleurs aux Nayades d'une fontaine.* Son faire malheureusement ne répond pas à la noblesse de ses conceptions; ses cieux sont mauvais, sans vapeurs; ses feuillages sans verdure; sa touche est lourde & sa maniere uniforme.

Le Paysage du genre pastoral se retrouve dans les productions de M. *Taunay*, simple Agréé, mais bien digne de figurer parmi les Académiciens: sa *Rosiere* est gaie: sa *Bénédiction des Troupeaux à Rome*, rappele les usages superstitieux des villageois: son grand tableau de *l'hermite* est une composition bizarre sans beaucoup de vérité, mais attachante par de nombreux détails; le fond en est noir: enfin, quoique son pinceau soit plus diversifié que celui de M. de Valenciennes, il manque encore de ces touches fines & spirituelles qu'exigeroient certains de ses sujets.

Le dernier est un Peintre de Portraits, M. *Mognier*, qui entre plusieurs de ses productions nous offre M. *le Baron de Breteuil* en pied. Sa touche ferme & vigoureuse étoit celle qu'il falloit précisément pour nous rendre ce Ministre des lettres de cachet, dont la physionomie & les fonctions sont très analogues. Comme il est à son bureau, l'on craint qu'il n'en émane encore quelque ordre sinistre: on est surpris qu'on ait choisi ce moment pour l'offrir aux spectateurs; on en a vu plus d'un effrayé détourner ses regards en le voyant : geste qui, s'il étoit l'éloge de l'artiste, n'étoit pas celui du personnage.

Je pourrois, Monsieur, vous compter presqu'au rang des nouveaux-venus un Peintre, le Doyen des Académiciens sur le livret, mais qui n'avoit pas exposé depuis 1773. C'est une espece de régénération, d'inauguration nouvelle : il s'agit de M. *Roland de la Porte*. Pourquoi vous dissimuler que frappé de vertiges pendant quinze ans, il étoit resté dans une inaction absolue : revenu tout à coup de cet état, comme d'un long rêve, son talent ne s'en est point trouvé affoibli : il produit encore les mêmes illusions que ci-devant. Son *Crucifix imitant le relief*, sa *petite Collation*, ses *Instrumens de Musique* attirent la multitude tout autant qu'autrefois.

J'aurois terminé ma Lettre ici & je n'aurois pas plus parlé de M. *van Spaendonck*, Peintre du Cabinet du Roi, que d'autres artistes estimables, mais dont les productions n'offrent rien de nouveau à dire, si je n'avois à le venger d'une pure chicane que lui suscite l'envie ou la malignité. On lui reproche de trop finir les différentes parties de ses ouvrages & de n'y pas observer les dégradations que la Nature met elle-même dans les siens. Sans doute, quand on examine de près son *Tableau de fleurs* pour S. M., on y trouve un art infini & à la discussion rien n'y semble à desirer ; chaque fleur, chaque feuille est parfaite: mais quand on s'en éloigne, elles reçoivent les nuances différentes qu'elles doivent avoir & perdent tout ce qu'elles doivent perdre de ce fini précieux. C'est donc mal à propos que le journaliste (*) rappelant à M. *van Spaendonck* l'exemple du Chevalier *Gluck*, qui, avant de composer un opéra, cherchoit à oublier qu'il étoit musicien, lui conseille *lorsqu'il travaillera un tableau, d'oublier qu'il est Peintre*: il feroit beaucoup mieux de prendre pour lui-même le conseil & d'oublier qu'il est Critique.

J'ai l'honneur d'être, &c.

Paris ce 26 Septembre 1787.

III Lettre sur les Peintures, Sculptures & Gravures, exposées au Sallon du Louvre le 25 Août 1787.

DANS mes premieres Lettres, Monsieur, j'exaltois beaucoup la Sculpture parmi nous; je vous observois qu'elle conservoit en Europe la réputation de l'Ecole françoise, durant le période de la plus grande stérilité, de la décadence la plus reconnue de la Peinture. Aujourd'hui que celle-ci recouvre son lustre,

(*) C'est encore dans le Journal de Paris No. 266 que se trouve cette Observation.

grace aux encouragemens donnés par le Roi; au contraire, sa rivale, quoiqu'elle en ait reçu de pareils, lui devient bien inférieure; cette infériorité, de l'aveu unanime des critiques, est principalement sensible dans les Statues ordonnées pour le Roi; soit que les sujets aient été mal choisis; soit que le costume françois ait gêné les artistes; soit que ce goût de nature pauvre dont je me plaignois, il y a deux ans, ait rétréci leurs conceptions, dégradé leur ciseau; on le reproche aux statues de *St. Vincent de Paul*, de *Rollin*, de *Bayard*, qui plus est.

M. *Stouf*, auteur de la premiere, a voulu cependant mettre de l'imagination dans son sujet, & par-là rendre plus intéressant le fondateur de la Salpêtriere, de l'hôpital des enfans-trouvés, des filles de la charité. Il a choisi l'époque de la vie de son héros, où celui-ci conçut le projet de ces fondations.

En revenant de l'une de ses Missions, St. Vincent de Paul apperçut un soldat qui mutiloit un de ces enfans abandonnés, dans l'espérance d'obtenir des aumônes plus considérables en l'offrant à la charité publique. Il l'aborde & lui dit: ,, de loin je croyois ,, voir un homme, & je me suis trompé." Ensuite il lui retire cette victime & se rend dans la rue St. Landry, où l'on déposoit ces sortes d'enfans. Là, considérant le malheur de ces innocentes créatures, il forma le dessein de la fondation des enfans-trouvés: établissement dû à son éloquence & à sa charité.

Pour désigner l'instant de l'action, M. *Stouf* met aux pieds de St. Vincent de Paul quelques enfans abandonnés, qu'il contemple avec attendrissement. On le suppose du moins d'après l'énoncé du sujet; car le bon Missionnaire a un sourire qui n'a jamais été le signe de la pitié véritable. C'est un vrai contre-sens: en outre, à ne discuter qu'en lui même ce sourire; ou il est sardonique, ce qui n'est pas le cas; ou il est insultant, ce qui l'est encore moins; ou c'est une grimace de Tartuffe, ce qui ne vaudroit pas mieux. Abstraction faite des enfans, la derniere idée est celle s'accordant le plus naturellement avec l'attitude du héros, qui a la tête penchée, le visage très macéré & tout l'extérieur d'un pénitent.

Cette Statue est absolument à refaire quant à la composition mesquine & déchirante, quant à l'expression du personnage fausse & inexplicable, quant à la position forcée, tourmentée, quant aux draperies dures & rocailleuses. On n'y peut louer que la ressemblance, quoique sans noblesse & dans toute son abjection.

Rollin, la seconde Statue, étoit un sujet beaucoup plus ingrat donné à M. *le Comte*. Cet ancien Recteur de l'Université, Professeur d'éloquence au College Royal, de l'Academie des Belles lettres, en habit de Recteur est représenté dans son fauteuil; il tient le *Traité des Etudes*, & dans l'action de parler à la jeunesse, il semble étendre sur elle une main bienfaisante. Il y a de la vérité dans cette figure; la composition en est sage & juste, mais commune, pédantesque & bonne pour être placée dans un College; on auroit désiré quelqu'idée plus relevée pour le *Musæum* auquel elle est destinée. Quant aux draperies, elles sont bien ordonnées; le costume est exact & savant; il y a de l'ampleur & de la majesté dans les attributs du personnage dont la tête seule, ainsi que les mains, sont d'un ciseau maigre & sec.

Après une bataille, *François I* voulut savoir quels étoient ceux qui s'étoient le plus distingués. Tous les officiers dirent que c'étoit *Bayard*, comme il avoit toujours coutume. Alors il désira recevoir l'Ordre de Chevalerie de la main de *Bayard*. Après la cérémonie, Bayard prit son épée, lui fit un discours & lui promit de l'employer dignement pour son Roi & la baisa.

Tel est le thême que s'est donné M. *Bridan* pour la troisieme Statue dont il étoit chargé, & par le développement seul qu'il en fournit, il est aisé de juger des difficultés qu'il avoit à surmonter quant à la composition & à l'expression. Aussi n'en est-il pas venu à bout, ce qui a fait dire à quelques plaisans jouant sur le mot, que ce n'étoit plus *le Chevalier sans reproche.* (*) L'attitude de Bayard regardant son épée & lui parlant est d'une bêtise saillante : on ne reconnoît point dans cette Statue M. *Bridan*, on y recherche envain son ciseau fier & vigoureux.

Le ciseau de M. *Mouchy* a plus de noblesse & de moëlleux dans la Statue du *Maréchal de Luxembourg.* Le costume en est beau, habilement traité ; mais, n'ayant pris, comme ses confreres, aucun point historique de la vie de son personnage pour en déterminer l'action, le caractere de tête est vague & indécis. Beaucoup de spectateurs trouvent au Maréchal plutôt l'air d'un fanfaron que celui d'un héros ; qu'il est loin de celui que *Voltaire*, dans la *Henriade*, peint par ce distique :

Malheureux à la cour, invincible à la guerre,
Luxembourg fait trembler l'Empire & l'Angleterre.

Il est d'usage, Monsieur, que la même Statue, après avoir été modélée en plâtre, éprouvé toutes les critiques des amateurs, vienne se reproduire en marbre pour faire juger si l'artiste a profité de celles qui lui ont paru mériter son attention. C'est ainsi que
quatre

(*) La devise du Chevalier Bayard étoit, comme l'on sait : *le Chevalier sans peur & sans reproche.*

quatre autres font expofées de nouveau aux regards du public.

On avoit reproché au *Racine* de M. *Boizot*, d'avoir les yeux au ciel. (*) Ce qui marquoit un genre d'enthoufiasme étranger à fon mérite ; aujourd'hui il écrit & regarde fon papier, ce qui lui donne l'air d'un froid profateur aux yeux de ceux qui veulent tout blâmer; mais la tête eft fuperbe, d'une maniere large, d'un cifeau ferme & moëlleux tour à tour.

Le *grand Condé*, que je vous avois exalté dès ce tems-là, eft auffi terminé, & fans contredit remporte aujourd'hui la palme qu'il a toujours méritée. M. *Rolland* a fait quelque changement dans l'attitude de la main gauche & l'on la juge en effet plus noble & plus naturelle.

Le *Moliere*, de M. *Caffieri*, eft furtout amélioré. (**) Il eft corrigé de beaucoup de défauts qu'on lui reprochoit, fans que l'auteur eût profité des beautés qu'on lui fuggéroit; mais que fon cifeau plus tendre que fier, plus moëlleux que vigoureux, n'auroit peut-être pas pu rendre.

M. *Monot*, qu'en 1785 j'avois foutenu contre des Critiques injuftes & tranchans, répond à mon attente dans la Statue en marbre

(*) Voyez ma Lettre du 28 Septembre 1785.
(**) Voyez ma Lettre du 29 Septembre 1783.

d'*Abraham Duquesne* : on trouve cet Amiral généralement bien posé ; l'attitude en est expressive & vraie, & il a acquis une fierté qui manquoit dans le modele. Peut-être y a-t-il encore de la maigreur & de la sécheresse dans quelques parties ; mais c'est le morceau de Sculpture qui, avec la Statue du grand *Condé*, dont *il a l'air de faire le pendant*, réunisse le plus de suffrages.

Voyons maintenant, Monsieur, les Sculpteurs abandonnés à leur génie & traitant les sujets qui leur conviennent le mieux.

On est frappé d'abord par un ouvrage à grande prétention de M. *de Joux* ; c'est *Cassandre qu'enleve Ajax*. La Prêtresse leve les mains au ciel & implore le secours de Minerve. Cette attitude est rendue avec intérêt & la figure du héros est fiere & bien prononcée. Les attributs du ministere de la Prêtresse enrichissent le devant du grouppe. Mais de grands défauts en gâtent la composition. Quoi de plus indécent que de voir le ravisseur nud au pied d'un autel sur les degrés d'un temple ! quoi de plus ridicule que de lui avoir conservé dans cet état son épée & son casque ? En outre, les marches du temple sont inégales, comme si c'étoient des pierres placées-là par hazard : ce qui est contre les premiers élémens de l'architecture, même naissante : au reste, ces défauts d'exécution sont trop sensibles pour que l'auteur ne puisse pas s'en corriger facilement; l'étude & la réflexion lui apprendront les convenances; mais le génie ne s'acquiert pas & il possede certainement ce don de la Nature.

Le *Bacchus* de M. *de Seine* a quelque chose des belles formes que les Anciens donnoient à leurs Dieux; mais celui-ci exigeoit un ton plus animé, plus de gaieté dans la figure : la froideur de la composition annonce que le Sculpteur sacrifie peu à cette Divinité.

On aime beaucoup la *Vierge* de M. *de Laitre*: afin de faire sortir celle-ci de la foule des autres, l'artiste l'a figurée montrant son fils sur le globe de la terre, foulant à ses pieds le Serpent, cause de tous les malheurs du genre humain que vient réparer l'homme-Dieu : par ces grandes vérités mêlées à son action, M. *de Laitre* annonce du génie & rend intéressant un sujet trivial à force d'être répété. Il est fâcheux que l'exécution ne réponde pas à cette belle idée. La tête de la Vierge est pure, mais sans noblesse; celle de l'enfant *Jésus* n'a rien de Divin, & la draperie n'a rien de savant ni de gracieux.

Après avoir parcouru tous ces grands morceaux formant comme un second Sallon dans la Cour, je monte en haut & suis étonné du vuide qu'offrent partout les emplacemens destinés aux Sculptures. Encore ne trouvé-je presque que des Bustes, dont plusieurs, il est vrai, très-intéressans.

Ici c'est le Roi: sa popularité & sa modestie se caractérisent par l'affectation de le confondre avec les autres, de le placer même sur une extrémité, prêt à être coudoyé & renversé par tous les passans. C'est le *Prince Henri de Prusse*, dont le savoir profond & les grandes qualités sont cachés sous des traits assez ignobles. C'est le *Bailly de Suffren*, dont la face large & fleurie dissimule parfaitement le grand marin: le *Marquis de Bouillé*, qui annonce plus de fierté & d'étourderie que de grandeur & de sagesse: le *Marquis de la Fayette*, dont la figure est plus niaise qu'ingénieuse: le *Général Washington*, dont la tête très belle a ce calme des vrais héros, & surtout convenable au *Fabius* moderne, mais peu ressemblante au gré de ceux qui ont eu le bonheur de voir l'illustre Américain. A tous ces bustes on en voudroit voir un autre joint & que chacun cherche inutilement; c'est celui du *Comte d'Estaing*: on ne sait pourquoi l'on l'a omis dans cette réunion des héros de la derniere guerre: certes ce n'est pas refus de sa part, car la modestie n'est rien moins que sa vertu favorite. Les différens bustes, très variés dans les caracteres de tête, sont de M. *Houdon*, & font honneur à la précision de son ciseau.

Ici M. *Caffiéri* offre le buste en marbre de *Jean Baptiste Rousseau*, à placer dans le foyer du théâtre françois. La tête a été exécutée d'après le portrait peint en 1738 par *Aved*. Il eſt reſſemblant, mais ſous la vaſte perruque dont il eſt enveloppé, l'on chercheroit envain l'émule de Pindare. Il eſt vrai que ſa deſtination n'exigeoit que le ſouvenir de l'auteur comique; ce qui n'eſt pas ſa qualité éminente.

Plus loin je trouve le buſte de *Greſſet* en marbre, deſtiné pour l'Académie d'Amiens, dont la tête faite d'après un portrait peint par *Nattier* en 1741. eſt abſolument ſans caractere & n'annonce rien de ſes œuvres ni de ſes actions; ſi ce n'eſt une diſpoſition à la Tartufferie que *Voltaire* lui a reproché. M. *Berruer* a mieux caractériſé M. *Hue*. L'abbé *Maury* du même auteur que celui de la Statue de St. Vincent de Paul, eſt ſingulierement mignardé & cependant l'artiſte n'a pu donner de la grace à cette figure lourde & matérielle, comme l'éloquence de l'Académicien.

Enfin M. *de Crosne*, le Lieutenant de Police actuel, le Saint du jour, déja célébré par la Peinture, l'eſt encore par la Sculpture, mais pas ſi bien. Le ciſeau doux & gracieux de M. *Caffiéri* étoit peu propre à cette figure exigeant beaucoup d'auſtérité. *Vénus recevant la pomme des mains de l'Amour*, a dû ſourire davantage à l'imagination de cet artiſte & il l'a rendue avec toutes les graces qu'exigeoit le ſujet.

Je ne vois rien d'attrayant ou d'impoſant

dans tout le reste : cependant je vous parlerai, pour les faire connoître, de trois Agréés qui ne sont pas sans mérite.

M. *Milot*, dans son *Minos* a de la sévérité, & a rendu assez bien ce Juge des Enfers. Un *Berger* de M. *Blaise* le fait croire propre au genre pastoral & sans sortir de la vérité a donné à son sujet les proportions justes & le degré de belles formes dont il étoit susceptible. Il a échoué dans une *Leda*, d'une stature trop grande & conséquemment peu séduisante.

L'*Etude en Marbre*, par M. *Boquet*. Charmante figure de femme, quoiqu'un peu trop longue. On pourroit en outre critiquer son attitude & son fini précieux. Elle est couchée, ce qui caractérise plus la paresse que l'amour du travail; elle est enfoncée dans les méditations profondes & abstraites du calcul & de la géométrie transcendante; une Virtuose de cette espèce ne doit point avoir la délicatesse des traits, la fraîcheur, la pureté, la finesse des contours d'une beauté qui soigne continuellement son corps & son visage.

Mais qu'apperçois-je? Du sein des diverses productions de deux sœurs rivales s'élève un chef-d'œuvre d'une troisieme, qui se montre rarement au Sallon & semble vouloir les écraser toutes par sa magnificence? Est-ce un Obélisque, une Pyramide? Il est surmonté d'une Renommée que je reconnois à ses aîles & à sa

trompette : il est chargé de trophées militaires : il est accompagné par en bas de deux figures, le Commerce & l'Abondance. Que signifie toute cette décoration pompeuse ? Quels ennemis a-t-on vaincus ? Quel grand événement s'agit-il de célébrer ? Quelle époque importance à fixer ? Pourroit-on le croire ! J'approche & je lis : *Tour qui doit servir d'ornement aux murs dont on entoure Paris, du côté de la Barriere du Trône.* Je frémis & je m'écrie : ,, l'on a hésité plusieurs jours à
,, mettre au Sallon le Portrait d'une Reine
,, adorable, unissant les Graces à la Majesté ;
,, & l'on ne craint pas d'offrir à la France
,, entiere ce moreeau d'architecture, monu-
,, ment de honte & d'esclavage ? Et il sub-
,, siste depuis un mois & il n'est pas renversé,
,, brisé, mis en pieces, réduit en poudre ?
,, ô Parisiens vils ! bien dignes des fers qu'on
,, vous prépare !" Après cette fougue d'indignation, je considere ce monument par la base, où je trouve les Armes du Roi, devenues celles de la Ferme générale. Dans cette base, qu'on prendroit pour une citadelle, pour un château antique, tant elle est fortement assise & construite, se trouvent pratiqués le repaire des Commis ; une salle d'audience pour le Fermier général qui y prononcera les oracles du Fisc ; & une prison, pour les malheureux contrebandiers saisis en flagrant délit.

Mais détournons, Monsieur, les regards

de ce spectacle révoltant & passons aux Gravures, qui ne sont en 1787 ni plus neuves, ni plus abondantes, ni plus piquantes qu'en 1785. Une anecdote pourtant à consigner dans les Fastes de cet art, semblable à celle dont se glorifie la Peinture; c'est qu'un homme de qualité, un Comte *de Parrois*, Honoraire, Associé libre, ne dédaigne pas non plus de manier tour à tour le burin & le crayon, & a exposé quantité de morceaux de son exécution, soit comme dessins, soit comme gravures. Dans le premier genre son *Roland s'éveillant en sursaut* est d'une hardiesse digne des meilleurs maîtres ; dans le second, sa *Scene des voleurs* qui, dans une caverne, jouent aux cartes la possession d'une fille éplorée & attachée à une échelle, est pleine d'esprit, de finesse & de sensibilité : on est fâché seulement qu'il ait choisi un sujet aussi repugnant, aussi immoral & qu'à l'expression la plus touchante de la victime, il ait joint la gaieté la plus licencieuse de la part des ravisseurs.

Un dessin unique dans son genre, qui attire généralement l'attention, fait pour conserver le souvenir de l'époque peut-être la plus importante du regne de Louis XVI & dont tous les amateurs attendent avec impatience la gravure, c'est celui de l'*Assemblée des Notables*, commandé par le Roi à M. *Moreau*. Son crayon précis & facile semble se jouer au milieu de tous ces personnages, malgré leur nombre & la différence de leur costume. Il ne rend pas moins bien tout le décore de la Salle, qui faisoit infiniment d'honneur à M. *Paris*, dessinateur ordinaire de la chambre & cabinet du Roi, dont l'ordonnance est parfaitement bien conservée ici : enfin, outre une exécution riche & précieuse, il regne dans ce dessin une harmonie qui plaît à l'œil de maniere qu'il le quitte avec peine.

M. *Greuze* qui, depuis nombre d'années, n'a rien exposé au Sallon, où le vuide qu'il a laissé pour les sujets familiers, se fait de plus en plus sentir, s'y reproduit aujourd'hui par deux gravures de M. *le Vasseur* d'après lui. *La Veuve & son Curé* excitent surtout la curiosité générale. Le but de ce tableau dédié aux Curés de Paris est de peindre les fonctions d'un Pasteur qui vient rétablir la paix & l'union au sein d'une famille : l'Estampe entrant parfaitement dans l'esprit de l'original, en rend tout le naturel & l'onction. Le burin doux & sage de M. *le Vasseur* est peut-être celui qui convenoit le plus à ce genre d'expression. Sans déroger à la noblesse, à la dignité du principal personnage, du Curé conciliateur, quelques artistes dénigrans prétendent qu'il manque de fermeté & de résolution dans les formes, défaut d'autant moins pardonnable qu'il ne vient pas de son auteur.

Entre les trois portraits de M. *Cathelin* on

distingue celui de Mlle. *d'Eon de Beaumont*, auquel son burin mâle a conservé toute sa virilité sous les habillemens de femme : on la voit encore indignée de cet accoutrement.

M. *Klauber*, qu'on ne connoissoit point, annonce une grande vigueur dans le portrait de M. *Allegrain*, qu'il a gravé d'après M. *Duplessis*.

L'adoration des Bergers, de M. *Denion*, quoique gravée à l'eau forte, (procédé qu'on auroit cru peu propre au sujet) a toute la douceur, toute la légéreté du burin; mais, en général, l'énergie paroît être dans ses autres productions le caractere dominant de ce nouvel Académicien.

M. *Aliamet* marche sur les traces de M. *le Bas*: il semble destiné à rendre les sites, les paysages, les fabriques; mais la foiblesse de son burin le trahit dans *le Massacre des Innocens*, sujet à traiter d'une plus grande maniere & que les quolibetiers appellent un véritable massacre. Deux nouveaux Agréés, Mrs. *Massard* & *Preisler*, ferment la marche. On connoissoit l'*Adam & Eve* du premier, d'après *Carlo Cignani*: il dessine avec assez de correction & a le burin gracieux. Le second n'offre aussi qu'un morceau, mais neuf du moins : c'est *Dédale attachant des aîles à son fils Icare*. Sa maniere est froide, comme celle de l'original, & son dessin n'est pas parfaitement pur.

Je ne sais, Monsieur, si c'est le goût pour les Estampes Angloises qui décourage nos artistes; mais l'art de la Gravure diminue sensiblement chez nous. Il faut convenir aussi qu'il est fort négligé par le Gouvernement & ne participe à aucune des récompenses, ou encouragemens donnés aux autres : cependant il a ses difficultés, & les habiles gens, les gens de génie surtout y sont pour le moins aussi rares qu'en Peinture ou en Sculpture. Enfin nous ne comptons dans ce siecle que deux Artistes François, Mrs. *Cochin* & *Moreau le Jeune*, qui aient gravé leurs propres productions. C'est surtout la gravure à l'eau forte dont il s'agit, parce que destinée spécialement aux grandes Ordonnances, elle seule perpétue facilement les cérémonies publiques, les fêtes, les monumens, les costumes nationaux.

J'allois, Monsieur, terminer ma Lettre par ces Réflexions, quand le Sallon fermé s'est r'ouvert une seconde fois. C'est une imagination heureuse, qui, ayant réussi il y a deux ans, s'exécute encore cette année & se conservera vraisemblablement à l'avenir, afin de satisfaire les artistes qui, ne pouvant occuper les meilleures places, se plaignent que leurs productions ont été mal vues ; on retire les plus mauvais tableaux, les médiocres, les plus vantés, ceux qui ayant joui de l'exposition la plus favorable n'ont plus d'examen à subir; & l'on les remplace par les mécontens. Il faut avouer que, si quelques-uns perdent à ce rapprochement, quant aux vastes machines, il en est beaucoup qui y gagnent. Les tableaux de chevalet, chargés de jour, éprouvent aussi des révolutions heureuses & reçoivent un accueil dont ils n'auroient pas joui sans cela. Mais les connoisseurs ne varient que sur les détails, & le jugement une fois porté sur les parties essentielles dans un tableau d'histoire, la composition, l'expression, l'ordonnance, ne se révoque gueres.

Quant à moi, mon objet est uniquement de vous parler de deux nouveaux tableaux. M. *Peyron*, content d'avoir échappé à la comparaison que les critiques n'auroient pas manqué de faire dans leurs pamphlets de son *Socrate* avec celui de M. *David*, a produit enfin le sien à cette seconde exposition & il s'est encore trop hâté. Il ne peut soutenir le parallele. Son héros philosophe n'est qu'un homme ordinaire; ses disciples ne sont pas moins dégradés par une douleur triviale, leurs attitudes manquent de noblesse, ils sont entassés, accroupis, il semble que l'artiste ait craint de leur faire voir les extrêmités: les vêtemens, pauvres comme les personnages, ne désignent que des sectateurs vulgaires. Nulle variété, nulle opposition, rien n'y respire le style majestueux de l'antique; la prison même a l'air d'une prison moderne : enfin ce tableau, qui n'est pas sans mérite aux yeux des artistes pour le *faire*, pour une certaine harmonie, pour l'entente de la perspective, est, quant à la composition, absolument écrasé par celui de M. *David*. C'est un nain à côté d'un géant.

Le second tableau est de M. *Berthelemy* qui, tandis que je l'accusois de paresse ou d'insouciance pour la gloire, gémissoit en secret de ne pouvoir entrer en lice & concourir avec ses illustres rivaux; car son tableau est aussi commandé pour le Roi &, qui plus est, traite un sujet très intéressant. *C'est après la rentrée de Paris sous l'obéissance de Charles VII en 1435, le Connétable de Richemont qui reçoit les fideles bourgeois de la capitale ayant contribué à la Victoire, présentés par Lallier; le Maréchal de l'Isle-Adam leur montre les Lettres d'ammistie.* Comme cet événement rappele les tems de trouble & de sédition du regne de Charles VI, auquel dans ce moment on a comparé le regne actuel, la pusillanimité du Ministere ne lui a permis de laisser paroître le tableau qu'en cet instant, où la fermentation commence à se rasseoir & où le Sallon n'est plus gueres fréquenté que par un petit nombre d'amateurs.

Au reste, les suffrages dont le plus grand nombre lui est favorable, n'en sont que plus flatteurs pour M. *Berthelemy*. On trouve son sujet bien énoncé, sa composition nette, & quelques têtes ayant encore l'air de respirer le feu de la sédition rompent l'uniformité des autres, caractérisées par des sentimens plus calmes. Ce qu'on peut lui reprocher, c'est d'avoir distribué trop également ses lumieres. Ce tableau peu susceptible d'effets, est surtout recommandable par le costume d'une grande exactitude : il est à desirer que l'artiste qui a déja rendu plusieurs traits de notre histoire, s'y consacre entiérement. Ce peintre national sera le *Dubelloy* de la peinture, aussi chaud & plus correct.

J'ai l'honneur d'être, &c.

Paris, ce 7 Octobre 1787.

Fin du Trente-sixieme Volume.

www.ingramcontent.com/pod-product-compliance
Lightning Source LLC
Chambersburg PA
CBHW071222240426
43671CB00030B/1538